U0362580

铜山制药厂草创时期，胡志群（左一）带领同志们参加劳动

1970年底，与褚福德（左一）、胡志群（中）一同到安徽马鞍山出差的颜贻意（右一）

2007 年 10 月 11 日，颜贻意（左一）在车间

2016 年 6 月，诚意药业股份有限公司部分高管合影

1993年，褚福德（左）与胡志群来到洞头，在温州市第三制药厂门口合影。

2015年6月，药厂的五位元老，相聚在苏州（左起：林阿花、颜贻意、褚福德、常美玉、柴淑华）

高架仓库

诚意药业股份有限公司鸟瞰图

诚意

匠心

浙江创业家颜贻意及团队
口述诚意成长史

颜贻意传

——吴逢旭　吴文汇　著——

什么叫诚意？

他说：诚达天下，意惠民生。

所以，他要用"诚意"作为企业的名字。这既是他做实业的追求，也是他的人生信仰。

北京大学出版社
PEKING UNIVERSITY PRESS

图书在版编目(CIP)数据

诚意匠心：颜贻意传/吴逢旭等编著. —北京：北京大学出版社，2016.10
ISBN 978-7-301-27557-3

Ⅰ. ①诚… Ⅱ. ①吴… Ⅲ. ①颜贻意—传记 Ⅳ. ①K825.38

中国版本图书馆 CIP 数据核字(2016)第 224418 号

书　　　名	诚意匠心：颜贻意传	
	Chengyi Jiangxin：Yan Yiyi Zhuan	
著作责任者	吴逢旭　吴文汇　编著	
策 划 编 辑	姚文海　杨丽明	
责 任 编 辑	朱梅全　姚文海	
标 准 书 号	ISBN 978-7-301-27557-3	
出 版 发 行	北京大学出版社	
地　　　址	北京市海淀区成府路 205 号　　100871	
网　　　址	http://www.pup.cn	
电 子 信 箱	sdyy_2005@126.com	
新 浪 微 博	@北京大学出版社	
电　　　话	邮购部 62752015　发行部 62750672　编辑部 021-62071998	
印 刷 者	北京中科印刷有限公司	
经 销 者	新华书店	
	730 毫米×1020 毫米　16 开本　18.25 印张（彩插 4）　338 千字	
	2016 年 10 月第 1 版　2016 年 10 月第 1 次印刷	
定　　　价	52.00 元	

前言
时代命题："工匠精神"

1776年，英国制造出人类历史上第一台有实用价值的蒸汽机，人类进入"蒸汽机时代"。"第一次工业革命"序幕拉开。

1879年10月，美国人爱迪生历经上万次试验，发明了电灯，人类进入"电气时代"。有人称，"第二次工业革命"由此开启。

这一时期，一些发达国家的工业总产值超过了农业总产值。全球的工业重心由轻纺工业转为重工业，并出现了电气、化学、石油等新兴工业部门。化学工业的兴起，为"西药"的出现，奠定了基础。

1849年，美国辉瑞公司创建。显然，那时候连"电灯"都还没有诞生。这可能是世界上最早的用生物和化学的方法生产药物的企业。

从辉瑞公司诞生算起，160年来，全球制药工业技术从发达国家向发展中国家快速传递。1928年，青霉素研究成功之后，人类的制药技术进入了"抗生素时代"。几次工业革命所引发的技术改革与技术创新，迸发出的惊人威力，都在第一时间投射到了化学工业和制药工业上。

中国的化学制药历史不到70年。这也是中国迈向工业化和现代化最为呕心沥血的起步时期和艰难时期。

为了抢占新工业革命制高点，德国在2013年率先推出"工业4.0"战略，希望形成"智能工厂""智能生产""智能物流"。

美国则利用强大的互联网技术激活传统制造业，将发展先进制造业上升为国家战略。

2015年，中国提出了《中国制造2025》，以顺应现代制造业与新一代信息技术的深度融合，实现从制造大国向制造强国转变。

本书就在这样的宏大背景中展开叙述。与诺华、强生、施贵宝、默克公司相比较，本书的主人公颜贻意所在的药企——浙江诚意药业股份有限公司还很弱小。但事实上，诚意药业在浙江省率先通过国际认证，与上述大公司，结成了生意往来关系。与华北制药厂、太原制药厂等由国家斥巨资投建的药企不同，50年来，颜贻意所在的药厂，缺技术、缺资金、缺人才、缺信息，而且远离大陆。他们以笨鸟先飞的"工匠精神"，初步完成了自己的工业化与国际化，走上了一条有海岛特征、有温州特点、有中国特色的地方药企发展之路，我们姑且称之为"颜贻意的工业革命"。

进入2016年，颜贻意将率领他的药企，进入资本市场。颜贻意和他的团队提出：诚意药业要做百年名企！那么，如果说前一个50年是诚意药业的"第一次工业革命"，颜贻意和他的团队，解决了企业的吃饭和生存问题。那么，后一个50年就将是诚意药业的"第二次工业革命"。

本书记录了颜贻意和他的团队，如何从最基本的厂房建设和技术改造抓起，注重质量管理、产品更新、营销互动直到跨出国门。这位"草根创业家"和他的团队，在外界并不看好的情况下，50年励精图治，进入了一家制药企业所应拥有的资本大循环、国际大循环通道，与国内外著名的制药企业，齐头并进、争先恐后。

本书由大量当事人的口述和回忆构成故事线，真实感人。作者则化身为"如意君"，以解说的方式出现，以点评的形式露头，新颖别致。

口述人和"如意君"将带着你，走进那个叫做铜山岛的"东海前哨"，一步步走进改革开放之后温州第一代企业家颜贻意的内心世界，走进诚意药业。试图揭示50年来诚意人专心致志、锲而不舍地做好药品品质的"工匠精神"并不过时的时代命题。

如果这样的命意能够成立，那么，翻开本书的第一页，颜贻意的"工匠精神"，正一步步地向你展开。

向创业创新者致敬（代序）

文/于明德

一本较为全面地反映诚意药业 50 年创业历程的发展史——《诚意匠心：颜贻意传》就要在北京大学出版社出版了。我对这家发轫于部队、历经 50 年坎坷一路向前的制药厂了解不多，但看完书稿，我依然受到了很大的感动。因此，在此书即将出版之际，我愿意写几句话，表示祝贺。

作者吴逢旭先生对这本书的创作是花了一番精力、也倾注了巨大热情的。我们从他所访问到的诚意药业的创业者、合作者、关注者的口述和回忆等文字中，清晰地读到了这家诞生在海岛洞头的制药企业一往无前的精神气质。当然，率领这家企业奋勇向前的颜贻意先生的创业创新精神，更是让我们印象深刻。

作者在书中概括和归纳的"颜贻意精神"是：四海为家的开拓精神、专注执着的工匠精神、艰苦奋斗的创业精神、诚实守信的人文精神。这些精神当然可以在书中找到典型的案例，但我觉得，颜贻意先生身上肯定还有很多故事、案例未能写进书里。颜贻意先生作为改革开放前后成长起来的中国第一代民营企业家的代表，他们的成功不是象牙塔能够培育的，也不是大学教科书能够培养的，而是在大风大浪真刀真枪的市场环境中，通过实践摸索，历经"失败——成功——再失败——再成功"一步步淬炼出来的。所以，伴随着他们成长壮大的，应当还有紧密联系实际的拓荒者精神。颜贻意和他的诚意药业，紧紧抓住机遇，突破重重困难，在中国制药行业中傲然独立，实在难能可贵。

纵观 50 年来中国制药业的发展，是坚持向世界先进水平看齐，从中国实际情况出发，通过不断改革创新，从而迈上世界之巅的。由"制药大国"向"制药强国"迈进，更是需要"颜贻意精神"。

如果说，2016 年是诚意药业的第一个 50 年，那么，下一个 50 年的诚意药业如何走得更好、更远，就不仅仅是颜贻意先生和他的团队的事情，政府、社会、全体员工都需要为此深入思考。目前，诚意药业向社会公开宣示：要做一家基业长青的"百年企业"。如何能够成为"百年企业"，管理学家们虽然已经解剖了不少成功之道，但我想，"诚信"二字应当是"百年企业"成功之道中摆在第一位的要素吧。

改革开放，大国崛起，医药产业也面临最好的发展机遇。医药卫生体制改革将向纵深发展，今后的洗牌不可避免。优胜劣汰的竞争机制将铸炼一批优秀企业。诚意药业今后面临的挑战与机遇，将会更多。

最后，我愿意用上面这些文字，向诚意药业 50 年创造的骄人业绩表示由衷的祝贺，向所有奋战在中国制药行业的创业者、研究者、创新者表示崇高的敬意。

（于明德：长期从事药品生产与流通管理工作。曾任辽宁省医药管理局局长、国家经贸委医药司司长、商务部药品流通行业专家委员会专家等职。现任中国医药企业管理协会名誉会长。）

目录
Contents

第一部分　军人治厂篇·部队留下"精气神"(1966—1975)

第一章　部队上了铜山岛 ···································· 003

1. 解放军"四进四出" ···································· 003

2. 105 师进驻小三盘 ···································· 004

3. 师医院移至小朴村 ···································· 005

4. 铜山岛的来历 ···································· 008

5. 1966 年 8 月 26 日,铜山制药厂投产了! ···································· 008

6. 赵博文登岛 ···································· 012

第二章　厂里来了年轻人 ···································· 017

1. 柴淑华上了铜山岛 ···································· 017

2. "小颜"入厂 ···································· 019

3. 报告! 请进 ···································· 022

4. 点亮铜山制药厂 ···································· 025

5. 南京军区的标兵 ···································· 027

6. 两口大缸,声震军区 ···································· 027

第三章　部队撤出铜山岛 ···································· 034

1. "军代表"出差上海 ···································· 034

2. 大上海成全铜山制药厂 ···································· 037

3. 第一次面临危机 ···································· 039

4. 开炮,开炮! ···································· 041

5. 部队想把药厂带走 ···································· 042

第二部分　企业改制篇·股份制改造始与末(1977—2015)

第四章　不要吵来不要闹 ·· 049
　1. 第一次出现亏损 ·· 049
　2. 扭亏为盈：赚到 1000 元 ·· 052
　3. 浙江首例：打破"八级工资制" ···································· 053
　4. 温州首例："质量系数连乘"考核办法出台了 ·················· 055
　5. 何为铁军 ·· 056
　6. 苏某华事件 ·· 058

第五章　天上掉下一笔钱 ·· 061
　1. "公有民营"来了 ·· 061
　2. 更彻底的改制：股份制改造 ······································ 063
　3. 天上掉下一笔钱 ·· 066
　4. 温州：挺进资本市场 ·· 068
　5. 股份了 ·· 070
　6. 上市，上市 ·· 070

第三部分　工业技改篇·走出国门并不难(1982—1998)

第六章　踏破铁鞋有觅处 ·· 077
　1. 找到洁霉素，找到"恋爱对象" ···································· 077
　2. 澡堂里过夜，颜贻意搬来救兵 ···································· 079
　3. 苏州会议，学会"无中生有" ······································ 081
　4. 原料之缺 ·· 083

第七章　砸锅卖铁建新家 ·· 089
　1. 验收组来了，汪月霞"拉票" ······································ 089
　2. 拆迁汞溴红设备，深夜牙出血 ···································· 092
　3. 县长工程：分还是合 ·· 094
　4. "裤腰带"上建新家 ·· 095
　5. 年关的旅程 ·· 096
　6. "127 万元"的烦恼 ·· 099

第八章　省长送来 500 万 ·············· 104

　1. 这是低要求,也是高要求 ·············· 104

　2. 利巴韦林的成功 ·············· 106

　3. 周振武登岛 ·············· 109

　4. 温州市第三制药厂:启航 ·············· 112

　5. 发行公债 ·············· 116

　6. 省长送来 500 万 ·············· 118

第九章　走出国门并不难 ·············· 122

　1. 为什么就不能离开洞头? ·············· 122

　2. 先灵葆雅的见面礼:100 万美金 ·············· 124

　3. 拿下澳大利亚"认证" ·············· 125

　4. 走出国门的中国制药 ·············· 130

　5. 联合审计:一次创举 ·············· 133

　6. 到瑞士去,到德国去 ·············· 138

　7. 成绩单 ·············· 141

第四部分　多元时代篇·温州经济"独行侠"

第十章　合力扶工四十载 ·············· 147

　1. 汪月霞"治工":誓言改变一穷二白 ·············· 147

　2. 包哲东"上门":冷静调查化工污染 ·············· 148

　3. 叶正猛"围海":坚定支持药厂扩大 ·············· 149

　4. 陈宏峰"送官":努力营造亲商环境 ·············· 150

　5. 冯志礼"发文":再造工业发展优势 ·············· 152

　6. 林东勇宣布:工业园区今天开工 ·············· 154

　7. 风风火火十多年:奋勇前行,华丽转身 ·············· 155

　8. 颜贻意的"十二五"报告 ·············· 157

第十一章　大浪淘沙领风骚 ·············· 159

　1. "上海"是一个海 ·············· 160

　2. 诚意十足 ·············· 166

　3. 淮安不安 ·············· 169

　4. 颜贻意谈"化危为机" ·············· 171

第十二章　各项业绩破纪录（2010—2015） ······ 174

1. 千头万绪一主线，"技改""开发"挑双肩 ······ 174

2. "五年规划"来恳谈，专家把脉定方向 ······ 178

3. 新品研发迈大步，各项业绩"破天荒" ······ 180

4. 大喜过后有大忧，冷静处理定"乾坤" ······ 182

5. 温州经济"独行侠"，科技创新无止境 ······ 184

第十三章　闯荡江湖天地宽 ······ 187

1. 一个人的"江湖" ······ 187

2. 农村包围城市 ······ 192

3. 沧海横流 ······ 194

4. 营销突围 ······ 195

第十四章　鹰击长空竞风流（上） ······ 199

1. 任秉钧：我们敢公开承诺"三不危害" ······ 199

2. 厉市生：医药业同仁"抱团"很要紧 ······ 203

3. 茆利平：研发无止境 ······ 204

4. 对话颜丽娜：我很有危机意识 ······ 207

第十五章　鹰击长空竞风流（下） ······ 210

1. 元老邱克荣：他是多面手 ······ 210

2. 元老张孚甫：40年"三不换" ······ 212

3. 元勋颜孙传：贵朋好友遍天下 ······ 213

4. 岑均达：诚意的研发大门，已经打开 ······ 215

5. 谢旭一：取胜之道，唯有"特色" ······ 218

6. 颜怡怡：只有实业才能创造真正的财富 ······ 220

7. 张向荣：小额贷款公司的效益是不错的 ······ 222

8. 庄小萍：不断拓展市场空间 ······ 223

9. 柯泽慧：经历多岗位锻炼成长 ······ 224

第五部分　成功谋略篇·要抓就抓最先进

第十六章　诚意，为什么会赢（上） ······ 231

1. 大女儿颜丽玲访谈：母亲的付出与奉献是巨大的 ······ 231

2. 二女儿颜晓玲访谈：父亲是一流的实业家 ······ 234

3. 三女儿颜丽娜访谈：父亲教育我们要"公私分明" …………… 236

4. 夫人林阿花访谈：他把所有精力都投入到公司里 …………… 237

第十七章　诚意，为什么会赢（中） ………………………… 241

1. 林子津看诚意：颜董不搞特殊化 …………………………… 241

2. 林宝贵看诚意：新品开发，总不停步 ……………………… 243

3. 沈爱兰看诚意：建好制度，打好基础 ……………………… 244

4. 吕孙战看诚意：公司只有一本账 …………………………… 245

5. 洪建振看诚意：环保设备不是摆摆样子的 ………………… 248

6. 林子勇看诚意：遵守操作规范才不会吃亏 ………………… 250

7. 茆利平看诚意：大胆投入，必有厚回报 …………………… 252

第十八章　诚意，为什么会赢（下） ………………………… 253

1. 童建新点评颜贻意：老板的个人魅力很要紧 ……………… 253

2. 姚其正点评颜贻意：要抓就抓最先进 ……………………… 255

3. 姚福汉点评颜贻意：理念好坏决定企业成败 ……………… 257

4. 赵博文点评颜贻意：成功得益于"四个坚持" ……………… 258

第六部分　尾声

第十九章　往事如烟精神在 ………………………………… 265

1. "重点企业"的生与死 ………………………………………… 265

2. 往事如烟：温州经济强人的 2016 ………………………… 267

3. 什么是"企业家精神"？ ……………………………………… 270

4. 颜贻意精神的时代意义 ……………………………………… 272

附录　诚意药业创业史略（1966—2016） ………………… 273

海风掠过头顶（后记） ……………………………………… 276

参考书目 …………………………………………………… 281

第一部分

军人治厂篇·
部队留下"精气神"
(1966—1975)

翻开中国地图，在温州东南沿海，有一群小岛，主岛的名称叫洞头岛。洞头岛又可以叫做铜山岛。洞头岛为何有这个"雅号"，说起来，就是这本书的开头了。

我叫如意。各位"看官"可以称我为"如意君"。

各位看官，你可以把"如意君"看成是一个导游，或者是"诚意药业"的一名普通员工；也可看成是一位土生土长的洞头人。

如果更深入一步，就把"如意君"理解为温州乃至浙江生机勃勃的医药事业发生、发展的见证者之一，参与者之一；你也可以当他是一名门外汉，或者仅仅是一名观察员。

现在——2015 年 9 月，在北京举行抗战胜利 70 周年大阅兵圆满结束之后，"如意君"就要粉墨登场了；就要带着你、引导你，来到东海之滨、铜山岛上、温州第四区，去参观一家制药厂、去认识一个人和他的团队；去翻开尘封已久的往事，去展望波澜壮阔的明天！

第一章
部队上了铜山岛

部队"四进四出",足以说明"铜山岛"战略地位的重要。部队先后将师医院、旅卫生营和团卫生队设在小朴村,足以说明这个村堪当重任。

从一开始,铜山制药厂就孕育了一种禀赋,既是"排除万难、争取胜利"奉献精神的再现,更是"克己奉公、殚精竭虑"求索精神的结晶。

这种"精神结晶"从1966年药厂创办至今,绵延不绝。

1. 解放军"四进四出"

1949年,当浙江大陆进入人民的怀抱之后,隔海相望的浙江沿海岛屿,成了人民解放军必须重点攻克的目标。

据一直关注洞头解放史的温州学者吴树敬介绍,1949年10月7日,正是中秋之夜,中国人民解放军第三野战军第七兵团21军63师从乐清向洞头岛发起渡海作战。首战洞头,全线告捷。是月,洞头岛上第一次有了人民政权——玉环县三盘区人民政府。

1950年7月6日深夜,国民党"江浙反共救国军"总指挥吕渭祥,率军舰、汽艇及两千多官兵,于次日上午分别从铁炉头、半屏山、大三盘等处登上洞头岛。解放军守岛部队激战至8日上午,不得不撤离洞头岛。

1952年1月11日,解放军第四次也是最后一次进剿洞头岛。敌我双方激战了三天三夜。至15日,共歼敌854人,俘虏530人。1月15日被庄严地定为"洞头解放纪念日"。

洞头解放之后，温州沿海仍不平静。1969 年 9 月，台湾当局还向洞头岛派出武装特务，后被人民解放军缉拿正法。一直到上世纪 70 年代末，"以洞头列岛为中心，建设稳固的海防前哨"，一直是我国各级政权不敢怠慢的战略部署之一。

2. 105 师进驻小三盘

105 师改编为公安 17 师，后又改编为守备第 17 旅，总部始终在洞头。

部队营房还没有建好，借住民房与群众建立"鱼水关系"。

1952 年 1 月 15 日，洞头解放后，步兵第 105 师师部、师医院及所属第 315 团进驻洞头岛。

与部队兵力相匹配的是，师部设立了自己的"步兵师医院"。该医院就驻扎在今天洞头区东屏镇洞头村。其时，部队还没有自己的营房，大量的军人甚至医院，都借用当地老百姓的房子。

洞头列岛解放后，渔民出海捕鱼的安全系数提高了，不用再担心洞头沿海会有海匪抢劫与屠杀，渔业生产力急速提升；海岛丰富的鱼类资源也被释放出来，渔民渐渐过上了大陆民众少有的温饱与小康生活。

翻身解放的渔家儿女，对于亲人解放军，有着述说不完的亲近之情。其时，第 105 师奉命改编为公安第 17 师。师部驻守在今天洞头区北岙镇小三盘村，师长为方明胜同志，政委为宋治民同志。各团依次改为第 49 团驻瑞安、50 团驻玉环、51 团驻洞头，全师近万人。

一直到 20 世纪 80 年代，这里都是洞头驻军首脑机关所在地。露天电影要在这里首映；南京军区来洞头的慰问演出，在这里首演；吉普车、卡车等军用设施，首先在这里登场。

与小三盘仅有 20 分钟路程的，便是小朴。

本书要讲述的大量故事的发生地，就在小朴，一个具有重要战略位置的小村庄。

本书的第一位讲述人褚兆洪先生就要登台。

他是原 26 团卫生队队长褚福德之子，1959 年 8 月出生在山东淄博。从六岁开始就在小朴村随军长大，在洞头县读完小学和中学，1974 年 12 月在洞头一中应征入伍。他的讲述，为我们打开了了解洞头驻军及部队医院、药厂沿革的大门。

那些过往，并没有随着硝烟的散去而遗失。一幕幕具有光荣革命传统的历史画面，不断清晰起来，也不断立体起来。

1955年,驻洞头部队卫生队的几位同志(左2为褚福德)

3. 师医院移至小朴村

500名工匠从温州大陆秘密进入洞头岛。小朴村军用码头秘密建成。师医院移至小朴村。

讲述人姓名	褚兆洪
受访时间	2015年6月20日
讲述地点	江苏省苏州市褚家
受访时单位及职务	江苏省苏州市疾病控制系统研究员
补充说明	原卫生队队长褚福德之子

为了让驻岛部队能够"安居乐业",1953年初,中央军委同意,在洞头岛上建立永久性营房。

那年清明刚过,一批自带铲刀、锤子、锯子的泥瓦匠、木匠,乘坐部队租用的民间帆船,浩浩荡荡从温州渡海,历经十多个小时的艰难航程,从洞头小朴村王山头附近登临铜山岛。事后多年才解密,当时有多达500人的能工巧匠,在当地驻军的配合下,日夜奋战,在洞头岛各地,建造总共达5万平方米的营房及其他配套设施。于是,在洞头的小三盘、小朴、大长坑、小长坑、隔头、东沙等渔村,造型大方、冬暖夏凉的部队营房建造起来了。小三盘是洞头驻军的首脑机关所在地,按照师部配置,营房数量最多。大长坑等地是营部所在地,数量居次。其他地方分别是连队营房。

到 1954 年初，营房建造完毕，105 师医院移至小朴新建营区。医院设在小朴渔村的南头，有青砖两层楼两座，北楼西头有 X 光室，走廊连接手术室，手术室地面用马赛克砌成。病号食堂和大食堂分设在北端和南端。护士班宿舍的平房建在小朴村中，而干部们还是居住在老百姓的家中。

部队卫生队原 X 光室

小朴的"105 师医院"几经演变，由"医院"改为"卫生营"，又改为"卫生队"，始终没有离开小朴村。"卫生队"的军医为群众看病是免费的，而干部战士，为了改善生活，常常自己动手，丰衣足食。

各种级别的医院为什么都要落户在小朴村？

如意君：回答这个问题，就必须去一趟小朴村。2015 年 12 月的小朴村，已经完全融入洞头新城区，没有了往日相对封闭、防护安全、进出便捷的战略格局，而在 20 世纪 60 年代，小朴村三面环山一面向海。

一是距离部队"首脑机关"十分近。二是 1954 年 7 月，"王山头军用码头"秘密建成。从此之后，这个码头成了进出海岛的军用物资的登陆点和中转站。这个军用码头离温州最近，便于运送、转移伤员。1969 年，6415 部队五连在小朴西侧山下打通一条穿山坑道，直接通往该码头，从王山头出入洞头岛，更加便捷、隐蔽。三是小朴是全岛的战略后方。它三面环山，等于将这个小山村紧紧拥抱在大山的怀里，即使有敌机出没，也很难找到它的打击方位。

所以说，得天独厚的地理优势，决定小朴成为后方医院所在地的首选之地。

解放军在全国取得彻底胜利之后,新生的人民军队的医疗体系也进行了再造和培养。在大军区,设有"总院"和"防疫大队";省级军区辖区内,分别设有驻军医院,如温州地区设有118医院、杭州地区设有117医院。师一级单位,才允许设立"医院",团设"卫生队",营设"卫生所",连设"卫生室"。

根据上级指示,卫生队长处理全团的卫生行政和业务工作。卫生职务分别为卫生员、军医助理、军医、所长(营)、主治医生、队长(团)等。

1957年1月,公安第17师改编为守备第17旅,驻洞头岛,下辖第51团和3个直属步兵营,4个直属炮兵营,共计4408人。105师医院第一次改编为"卫生营",驻守在小朴村。

1958年1月,守备第17旅所辖的直属营组建为守备第85团。85团仍驻守洞头岛,此时的卫生营已演变为"卫生队",仍驻守在小朴村。

洞头列岛交通不便,海水阻隔,向来缺医少药。人民解放军第85团小朴"卫生队",便成了铜山岛上的医疗中心。当地群众口口相传说:"有病到小朴看军医",说的就是如果有幸接受了小朴村部队军医的诊治,病也就好了一大半!

1960年初,三年自然灾害也蔓延到了铜山岛。加上严重的干旱,岛上连吃水都十分紧张,农业生产几乎停滞。

上级领导批示,85团卫生队在力所能及的情况下,可以乘船出诊,到洞头岛之外的三盘岛、元觉岛、鹿西岛、半屏岛、霓屿岛为老百姓免费巡诊。

一直到我十来岁的时候,我还清楚地记得,附近的群众来卫生队看病,通常是用一个小纸袋配三天的药,不好再来看,分文不取。来门诊看病的群众,每天都有二三十人。我有一位同学陈艳玉,1973年参加部队文宣队时,出现急腹症,送到小朴来住过院,那时候,连住院也是不收费的。

卫生队为了解决药品短缺,开始自己试着种植草药,为群众提供中药、推拿、拔罐是当时缓解岛上缺药的一个有效途径。"文革"期间,推广中西医结合,卫生队在两栋大楼中间的空地上开出了一块药圃种植草药,里面还有山上采到的七叶一枝花等植物。

四季常绿的小朴村,山上的草药种类很多,如天门冬、鱼腥草、明决子、天南星等,随处都有。有一次部队打靶,战士们打到一条扁担长的蛇。回来后,军医便将蛇肉在瓦片上用火焙,再碾成粉,这样的药粉给患者每天内服一小袋。治疗腿疮的效果也很好。

1969年底,我的父亲褚福德接任卫生队队长后,要求军医用拉丁文开处方,他还亲自辅导。给卫训队上的解剖课是用狗作标本,人体骨架也是带领学员们自己制作的。

"文革"时,病号的伙食费是每天八毛钱,有一个病号伙房。大师傅是来自绍兴一家餐馆的职工，脸上长有麻子，大家背后喊他"麻子师傅"。他有一个闲下来就磨刀的习惯，在磨刀石上撒上一些敲碎的瓦片掺上水，磨出来的刀，锋利无比。剁肉馅时，他两手挥舞两把利刀，常会剁出规律的敲击声，烧菜香气扑鼻，老远的病房都能闻到。下午3点还有一顿点心，通常是炼乳罐头冲饮料加饼干。

卫生队的干部战士每天的伙食费是三毛七分，这和当地渔民每人每月八元钱的生活费相比已经是很好了。为了把伙食搞得丰富多彩，卫生队在营区南头的猪圈喂有几头猪；在山上开垦荒地种菜；在海滩上还养殖海带、紫菜，自己压米粉等。卫生队有一艘舢板，每到捕捞海蜇、乌贼鱼的汛期，都会用这个小舢板出海捕捞。围乌贼鱼的网是战士编织的，网的边缘还串了很多铜钱状的厚铜板，便于将网撒开，每次出海都能满载而归。

那时的海岛文化生活非常单调，每周团放映队来小朴送影，在篮球场上为部队和群众放一场电影，真是欢天喜地像过节一样的热闹。

我的父亲褚福德、部队军医胡志群都是无线电爱好者，他们自己装收音机，收听中央人民广播电台节目。每到放收音机节目的时候，总会围上一大群干部战士，大家在轻轻松松的收听中，送走守护洞头岛上的一个又一个不平凡的日子。

4. 铜山岛的来历

1965年，国防部命名驻守洞头岛的海防六连为"军民联防模范连"，洞头岛有了另外一个响亮的名字——铜山岛。在这个振奋人心的喜讯鼓舞下，一批军医想到了要创办一个制药厂，回应"备战备荒为人民"的时代要求。

1965年9月28日，国防部嘉奖海防六连为"军民联防模范连"的消息传到洞头岛，举岛欢庆。

国防部的命名，让"海防六连"名扬全国，让洞头岛名扬全国。南京军区《人民前线》报也给洞头岛戴上了一顶新的帽子："铜山岛"，寓意为"铜墙铁壁之岛"。

为此，如意君凡是提到洞头岛，决心都称之为"铜山岛"，为的是继承部队留下来的"精气神"。

铜山岛，那是一段传奇。

5. 1966年8月26日，铜山制药厂投产了！

600元起始资金，2口大缸，60尺白布，5个冲洗架，加上部队"免费"的营房，这就是药厂创办之初的全部家当。

从"师医院"到"旅卫生营"，再到"团卫生队"，为什么会想到办一家制药厂？药厂办起来容易，如何生存下去？带着求证的眼光，我们一次次地走进小朴，走进一批创始人及其子女的回忆中,揭开那一个又一个隐秘……

首先,必须提到的是褚福德同志(注解1)。1966年他和他的战友们进行了药厂的创建。在他主持小朴卫生队工作的6年间,对药厂的壮大和发展倾注了大量心血。他与胡志群、颜贻意等药厂创建者结下了深厚的情谊。

必须提到的第二人是苏明山。苏明山同志早年毕业于西安第四军医大学药学系。他与褚福德两人,是"文革"前卫生队里药学、医疗专业仅有的本科毕业生。苏明山1955年上岛时就是卫生队长,是小朴卫生队的第一任队长。他的夫人叫徐琪,曾经是温州制药厂的药师。在铜山制药厂初创阶段,她利用探亲的便利,从温州市区来到铜山岛,向药厂传授过一些技术。这是后话。

张淑清(前排左一)、常美玉(前排左二)、蔡素英(后排右一)、岳爱华(后排右三),这四位卫生队干部家属,她们是药厂的第一批职工

第三个也是最为劳心劳力的关键人物叫胡志群。

胡志群在药厂的草创阶段有着怎样的作为,我们听一听他的女儿胡剑虹的讲述。

讲述人姓名	胡剑虹
受访时间	2015年5月27日
讲述地点	江苏省苏州市胡家
身份	胡志群女儿

我的父亲胡志群同志出生于小知识分子家庭,16岁从江苏省无锡一中毕业后,投笔从戎,参加了抗美援朝战争。由于战争很快结束,他就被部队选送,就读于南京军医学校检验专业。毕业后,千里迢迢,来到了铜山岛,进入中国人民解放军85团卫生队工作。他一生中最为美好的时光,都与铜山岛、与小朴村、与药厂

有着持久而密切的关联。

褚福德(左一)、胡志群(右一)与孙爱春(中)合影于卫生队

年轻时的父亲英俊潇洒，多才多艺。除本职工作检验专业外，他还喜欢钻研医药、无线电、摄影、天文等，因此也很受女孩子的喜爱，但最终还是娶了我美丽善良的母亲——柴淑华。

1964 年我的哥哥出生了，1966 年又有了我。当时，母亲在上海工作，父母分居两地，非常辛苦。母亲很希望父亲能转业回来，可是部队有部队的规定，又是一线边防，岂是想回就能回的。这种状况一直持续了六七个年头。铜山岛上的生活条件是非常艰苦的，经常断电断水，没有新鲜蔬菜吃，日常生活用品极其短缺。

1966 年的一天，父亲来信说部队领导布置给他一个非常重要的任务，就是要在卫生队创建一个小型的制药厂，以解远离大陆药品短缺境况，顺便安排几个随军家属的工作。父亲被任命为主要创建人。万事开头难，一切重担都压在他一个人身上。父亲说，他是向部队首长拍了胸脯、立了誓言的：这个药厂非办好不可！信中，父亲居然开口要母亲携带子女从上海离职，到铜山岛上安家落户，协助他，把药厂办下去。

经历一番严峻的思想斗争和艰难比较,1969年7月,我的母亲柴淑华终于放弃了上海稳定的工作,带着年幼的我,一起来到了铜山岛。

创业初期的工作是极其困难的。药厂的策划、人员的组织安排、厂房的基础建设、生产药品的设计、种类的选择、设备的引进安装、生产原料的采购等一系列工作都让父亲操尽了心。父亲和卫生队的战友们,还有几位家属,边干边摸索。这期间,父亲不知疲倦、不断往返于温州、上海、洞头采购原料和设备。当时的交通不像现在这样便利。据母亲回忆,有一次为采购黄连素的原料,父亲乘了几天几夜的火车去昆明出差,回来时脚肿得连袜子都脱不下来。设备的引进更是困难重重,先从上海采办运往温州,然后雇船运往洞头。海上风浪大,很是危险。到了洞头还要用大卡车运往小朴,真是像登天一样难啊。

那么,究竟是谁最先提出创办这个药厂的"建议"呢?

时过50年,一些当事人纷纷离世,当时的很多原始材料都没有变成档案流传下来,加上部队一再换防、变更,对于这个问题,有两种说法:

一是说苏明山同志最早提出后,得到了部队首长的批准;二是胡志群与苏明山等好几位部队的军医在聊天中,逐渐形成了比较成熟的意见,然后由苏明山同志向首长作汇报,最后由部队首长拍板,胡志群同志被委任为第一责任人。

讲述人姓名	褚兆洪
受访时间	2015年9月28日
讲述地点	江苏省苏州市褚家
工作单位及职务	江苏省苏州市疾病控制系统研究员

2015年9月1日以来,当时参与建厂的一些军医,分别与我的父亲褚福德同志谈及过一些往事。军医许传福回忆为什么建药厂,他是这样说的:

第一,出于军民联防的需要。第二,出于缓解卫生队药品紧缺的考虑。第三,也要解决部分干部家属就业困难。药厂进行过"预实验",在卫生队抽了张世福、胡志群、许传福、兰惠生、王云郎、牟哲文等军医参加这些实验。不久,四位卫生队干部的家属加入药厂,成为最早的四位职工。

"预实验"成功后,胡志群负责生产。褚福德说,1969年苏明山调离,他接任时,苏就对胡志群说过:"我就把药厂交给你了!"

那时胡志群就任负责人,部队没有颁发红头文件,也没有任命书。药厂里的工作,都是兼职的。

这就是药厂创办时的大致情况。

事过50年,很多人都想知道铜山制药厂投产的具体时间。这个时间节点,对于药厂的今天、对于洞头工业发展史，都是一段难忘岁月。

褚兆洪先生是这样回忆的——

关于铜山制药厂投产的具体时间，我母亲常美玉、我父亲、柴淑华阿姨几个人经过奋力回忆，做出如下推算：

我母亲说自己入厂的时间是 1966 年的秋天。这一年的立秋是 8 月 8 日。我父亲说第一批四位家属是胡志群同志等人进行预实验的 2 到 3 个月后，进的药厂。也就是在贯彻"五七指示"后的 8 月底进厂的；而"五七指示"在部队的贯彻时间应该是 1966 年的五六月份。柴阿姨说是 8 月底投产比较牢靠。我的记忆是，1966 年开学前几天晚上，我们几个部队家属小孩张海涛、马福建等人，曾经将部队卫生队的冬青树枝放进小锅炉，叶子受热后产生"啪啪"的响声，觉得很好玩。这一细节记忆犹新。

综上，有几个时间节点值得在意：一是开办、投产的时间应该是在 1966 年 5 月 7 日—1966 年 9 月 1 日之间。二是药厂预实验时间应该是在 1966 年的 6—8 月之间。三是第一批职工进厂的时间应该是在 1966 年 8 月下旬。

为此，我们觉得铜山制药厂投产日可以确定为：1966 年 8 月 26 日。

药厂投产了。

1967 年的 2 月，春节刚过，铜山岛上，寒冷的海风依然没有褪尽它凛冽的攻击力。部队营房的背后，小朴的大山上，那些草、那些花儿仍然在冬眠之中。山头上，夜夜潮起潮落，涛声不断中，迎来了一个月圆之夜。年轻的部队军医胡志群与几位战士在军号吹起、统一熄灯前，十分难得地在村头的沙滩上散步。村民们有的从滩涂上回来，在潮水里洗脚、洗刷渔获品；有的正从呱呱叫唤声中，将自家养的鸭子捉拿回去。

突然，胡志群的脑子中闪过一个念头——就把这个药厂定名为"铜山制药厂"如何？

胡志群的想法很快得到批准，中国人民解放军 85 团卫生队创办的药厂，有了自己的大名：铜山制药厂——洞头岛被外界誉为"铜山岛"，"铜山岛"的名气大过洞头岛，这是部队的同志具备"创品牌就要追求知名度"思想的朴实反映；同时，从政治形势看，把洞头岛建成祖国万里海疆的"铜墙铁壁，钢铁长城"，更是时代的选择。浙江省第一家由中国人民解放军创办的药厂，由此登台。

6. 赵博文登岛

1967 年秋天，赵博文第一次上了铜山岛。

铜山制药厂创办起来了。即使是部队的制药厂，需要采购原料，需要推销产品,也必须与地方政府的职能部门联系。根据国家相关规定,各级制药厂的审批、采购、销售等工作事项,要获得省级卫生、医药主管部门的批准,然后,一些事项交由下级卫生、医药主管部门办理,这样才能完成采购、生产、销售等法定的流程。

铜山制药厂创办之后,很快就向浙江省医药管理公司发出邀请,请求派员到岛上进行工作指导。

1967 年的秋天,一个风和日丽的下午,年轻的大学生、浙江省医药管理公司干部赵博文从省城杭州出发,踏上了前往铜山岛的旅程。

讲述人姓名	赵博文
讲述时间	2015 年 8 月 28 日
讲述地点	杭州市区赵家
工作单位及职务	原浙江省医药管理局局长(1983 年—1997 年)
受访时状况	现任浙江省医药行业协会名誉会长

我记得那是一个秋天,杭州大街上的梧桐树叶开始成片成片被风刮落。星期一的时候,领导告诉我说,本周你要安排一个时间去洞头一趟,那里有一个部队办起来的药厂,要去看一下,尽量给他们提供帮助。解放军同志为解放海岛付出了那么大的牺牲,现在他们要在岛上建立海防前哨,对付帝国主义和反动派的侵略,我们作为革命干部和共产党员,给他们一些支持,是很应该的!

说实在话,"洞头"这个名字我还是刚刚知道不久,至于部队办起来的药厂,会是怎样一种状况呢?我的好奇心占了上风。

带着一项十分重要的"政治任务",我踏上了赴洞头的旅程。先从杭州到温州市区,那时候的长途车已经开通了。我记得是从清晨 6 点发车,坐了十多个小时,到瓯江渡口时已是凌晨三点。还好,在瓯江渡口等候汽车轮渡,仅要一个小时,便得以过江。(注解 2)

到温州市区时,已是第二天凌晨四点钟。好在有温州地区医药公司的同志在温州汽车南站(就是今天的温州市区环城路新世纪大厦前方)一直等候我过来,接我到对面的温州旅社住了下来。从长途车上满面风尘的下了车,一见到温州医药公司的同志,我都感动得几乎要哭了!

刚安顿下来,温州地区医药公司的同志告诉我,当天上午 8 点,有轮船从温州市区开往洞头县。这位同志说,到洞头县每天只有一班船,今天不走,就要等到明天;而明天会不会刮起大风,轮船停开,谁也不知道。

被这位同志这样一说,我突然紧张起来。

我问:那上午我们走得了吗?

接待的同志说，试试看吧。用我们地区医药公司的介绍信，应该可以买到上午的船票。

说完这番话，这位同志就出去了。

过了一个多小时，有人来敲门。我打开一看，就是那位接待员。他兴冲冲地说，我们马上离开旅社，还有一个小时，船就要开了。

我又匆匆忙忙地退了旅社的房间，和这位接待员一起，赶到了温州望江码头。

码头上，温州医药公司的王科长已经在这里等候我，陪同我一起去洞头县。看到温州的同志为我这次出差安排得如此周到，我心里不由升起一股浓浓的暖流。

船在瓯江上航行了一段距离后，就进入了大海。（注解3）

一开始还好，浪不大。但是，不一会，我就头晕目眩，显然是晕船了。

王科长从包里拿出人丹，嘱咐我吃上几颗，睡上一会儿，船就到洞头了。吃了人丹，实际上根本睡不着。一是轮船的臭味太重，我们来自大陆的人第一次很难适应这种气味；二是尽管我十分疲劳，但是我是第一次坐海船，第一次看到大海，第一次要和解放军同志接触，同时也是第一次来温州，第一次单独一人出差，第一次要完成省公司领导交给我这么重要的政治任务——这么多的"第一次"，鼓动着我的内心，不禁心潮澎湃，激动不已！

晕船也在"激动"中慢慢减弱了。

说好下午3点就可以到洞头码头了，可是到了4点船才靠岸。吓我一跳的是，解放军85团派出了只有团长才能坐的军用吉普车，在码头上迎接我和王科长。

又是一路颠簸。

到了目的地——洞头县小朴村85团卫生队门口时，再一次让我惊讶：解放军战士排成两行，整齐列队，在迎候我们！

我们下了车。

"向地方的同志学习！"

"向地方的同志致敬！"

我哪里见过这样的架势？傻乎乎地穿过列队战士的口号声，和卫生队的领导一起，来到食堂吃饭了。

在吃饭时，经过部队领导介绍，认识了负责"铜山制药厂"的几位军人。对他们印象比较深的有胡军医、苏队长（即苏明山）等人。

饭后，部队特意安排我们看电影。当晚，我们看的电影是《小兵张嘎》。又是第一次在部队的驻地看露天电影。电影还没有开始，看电影的当地群众早就将放映场围得水泄不通。虽然我已经看过一次《小兵张嘎》。但是今天在部队干部战士和当地数百群众的热烈包围中,再看一次,别有一番风味。

　　当晚,我和王科长一起,睡在两位战士的床上。

　　第二天上午,胡军医等人带着我们参观了"铜山制药厂"。说实在话,看完药厂的全部家当之后,我大为吃惊:这样简陋的设备和设施,怎能叫做"制药厂"呢?

　　我很快就明白了:这是在海岛上呀!这是本来就不具备办药厂的部队呀!解放军同志如此热情的接待我们,就是希望我们这些来自省城、市里的主管部门的同志,能够设身处地为他们着想,尽一切可能,帮助他们解决各种困难,为这个药厂的新生,鞍前马后地出汗、出力。

　　与王科长取得一致看法之后,带着部队干部战士的期望与嘱托,第二天中午,我们就离开了洞头岛——这个被驻军唤作铜山岛的偏僻海岛。

　　回到省公司后,我向领导作了详细的汇报。从我回来之后,公司上上下下,把对解放军同志的热爱,都付之于实际行为之中——之后,凡是"铜山制药厂"的人来省城办事,我们都尽一切可能提供方便;"铜山制药厂"遇到的困难,我们都尽一切可能,帮助解决、协助发展。

　　值得欣慰的是,在浙江省医药公司、浙江省医药局许多同志并不看好的情形下,"铜山制药厂"一路高歌,走到今天。

注解 1:褚福德,1934 年 1 月出生于山东淄博。1947 年加入中国人民解放军,参

2015 年 6 月,褚福德(第一排)一家,柴淑华(右一)一家与颜贻意(第三排左二)一家喜相逢。

加过莱芜、淮海、渡江等战役。1955年随部队来到洞头。

1964年，从上海第二军医大学医疗系毕业后再次回到洞头，担任团卫生队主治军医。1969年底，接任卫生队长。1972年，被任命为温州军分区医院院长，但26团以"洞头医药卫生离不开他"为由没有赴任，一直坚守在岛上。

1975年4月部队调防，到江苏泰州74师医院、124医院、100医院担任院长和顾问等职。1994年6月离休（副军待遇），现居苏州军分区第四干休所。

注解2：车过瓯江要摆渡

千百年来，过江摆渡，没有疑义。

1984年8月25日，瓯江上建立了第一座大桥。过瓯江的汽车要摆渡的历史终结。

注解3：洞头与温州的沿海客运

根据《洞头县志》记载，大致于1930年，就有人开始经营洞头至温州的客轮航线。日本帝国主义侵华期间，洞头至温州的航线，各种交通船只被炸沉于海上，以封锁瓯江。抗战胜利后，温州沿海客运逐渐恢复。

1953年之后，洞头至温州的海上客运日趋繁荣。

1985年，浙江航运公司温州分公司投入客船"浙江208"营运。洞头至温州的海上客运航程缩短为三个半小时左右。

1990年，洞头民间集资，投运"洞航111"。此后，温州到洞头，才有了每日两班的客轮运输航程。

2002年5月，洞头五岛相连工程建成通车后，洞头与温州的交通局面彻底改观。

2006年4月29日上午，"温州半岛工程建成通车典礼"隆重举行。时任浙江省委书记、省人大常委会主任习近平，省委副书记、省长吕祖善分别发来贺信，祝贺温州与洞头通车。时任浙江省政协副主席李青亲临洞头，发布通车指令：游离于温州沿海的洞头几个主要岛屿，与温州大陆相连接并通车。客船告别运输主战场。

诗人陈志岁以一首《灵霓北堤建成通车》，道出12万洞头人民的心声，诗曰：

　　万年绝岛爆欢声，

　　百里银堤嵌海成。

　　从此出门无用渡，

　　直通大陆驾车行。

（资料来源：《浙江日报》《温州日报》《洞头县志》等）

第二章
厂里来了年轻人

本章导读 <<

一个偶然的机会,颜贻意入了厂。从此,他这一生便与药厂结下了不解之缘。上天一定会垂青敢于牺牲、勇于奉献之人。

入厂之后的颜贻意,以勤勉出名,自我加压,不断得到锻炼的机会。他把握住来之不易的一个个人生机会,迎风斗浪,死里逃生;面对困难,无所畏惧。

1. 柴淑华上了铜山岛

为了支持丈夫胡志群办药厂,柴淑华辞去上海的工作,带着女儿,来到铜山岛,成了随军家属。

1966年秋天,受浙江省医药管理局的指示,浙江省医药公司与温州医药公司派员到铜山岛,在对铜山制药厂进行必要的现场勘查和指导之后,铜山制药厂的生产计划、原材料采购、销售指标被列入省市计划,逐步纳入正常的药品生产与销售管理体系。

赵博文等人离开铜山岛后,药厂党支部就建立起来了。先后由苏明山和褚福德兼任支部书记。1969年,药厂吸收了第一批职工入党,分别是岳爱华和张秀卿两人。

各项筹备工作,还在紧张地进行中。

1969年7月,27岁的柴淑华第一次登上铜山岛时,就差点被猛烈的海风刮倒在地。她站好姿势,就看到了码头上前来迎接她的军人丈夫胡志群。胡志群抱起刚刚学会走路的女儿胡剑虹,看到自己的妻子柴淑华在抹着高兴的泪花,轻身说了一句：上车吧。

部队首长为了奖励辞去上海工作、一心一意支持丈夫守卫海疆的柴淑华同志的"英雄行为"，专门派来了一辆吉普车迎接柴淑华母女俩。

柴淑华激动的泪花，流个不停。

柴淑华在制药车间工作中

从 27 岁风华正茂之年上岛工作一直到 72 岁回到苏州养老，柴淑华把最为美好的记忆，留在了铜山岛上。

讲述人姓名	柴淑华
讲述时间	2015 年 6 月 21 日
讲述地点	江苏省苏州市柴淑华家中
受访时状况	退休
说明	原铜山制药厂第一任负责人胡志群的妻子

我的工作没什么好讲的。还是说一说我们家老头子——胡志群吧。当然，那

时候他还不老,年轻、能干、肯干。我就说说他平时是如何废寝忘食的。

只要有机会出差去上海,老胡就会向大药厂的工程师请教,他自己也刻苦钻研,那份工作热情至今我还常常和孩子们谈起。经过他和战友们的共同努力,药厂先后成功生产出了碳酸氢钠、氢氧化铝悬浮液、黄连素、穿心莲制剂等一批卫生队日常必须、当地老乡欢迎的药品制剂。

在药厂生产经营过程中,老胡不怕苦不怕累、严肃认真的工作作风,在我以及孩子们的心里留下了深刻印象。记得有一个刮台风的夜晚,外面雷雨交加,风声呼呼作响,房子都好像要被吹起来了,又因为停电,我和孩子们都感到害怕,老胡却对我们不管不顾,急忙拿起手电筒出门,去药厂查看险情。

还有一次,从上海引进了一个消毒反应锅,在安装调试的过程中,反应锅突然爆炸,他的一条腿被大面积炸伤。当时,我急得脸都发白了,以为会残疾,可是他在家休养了没几天,就忍痛去药厂指挥生产了。这种事情在办厂期间,数不胜数。

经过他和同事们的共同努力,到"文革"后期,药厂已初具规模,生产也进入了正轨,职工人数也增加到了五十多人,有部队家属、地方机关干部家属以及小朴村优秀的年轻人。这其中就有他最喜爱、聪明能干、刻苦勤奋,后来成为药厂领军人物的颜贻意同志。

柴淑华的描述,给了"草创时期"的铜山制药厂一个清晰的轮廓:

铜山岛的群众,一年有 300 天以上吃的是番薯。长年累月吃番薯,得胃酸毛病极为普遍。所以,药厂的第一只产品选择了氢氧化铝凝胶。药厂的初期产品还有:黄连素片剂、穿心莲制剂悬浮液、黄连素针剂、穿心莲针剂等。其中,碳酸氢钠可以用来治疗男性痛风病、女性阴道炎症,这也是海岛群众的常见病。这些屈指可数的药品,成了岛上的"明星药品"。

1967 年,是药厂开始出成果的第一年。从极其有限的档案资料中,我们看到了以下数字:

药厂的第一只产品是 500 毫升瓶装氢氧化铝凝胶,投产时间是 1966 年 10 月。药厂当年创造的产值是 3.56 万元。药厂创办第一年年末职工总数是四人。这四个人都是部队卫生队干部家属,他们分别是:常美玉、岳爱华、蔡素英、张秀卿。他们也是铜山制药厂的第一批员工。常美玉即为褚福德院长的妻子。药厂创办当年销售总额为零。药厂创办之初,药品以进入部队卫生队药房为主要消费终端。社会效益重于经济效益是铜山制药厂的立厂之本。

2. "小颜"入厂

他说:到铜山制药厂工作可以,但是,我只干三个月。

1966年的中国，注定不是一个寻常的年份。

8月7日，中共八届十一中全会印发了毛泽东写的《炮打司令部——我的一张大字报》，为"文化大革命"指示了斗争目标和基本政策，提出了"放手发动群众"这一号召。

7月初，从温州市洞头中学初中毕业的颜贻意，还在盘算着如何到温州去读高中。（注解1）可是，政治旋风已无可避免地刮到了铜山岛。当时最为流行的"串联"迅速占据大中学堂，即使是暑假期间，年轻的学子们仍然被一种力量牵引着，时时处于热血沸腾之中。

8月18日，毛泽东将在天安门广场检阅百万"红卫兵"。8月初，一个消息传来，洞头中学有四个学生晋京名额。颜贻意就是其中之一。

8月15日上午，在温州市洞头中学的操场上，颜贻意准备好行装，就要出发了。校革委会（注解2）副主任陈大可老师把颜贻意叫到一旁，告诉他，听说他的一个什么亲戚在台湾。上级指示，为了毛主席的安全，有"台海关系"的，一律不能去北京。陈副主任说："你是我们学校培养出来的最优秀的学生，你还有机会去温州读高中呢！"

年轻的颜贻意被泼了一盆冷水。他从热切的顶点跌到了失望的低谷。

好在之后有了更多的机会去温州永嘉串联，去台州仙居串联，去省城杭州串联。同学们一边走，一边朗诵毛主席诗词，高唱语录歌，风雨无阻，意气风发。颜贻意当仁不让地投入到"学生洪流"之中。

从洞头到温州，到处是"停课闹革命"，后来，听说温州高中也不招收新生了。高中是读不成了。闹到了1967年开春之后，16岁的颜贻意回到了自己的老家——浙江省洞头县南塘公社小朴大队第六生产队，当了一名记工员。

担任记工员没有几个月，又一个政治运动袭来，要"清理阶级队伍"（注解3）。南塘公社需要几名知识青年作为工作人员参与这项运动。

南塘公社（注解4）将全公社"清理阶级队伍"的指挥部设在大长坑村人民解放军6415部队的营部。颜贻意一身军装，背着背包，一路步行，奉命来到了指挥部。四个月的"清理阶级队伍"，使颜贻意学会了细心观察领导同志是如何组织各种活动的；细心体会领导和同志们是如何准备材料和进行发言演讲的；细心领悟下级与上级、上级与上级、下级与下级丰富的人际关系。从这次"清理阶级队伍"中所收获的"细心与领悟"，对日后颜贻意走上企业的领导岗位，受益匪浅。

1968年春节之后，颜贻意回到了大队，参与创办"小朴大队副业合作社"并当上了副队长。有时候他拿着提包入门过户，有时候他又要操舵划桨、抛锚起帆。他组织船只，向温州市区运送建筑用的砖头和石头。颜贻意是划船的桨手，每次长达20个小时的航程，培养了颜贻意风里来雨里去的胆略，也慢慢造就了他心细如丝的秉性。

讲述人姓名	颜贻意
讲述时间	2015 年 5 月 3 日
讲述地点	公司董事长办公室
受访时职务	诚意药业股份有限公司董事长

那是一个台风即将到来的下午,我和我的伙伴照例驾驶着帆船,载着一些砖头,向县城方向出发。

在那个年代,帆船还是海上运输的主力。风平浪静的时候,我们会欣赏海上鸥鸟翻飞,呜呜呜叫。我这一生虽然没有当过渔民,但是驾驶帆船出入温州的那几个月,给了我许多渔民的生活体验。

记得那一天,我们欢天喜地地驾驶着帆船离开王山头码头,不久就遇到了汹涌的大浪。我的伙伴也是一个年轻人。他掌握着船舵,一开始还稳坐船尾,忽左忽右,顺顺当当地操控着舵把。

我问,下一次你到温州要为你娘买点什么?

他说,她想吃西瓜。我买一个大西瓜带回来好了。

我说,我也想买西瓜。孝敬我娘。

他说,你是孝子,谁都知道。

我说,是呀,我从生下来不久,父亲就去世了,到现在我都不知道父亲是什么样子。

他说,你是我们小朴最能干的人才,你以后一定会让你娘过上好日子。

我说,是呀,是呀,我相信,我一定能——

我的话还没有说完,突然一个横浪滚了过来,盖过船身,掌舵的伙伴来不及躲避,海水像瀑布一样劈头盖脸淹了过来,船打了一个趔趄,我急忙大喊:稳住,稳住,不要慌!

听到我的提示,伙伴也定了心,机智、冷静地掌握着舵把,巧妙地越过一个个横浪,将船慢慢驶出了大浪区。

我连忙俯下身子,将船里的进水,一勺、一勺地舀出来。

我们终于避免了一次船翻人亡的悲剧。

多么惊心动魄呀!

这件事情给我的启示就是,不管遇到什么紧急事情,首先要冷静,要学会在紧要关头迅速做出准确判断;同时,做任何事情,培训好技能是先决条件,培养团队的团结协作精神,也十分要紧。

1969 年 9 月的一天，小朴大队革委会主任颜一清跑到了山上，大声叫唤着："意耶（颜贻意），意耶，你过来，我有话跟你讲。"

颜贻意正在地里劳动，听到大队革委会主任急切的叫唤，他连忙放下锄头，迎了上去，问："什么大事这样紧急？"

"我跟你说，部队药厂要招收一名管理人员，部队首长指名要你去上班。"

"我不去。"

"你不去？那我怎样向部队首长回话？"

"去了以后就和大家接触少了。再说，还有很多招工机会在等着我，我不急。"颜贻意说的招工机会指的是刚刚有两次招工他因故放弃：一是洞头县百货公司招人；二是浙江省长兴煤矿招人。

"你放心，去吧，以后大队还有什么招工机会，优先考虑你。"

"那好吧。我先去工作三个月。三个月之后，我还要回到大队。"

"我同意。"

颜一清带着颜贻意，来到了铜山制药厂。第一位接待他的部队同志，就是胡志群。

70 年代的颜贻意

3. 报告！请进

1969 年，四件事情的发生与颜贻意有关。颜贻意在厂里的第一个管理岗位是纸盒厂负责人。一年后，他就转岗了。

进入 1969 年,有四件事的发生与颜贻意密切相关:

一是 1969 年 11 月,85 团改编为南京军区守备第 26 团,部队卫生队和铜山制药厂都一起划归 26 团管理。卫生队番号的全称是 6415 部队 38 分队。

二是经过三年的艰苦攻关,药厂第一只针剂产品——盐酸黄连素注射液试制成功。此时的药厂,不仅有片剂,也有了针剂。

三是药厂里已经有了 22 名职工,胡志群的妻子柴淑华是 22 名职工之一。22 名职工中,除了铜山岛上连以上干部家属安排进药厂工作外,药厂也吸收了一大批小朴村的优秀青年男女。后来成为颜贻意妻子的林阿花,在药厂的工龄就比颜贻意长,还可以算是"颜贻意的师傅"。

四是部队卫生队的军医,他们既是为军人看病的医师,也是药厂最早的研发骨干。主要有胡志群军医、褚福德院长、苏明山队长,以及张世福、许传福、王云郎、兰惠生、牟哲文、林畴梅等军医。铜山制药厂发展史上,将会铭记他们的名字。

正是有了人民解放军军医的无私奉献,奠定了铜山制药厂的坚实大厦。

此时,药厂的明星产品是氢氧化铝凝胶。关于这只产品,第一批进厂的四位员工之一常美玉,有印象深刻的描述——

讲述人姓名	常美玉
讲述时间	2016 年 3 月 10 日
讲述地点	苏州市军分区第四干休所
受访时状况	退休(1938 年出生)
补充说明	第一批进药厂的四名员工之一

氢氧化铝凝胶的原料,是从当时温州的明星企业——平阳矾矿采购过来的。40 公斤一袋,从平阳矾矿运到鳌江港,再从鳌江港坐船,地方的船老大用帆船运到小朴正北的海滩。

我记得,从码头卸货时,有很多次,部队的同志都是带头卷着裤脚,在涨潮的海水里扛货、卸货。

每到运材料回厂的时候,苏明山队长、褚福德军医、胡志群军医、马永吉指导员等部队的干部战士抬着原料,一路小跑,满头大汗。我们女职工也毫无退让,紧紧跟在干部战士的后面,从码头到药厂,有一里多路,大家有说有笑,构成一道亮丽风景。50 年过去了,回想起来,我仿佛又回到了那个年代。

明矾就是硫酸铝钾,海岛的群众用它来熬制海蜇,用明矾熬制过的海蜇,可以保存五六年。药厂想到用明矾来配置氢氧化铝,这是胡志群同志从外地学习过来的技术。

办厂之初，没有厂长与工人之分，没有内外之别，甚至没有报酬上的差别，大家只有一个目标，把工厂办好，把产品做好，备战备荒为人民！

1969 年的铜山制药厂，仍然是自产自销。

买来白纸和纸板，买来锯条，用部队的面粉熬成糨糊，纸盒的材料就具备了。纸盒是用来装黄连素针剂的，这时，20 岁的颜贻意在厂里糊纸盒。

一天下午，胡志群军医来到颜贻意身边，神秘地说："小颜，大领导要见你。"

"哪位大领导呀？"

颜贻意当然知道这位大领导是谁。

很多次经过这位大领导身边，可是，都没有机会向他请教。莫非这一次机会来了？

颜贻意在心里盘算着什么。

来到队部门口，颜贻意大声喊着："报告！"

"进来！"

站在大军医褚福德的面前，颜贻意确实就是一个孩子。

"小颜，你到我们厂里工作快半年了吧？"

"报告队长，半年还不到！"

"噢，你记得这么准确？"

"是的。"说着，胡志群军医也进来了。

看着颜贻意一直站着，褚福德突然下了命令："哎，你坐呀，小颜。"

"是！"

解放军创办的铜山制药厂，从一开始，就是按照部队的建制、部队的管理方法和作风进行内部监督与管理的。每天早上 6 点吹响军号，药厂的职工要和战士们一起出操；出操完毕，部队家属的职工在部队食堂吃饭，地方来的职工回到小朴村自己家里吃饭，吃饭完毕，7 点半就要上班了。

"听说你每个月 8 块钱的工资都上交给大队？"

"是的，全部上交。"

"这样好，大队的群众不会有意见，对你今后也有好处。"胡志群插话说。

"我从大队领取工分。工分多少，我也不计较。"

"家里几口人够吃吗？"褚福德问。

"够了。我母亲，还有我哥哥、姐姐，他们都会赚工分。"

"胡军医，你来宣布吧！"

"好的"。胡志群回答道。

"颜贻意同志，经过部队党委研究，我们郑重地通知你，从明天开始，你到机修车间当主任。希望你服从组织安排！"

"到机修车间?"颜贻意思考片刻,当即作出响亮回答:"到机修车间和机器打交道,我很高兴。我坚决服从组织的分配!"

"很好,小颜。"褚福德高兴地说。

胡志群当然开心。

一直到今天,"小颜"这个称呼仍然陪伴着颜贻意。省内外医药行业的不少专家和领导,还习惯叫他为"小颜"。

"小颜",既包含着熟悉与认可,也显示了对"创业者永远是年轻"的一种尊重。

4. 点亮铜山制药厂

1970 年,为制药厂送电,"点亮铜山制药厂",乃当务之急。(注解 5)颜贻意再一次领教到部队同志以身作则、身先士卒的工作作风。他从军人身上接收到的这种优良作风,受益终生。

1969 年底,苏明山从铜山岛调往温州解放军 118 医院任职。褚福德接任卫生队队长。

到 1970 年底,药厂职工增加到了 26 人,黄连素针剂的产量也达到了 55.84 万支,这一年的产值也达到了 8.43 万元。一个喜讯在药厂里流传:部队卫生院从南京买来了一台 X 光机。

厂里职工在交谈中对这台机器无不充满神秘感。有的说,人在机器面前一站,什么都看得清清楚楚;有的问,那我肚子里是男孩还是女孩能看清楚吗?

突然,胡志群出现了,大家的玩笑停了下来。

"今天下午下班前大家要开一个会,布置重要工作。"

胡志群说的重要工作,原来是 X 光机因透视室的汽油机发电电力不足,致使无法正常拍片。事实上,药厂的生产能力提高之后,继续凭借原来的汽油机发电,已经根本无法满足电力需求。

"经过部队首长与海军的协调,我们获得了支援。部队党委决定,本周六上午开始从雷达连把电线架到小朴村。厂里全部男同志都要参加这次义务劳动。另外,这件事情要暂时保密,不得向外人透露。"

1970 年的铜山岛,除了县城北岙镇有电力供应之外,26 团团部所在地小三盘也用的是自发电。随着药厂的壮大,以及 26 团将部队医院设在小朴村,岛上仅有的一台透视机也安放在这所医院里,"点亮铜山制药厂",便成为当务之急。

几天之后,铜山岛上,开始下起了大雪。铜山岛上下雪,特别是能够积成白茫茫一片,还真是稀罕的事。时隔 45 年之后,褚兆洪仍然记得那飞扬的雪花,飘进了他的脑海。

讲述人姓名	褚兆洪
讲述时间	2015 年 6 月 20 日

那一场大雪我还没有忘记。那是 1970 年的年初。

洞头岛上，各地都是银装素裹。清晨，我们一醒来，我就和部队干部马永吉的子女马翠英、马福建等孩子们站在窗前，叫唤着要出去看雪景。可是，大人们都不答应。

大人们为什么不答应我们出去玩雪景？原来是部队进入了"一级战备"动员。

我查了一下资料，新中国建立以来，我们先后有七八次的"一级战备"动员。那段时期，也是部队进入"一级战备"时期。孩子们不知道，大人的"一级战备"是草木皆兵的状态，部队官兵晚上一律睡在军用坑道内。一些官兵白天在架电线，晚上还要住在坑道里备战，够辛苦的。

1970 年入冬之后的这一场雪，比以往任何时候都来得更加猛烈。

进入机修车间担任机修工兼主任后，颜贻意手下有了两个兵——一男一女，都是部队家属。他对车间里的每一个零部件、每一道程序，早已了然于胸。但是，要给厂里送电，要给透视机送电，他就有些力不从心了。这一次部队首长决定一举克服制药厂的用电限制，真是英明。

从小朴山下到山上是一条白马古道。26 团后勤处发电厂派了两位师傅过来指导，当颜贻意等几位年轻的伙伴爬到山顶时，部队的同志已经干得热火朝天。胡志群军医在拉线。褚福德院长甚至还爬上电柱为电工递送配件。还有一大批叫不出名字的解放军干部、战士都在义务帮忙中。

看到这些，颜贻意和他的伙伴们急忙找活儿干。有一名战士来回担任警戒，阻止无关人员进入工作现场。这再次让颜贻意等地方来的同志觉得自己的工作格外崇高、神圣。

从山顶到小朴村，线路不算长，计划一周内完成。

这一周里，每到下午两三点，山上阴风怒号，寒气逼人。铜山岛的最高处就是山头顶，站在山头顶，可以看到县城、看到远处的半屏山、看到大半个铜山岛。刺骨的寒风常常让人连眼睛也睁不开，而手指更是不听使唤。

积雪到一周后才融化。

干部、战士喊着口号，激情工作了一周。

当山头顶雷达连的自发电送到小朴村铜山制药厂时，铜山制药厂第一次迎来了充裕的电能——厂区及卫生队的营房，顿时一片辉煌！职工们欢欣鼓舞，手舞足蹈。附近的群众也像是过节一样，纷纷围观到了部队操场上，向着制药厂的方向，仰慕、神往！

5. 南京军区的标兵

对照"五七指示",铜山制药厂成为南京军区的标兵理所当然。

六十年代的中国,"文革"等政治运动常常会投射在经济工作与社会活动中。"全国上下大办制药厂"便是浓烈的政治气氛中,衍生的一种经济探索。

到 1964 年,浙江的制药厂共有 8 家,在杭州,有民生制药厂;在温州有温州制药厂。这些国营制药厂担当重任,引领着浙江医药事业向前发展。

其时,全国在"大干快上"之中,药厂遍地开花。许多药厂只是昙花一现,刚冒头不久,就消失了。

七十年代的铜山岛,仍然沉浸在极其严峻的军事斗争氛围中。蒋介石在台湾发起的几次"反攻大陆"计划中,1965 年、1967 年是两次高潮。1970 年,台湾当局还想"最后一搏"。于是,与军事相关的各种元素在铜山岛上特别流行——比如,北沙女子民兵连出了一个名扬全国的汪月霞,于 1960 年 4 月 23 日受到了毛泽东的接见;驻守铜山岛的解放军海防六连,于 1965 年 9 月 28 日受到了国防部的嘉奖,也是名扬全国。南京军区创办《人民前线》报、《东海民兵》杂志、《解放军报》等有部队背景的报纸杂志,也深受岛上军民喜爱。这些报刊都曾经刊发过铜山岛军民的各种事迹,让岛上军民倍感亲切。

1966 年 5 月 7 日,毛泽东同志审阅了军委总后勤部《关于进一步搞好部队副业生产的报告》后给林彪写了一封信。信中说,人民解放军应该是一个大学校。这个大学校,要学政治、学军事、学文化,又能从事农副业生产,又能办一些中小工厂,生产自己需要的若干产品与国家等价交换的产品。这就是"五七指示"。对照"五七指示",铜山制药厂率先成了南京军区的标兵。

6. 两口大缸,声震军区

胡志群被 26 团党委记三等功一次。

"两口大缸闹革命",是军人治厂时期,上级党委对药厂艰苦创业精神的形象概括。

电线架起之后,药厂需要钢材。

其时,钢材也是战略物资,如果没有特殊关系,一般单位根本无法买到。

1970 年年底,褚福德、胡志群带着颜贻意,一行三人到安徽马鞍山买钢材。通过部队文书徐先荣的关系,三人找到了徐的舅舅——马鞍山钢铁厂的党委书记,批了条子后,才买到所需的钢材。

"那次出差，颜贻意给我父亲留下了很深刻的印象，离开洞头后，他还多次提及，小颜很能吃苦、很能干，确实是个人才。"褚兆洪告诉如意君。

很能干的褚福德、胡志群、颜贻意经常去温州出差。更多的时候是胡志群带着小颜，走南闯北，去采购各种物资，选购大药厂退下来的设备，而得到锻炼最多的，当然就是这个小颜。

1970 年 11 月 15 日，为了奖励胡志群同志四年如一日，"带领革命家属战天斗地，克服重重困难，为国家创造了 7 万元财富"的"革命精神"，中国人民解放军南京军区守备 26 团党委为胡志群记三等功一次，并给予胡志群一个高尚的称呼——"焦裕禄式的好干部"。

1971 年春节过后，胡志群代表浙江省军区，准备登上南京军区先进事迹汇报会，做典型汇报。

五年，一千八百多个日日夜夜，他的喜怒哀乐都与制药厂休戚相关。没有他和同志们的创造性工作，就没有铜山制药厂的点点滴滴的进步。他的先进事迹从 26 团一路上报到浙江省军区，最后直达南京军区，在南京军区举办庆祝毛主席"五七指示"发表 5 周年纪念大会上，胡志群是当之无愧的典型人物。

现在，26 团奉命要将自己的英雄从驻地热热闹闹地送到码头，然后，乘坐温州军分区船艇大队派来的船只，渡海去温州，前往南京。

6415 部队的每次热热闹闹的举动，都会引来铜山岛上的干部群众的热烈响应和倾心的议论。

一大群孩子们就这样跟在卡车的后面，从北岙镇一路追星到了码头。孩子们实实在在是要"追星"，当然，还有着极大的好奇心——更多的孩子希望看到部队的登陆舰究竟是怎样"登陆"的。

汇报会上，胡志群在主席台就座，并做了热情洋溢的典型发言。胡志群在发言中回顾了铜山制药厂的创办经过和它的深刻意义，但却很少提到自己个人付出的艰辛努力。

胡志群的这次发言之后，军报做了报道：铜山制药厂是凭借"两口大缸"，闹出一番"革命事业"的！

"两口大缸"指的是氢氧化铝反应缸和配料缸，在这两口大缸里，孕育了药厂的所有产品，孕育了人民解放军"敢想敢干"的创造光辉，还孕育了军民携手建设海疆、保卫海疆的光荣实践。

延伸阅读 1：小朴，不小

一道山梁，两棵朴树。一大一小，大的朴树所在的村子叫大朴，小的朴树所在的村子叫小朴。清光绪六年编撰的《玉环厅志》"三盘图"（即洞头行政区域图）上，载有小朴村名。小朴就这样得到官方的承认。

小朴村有两大姓氏——一是颜姓，二是林姓。据考证，公元 18 世纪初，清乾隆年间，林姓先祖林政斌、林政发和颜姓先祖颜祖语、颜祖认从福建永春迁至玉环，后又来到小朴定居，再有追随者陆续登岛，从而形成如今以林姓和颜姓为主，同时包括陈、李、黄、王、郭等多姓集居的村庄形态。

我们书中的两位主人公——颜贻意和林阿花，就是颜、林两大族氏的代表。

翻开颜氏家谱，不乏耀眼光芒。

颜氏的始祖是孔子最钟爱的弟子颜回的后裔。颜氏一脉沿袭下来，还有中国最伟大的书法家之一颜真卿。颜真卿不仅是中国汉字书法的集大成者，更是带领唐军抗击安禄山叛军的大英雄。

颜贻意在小朴村的旧居

几十年来，小朴村的村干部，颜氏和林氏交替担任，相安无事。据颜氏族谱记载，村里颜氏的先祖迁居到福建永春之前，其实是住在距离洞头一千公里之外的山东。这就与中国人的传统道德典范颜回，有了关联。

如今，洞头区最有文化的景观叫"望海楼"，望海楼里塑有颜延之的石像。颜延之也是颜氏一脉。公元 426 年，担任温州最高行政长官的颜延之（时任永嘉太守），在青岙山（今洞头大门岛）上建有"望海楼"，以观洞头海景。

颜延之的"海洋观"，值得一代又一代的统治者效仿。

所以，小朴的颜氏后人普遍喜好书法，并以"颜回—颜延之—颜真卿"的道德传承为美。

从山东到福建到洞头的小朴人，普遍具有一种开放的视野，一种迎风斗浪的胸怀，一种诚实守信、爱家护国的传统美德。

小朴村与洞头岛上很多渔村一样，百姓普遍居住在石头房屋里。有的石头房已有百年的历史。石头房有两大特征：一是冬暖夏凉，二是能够抵御海岛上每年夏季都会肆虐的台风。

200年过去了。

这些石头房依然岿然不动，面对游客、来者和后人，默然而立，似有万语千言，就要述说。

我们这本书，与石头房有关，与颜氏、林氏等有道德传承的普通人有关，与那个叫做小朴的村子有关。

1952年1月，解放军登上洞头岛，解放了这里的民众。

1954年7月，解放军105师秘密的在小朴王山头修建了军用码头。那是那个时期温州沿海最高等级的码头。

1956年，解放军105师开始修建师部小三盘到小朴的战备公路，这段长仅3.8公里的公路是那个时期的中国，最高等级的公路。

1952年起，解放军将师医院、旅医院、团部卫生队都相继建在了小朴。

小朴这个小渔村，由此就要翻开一段军史、一段艰苦创业办药厂的光辉史。

延伸阅读2：《人民前线》报正式停刊

2016年1月15日出版的第11555期南京军区党委机关报《人民前线》报是其正式停刊前的最后一期。

该期头版刊发了"本报编辑部"撰写的休刊词《永远的号角》，回顾了《人民前线》报68年历程，称"改革强军的时代大潮滚滚向前，一切都在重塑。同其他许多军队机构一样，《人民前线》报光荣地完成了她的历史使命，坚决服从改革大局，定格华丽的背影。"（资料来源：《南京军区机关报〈人民前线〉正式停刊，完成68年历史使命》，载澎湃新闻，2016年1月17日）

注解1：洞头：读书升学有多难

1956年8月，洞头县创办了第一所初级中学，当时名为"洞头县初级中学"，有4个班级，218名学生。蒙昧无知的海岛，有了破天荒的"初中学堂"。

1959年4月，"洞头县初级中学"改名为"温州市洞头中学"。名字改来改去，

"高中"仍然没有能力举办。

1961年,"温州市洞头中学"创办了两个高中班。质量显然不行。次年,高中班又停办了。

1966年,"温州市洞头中学"与全国各地一样,"停课闹革命"最为时髦。当年秋天,一年一度秋风劲,万千学子只好望校垂泪,"全国各地的学校基本都不招新生了"。教学秩序一片混乱——这种"混乱",你怎么想象都不过分。本书的主人公颜贻意十分不幸地在这一年初中毕业,当然无法继续升学。幸运的是,温州少了一个读书人,多了一个企业家。

1968年,"温州市洞头中学"改名为"洞头县第一中学"。这名字一直用到2015年12月。

1972年9月,为满足海岛初中毕业生继续升学的要求,"洞头县第一中学"开始招收8个班400名的高中学生。

至此,洞头县才有了自己的"完全中学"。

(资料来源:《洞头县志》)

注解2:"清理阶级队伍"基本上是被否定的

"清理阶级队伍"是"文化大革命"期间发生的一次政治运动。始于1968年5月。

在"清理阶级队伍"运动中,各地采用"军管会"和进驻"工宣队"的方式,对在"文化大革命"进程中,以各种名义、各种方式将揪出来的地、富、反、坏、右、特务、叛徒、走资派、漏网右派、国民党"残渣余孽",进行了一次大清查。

尽管在运动开始,中共中央已强调"要进行深入细致的调查研究工作","区别两类性质不同的矛盾",尽管在运动中仍不断指示注意政策,打击面要少,但这场运动仍制造了不少冤假错案。

在中国共产党党史中,"清理阶级队伍"运动基本上是被否定的。

(资料来源:人民网·中国共产党新闻网)

注解3:"南塘公社"是什么"社"?

南塘公社是洞头县的一个行政区域的名称。辖有小三盘、小朴、大朴、九仙、山头顶、埭口、隔头、小长坑、大长坑等13个大队。

1958年之前,不叫"公社",叫"乡",即为南塘乡。比如,20世纪60年代出生的很多南塘青年,就毕业于这里的一所初级中学——南塘中学。

1958年8月29日,中央发出《关于在农村建立人民公社的决议》,全国各地开展"人民公社化运动",原来的乡建制被抛弃,建立了"政社合一"的人民公社,即把基层政权机构和集体经济组织的领导机构合为一体，统一管理全乡、全社的各种事务。南塘乡与全国数百万"乡"一样，就变成了洞头县"南塘公社"，行政村也改为"大队"。

1983 年 10 月，中共中央和国务院发出《关于实行政社分开，建立乡政府的通知》。"公社"被撤销，设立"乡"，南塘公社因有大朴和小朴两个大队，遂被命名为"双朴乡"；大队演变为"村"。

这个《通知》所反映的实质性改革主要有三点：一是实行政社分开；二是乡以下实行村民自治；三是要求建立乡一级财政和相应的预决算制度。这是中国历史上第一次建立乡级政府财政。

2001 年 11 月 16 日，浙江省人民政府同意，将双朴乡与洞头县北沙乡、三盘乡同时撤销，并入北岙镇。仍保留小朴村等行政村建制。

（资料来源：《洞头县志》《浙江省温州历史大事记》，人民网·中国共产党新闻网等）

注解 4："革委会"来头不小：厂长、校长的称呼，恢复于 1978 年 9 月

革命委员会，简称"革委会，"是"文化大革命"期间中国各级政权的组织形式。

1967 年，上海首先发起"一月风暴"夺权运动，由群众组织夺取中共上海市委和上海市各级政府的权力，组织一个效法巴黎公社的大民主政权机构，由张春桥命名为上海人民公社，纷纷夺权。毛泽东认为上海公社的名称不好，发出了"最高指示"："还是叫革命委员会好"，"革命委员会"作为全国各级政权的组织机构，很快就覆盖到了全国。

"文化大革命"结束之后，革命委员会当然也在清算之列。

1978 年 9 月 20 日，根据中央指示，温州地委决定，撤销直属单位及下属各级革委会，厂矿、学校、公社、车间等单位的革委会正副主任，分别更名或者恢复为厂长、校长、经理等。

"厂长""校长""经理"这些称呼，至今仍不褪色。

（资料来源：《浙江省温州历史大事记》）

注解 5："蜡烛电厂"：一半是屈辱，一半是无奈

1953 年 12 月，洞头人叶晗真等私人投股集资，创办了洞头县第一家私人发电作坊，主要设备为英国制造的蒸汽发电机组 30 匹 15 千瓦。洞头海岛第一次迎来了英国工业革命的成果：电灯。

1955 年 5 月，洞头县建立小型发电站，供电量为 0.96 万千瓦，仅供应县城北岙镇机关单位及部分驻军的办公用电。每到夜幕降临，洞头列岛还是漆黑一片。

大陆上的人们给洞头县送来了一幅看不见的牌匾,名为"蜡烛电厂"。洞头人十分屈辱地收下了这份"礼物"。

1982 年 7 月,洞头县在燕子山建立了 1500 千瓦的火力发电厂,洞头县本岛部分地区才实现 24 小时供电。深夜的灯光照射着一处处海景。忽然之间,大陆上的人们有了新发现:洞头岛原来是温州沿海一串串光华靓丽的明珠。洞头的海岛旅游事业,也开始起步。

到 1986 年,燕子山发电厂共发电 600 万千瓦。此时,洞头的电力供应仍然十分不稳定。急剧膨胀的海岛经济与日益繁荣的百姓生活,对电力供应十分不满,"蜡烛电厂"的雅号,仍然笼罩在洞头县供电企业的头上。

1981 年 7 月 1 日,浙江省重点工程——温州至洞头海底电缆工程竣工,总长度达 107.33 公里的海底电缆从乐清出发,为洞头主岛嫁接起一条 24 小时不间断的电力大通道。

洞头人苦苦等了六年,海底电缆的作用才彻底显现:1987 年 7 月,35 千伏温州至洞头海底电缆输变电工程竣工,洞头县才开始接上华东大电网。

至此,"蜡烛电厂"这顶帽子,才被扔进东海之中。

(资料来源:《温州电力志》《洞头电力志》)

第三章
部队撤出铜山岛

本章导读 <<

> 1975 年,洞头"诸事不顺",五谷不丰。
>
> 1975 年,部队撤离前后,是洞头县政治、经济形势最为混乱不堪的时候,药厂迎来第一次生存危机。
>
> 颜贻意埋头苦干,出入上海,采购设备,似乎"两耳不闻窗外事"。
>
> 经过多方面做工作,部队没有将药厂带走,而是留在铜山岛,让它"星火燎原"。

1."军代表"出差上海

颜贻意第一次单独出差接受的就是一项"死命令"。

1970 年,铜山制药厂的统计报表出来了:这一年,职工人数增加到了 26 人,针剂产量达到了 55.84 万支,胶剂和片剂的产量也突飞猛进。除了大部分产品被部队采购之外,小部分产品开始走出铜山岛,进入温州医药公司医药采购站,之后流向温州地区。全厂的产值也达到了 8.43 万元。几年前,省医药公司和温州医药公司对铜山制药厂的扶持,开始显现效益了。

"铁打的营盘流水的兵",这是部队的特征——部队里的干部、战士往往服役几年之后,就要离开部队,奔赴新的工作岗位,而一家制药厂,技术人员和管理人员刚刚培养起来就要离开,这对药厂的伤害是非常严重的。为此,从药厂建立伊始,部队首长和 26 团卫生队的领导就希望能带出一个始终如一,将来能担当重任的地方同志。颜贻意十分幸运地成为这一对象。

以胡志群为代表的部队同志,不仅让颜贻意参与药厂的各种事务管理,更是带着他去温州、赴杭州、奔往上海，一点点地历练他、造就他。

1970 年初的铜山岛，是一个电力和水供应都十分窘迫的海岛，这对一家制药厂来说，显然是先天不足。那年，岛上仅有小型发电站一座，年发电量 0.96 万千瓦时，只能供给县机关，早上从 8 点开始供电，到晚上 9 点就停电了。岛上的夜晚常常是漆黑一片。26 团团部有自己的柴油机发电厂，但这个发电厂也仅仅能够供应团部机关办公及紧急照明用电。

尽管一条电线已经拉到小朴村，但是，药厂锅炉的用电，还是需要厂里自发。

一开始，药厂锅炉烧的是煤炭。一段时间之后，需要从大陆运过来的煤炭常常断货。煤炭一断货，药厂生产的车轮也只好停下。

怎么办？

药厂的领导班子被这个问题困扰了大半年。

一天，胡志群兴冲冲地在会上宣布说，上海第一、第二制药厂的师傅们来信说，我们可以对锅炉进行改造，改造成既能烧煤炭也能用柴油，这样双管齐下，药厂的能源供应一定会有一个大的缓解。

药厂干部职工三十多人一齐把眼光对准了胡志群。而胡志群未经"批准"突然宣布一个决定："我们决定派机修车间主任颜贻意同志到上海第二制药厂取经，去向大厂学习，把锅炉改造的宝贵经验带回来。当然，小颜出差上海，是代表部队，我们就给他一个身份，叫军代表吧！"

多年以后的今天，颜贻意回忆起当时听到的这个决定，说自己还是有点坐立不安。

他一向是一个爱面子不服输的小伙子。领导都在会上宣布决定了，他能站出来说自己不行吗？

回家后，颜贻意草草吃了晚饭，就想到要去找一个人谈谈心。

他要找的人就是工友林阿花。

在小朴村，林阿花的家境远比颜贻意要好。阿花的父亲是能文能武的渔业大队长，为了药厂的建立，他与渔业大队的干部们四处奔走，给厂里提供了无私的帮助。阿花在家排行老二，有个弟弟叫子津，还在学校里读书。在纸盒厂里，阿花重活、累活抢着干，深得大家的喜爱。

现在，两个年轻人衬着海水反射出来的蓝光，在礁石上面对面地坐着。

"胡军医说你是军代表。你一个人去上海出差害怕了？"阿花问。

"出差辛苦我不怕。我是怕技术学不过来，任务完不成。"颜贻意说。

"上海药厂不是有很多大师傅吗？"

"这些师傅，有的我只见过一次，有的根本不认识。不知道他们能不能帮上忙。"

"你们电线都能拉过来，锅炉改造的事情，你一定能够办成。"

"我也这样想。这一次我一定要办成，要不，对不起胡军医。"

第二天天刚亮，颜贻意就从小朴出发，一路步行，奔向码头。

到了码头，等候了许久才被告知："今天海上有八级风浪，船不开了。"

"那明天会开船吗？明天没有八级风浪就会开？明天会不会有八级风浪？"一位位心急如焚的旅客问着客运站的管理人员。

"你问我，我问谁去？"

颜贻意只好悻悻往回走。

第二天清晨，他还是六点出门，奔向码头，等候轮船开船，前往温州。

等了三个多小时，望眼欲穿，终于得到消息：海上风浪减为五级，可以开船了。

"开船了。"

短短三字重千钧。

到了温州市区，望江路上，售票处日日夜夜总是人山人海。成千上万怀着"发财愿望"的温州底层人民，要从这里前往上海，流向全国各地。排队三天三夜，只为求得一张船票。"水路一条"是温州人"不可抗拒的选择"。

在上海，十六铺码头到温州的船票，更是一票难求：排队三天三夜，也不一定能够如愿以偿。几十年来，温州人的喜怒哀乐，就寄存在这个小小的码头，永远也拿不到"利息"。

现在，铜山制药厂的"军代表"颜贻意就穿梭在东倒西歪排队买票的人流中，怀里揣着部队的介绍信，他的内心还是不安。

他怕什么？

怕那些熟悉的和不熟悉的人们围着他，让他这个"军代表"动弹不得。

第一次单独出远门，他的心里还是小朴村，还是驱不散的小朴人和事。

在小朴村，颜贻意不止一次看到过附近的巨轮，从前面驶过。这些烧煤的巨轮，有高大的烟囱和呜呜地轰鸣声，特别醒目。小朴的远处，就是一条国际航线。这一点，年轻的"军代表"颜贻意可能未必领会。

温州望江路上海轮船售票处，人头攒动。还好，颜贻意手持解放军6415部队介绍信，在特别服务窗口，很快就买到船票。此时的他，感到无比的幸福和骄傲——有着强大的解放军26团、有着胡军医、褚队长等人做后盾，他相信，这一次我这个"军代表"一定会马到成功，胜利归来。

他的脸上顿时洋溢着胜利者的微笑。

这样的微笑，日后成了他的保留动作——每次有了成功，庆祝成功的最佳方式，就是自己对着自己笑一会儿。这样的笑，既是庆祝，也是排泄压力、舒缓紧张、补充能量的上好途径。半个世纪以来，从十七八岁的青年到六十甲子的壮年，颜贻意用太多太多的时间,花费在为铜山制药厂——诚意药业公司四处征战的征途上。当他一个人独自进入战场、面对困难、迎战对手的时候,只有发自内心的微笑,才是他不竭的动力源泉。

他是大海的儿子。

他的微笑,蕴含着海的能量。

2. 大上海成全铜山制药厂

铜山制药厂在成长壮大的过程中,与大厂不存在"挖墙脚"的关系。三天三夜没有睡觉,颜贻意自行摸索,硬是将锅炉改造成功。

> **如意君:**上海的大药厂,与小小的铜山制药厂是一种怎样的关系这实际上是本书中一个分量很重的课题。近五十年来,上海的大企业不断地为中国乡镇企业的建立、为中国走上工业化之路,输送大批技术力量、工业产品、市场信息。

"挖社会主义墙脚",是人们对于一些民营企业在做大做强过程中,挖了大企业的人、财、物的一种不满。

但是,铜山制药厂根本不需要去挖别人的墙脚。省内外医药公司、全国各地的国有企业的领导、员工,他们与铜山制药厂的人打交道十分放心、没有顾虑。一是因为铜山制药厂是一家部队企业,大家怀着对军人的崇敬,尽力帮助、支持这家企业;二是因为与铜山制药厂的业务往来,不会有"受贿"的担心。这是当时其他小厂不具备的政治优势。

现在,商丘路上海第一制药厂门口,颜贻意昂首挺胸,走来了。

"师傅,我要到你们厂里去找石工程师。"

"你?"厂传达室,门卫在盘查颜贻意。

"这是我的介绍信。"门卫师傅接过介绍信,左看右看,看了半天,结果还是不相信这位年轻人,手持部队介绍信,却一身便装。门卫得出结论:这个小伙子可能是个冒牌的军人。出于"革命的警惕性",门卫把介绍信还给颜贻意,冷冷地说:"你不能进去。"

颜贻意心里明白了,门卫一定认为我是骗子,是暗藏的阶级敌人。为了实施缓兵之计,颜贻意不敢与门卫纠缠,决定先去找旅社住下来,明天再做安排。

1970年初,偌大的上海,外来的旅客要找到旅社,几乎比登天还难。他记得与胡军医上次到上海时,凭部队介绍信,住过上海远东饭店,这是一家专门接待自全国各地普通军人的旅社,由上海警备区主管主办,直到2015年的今天仍然矗立在上海闹市区。

"西藏中路 90 号"，颜贻意看了看出发时胡军医写的饭店地址，记得饭店的方向，反正有的是时间，他干脆走路过去，也乘此机会，游一游大上海。

从上海商丘路制药一厂到西藏中路，颜贻意走走看看，花费了两个小时，到达远东饭店门口时，已经两腿酸软。此后，他认定了一个朴实的道理：上海的大马路，比起乡间小路更难走。

"同志，我要住宿。"排了半个小时的队伍，轮到颜贻意和服务员打招呼的时候，服务员说："今天没有房间了。"

"那我住哪里去？"

颜贻意手持部队介绍信，只好在来来往往的住店人群里，落寞、无助的怅惘。

他听过胡军医的经验介绍，如果一时间找不到入驻的房间，不要急，更不能离开饭店，一旦离开饭店，你就要流落街头，说不定要给上海的"革命群众"作为"盲流"捉拿到居委会。唯一的选择就是在饭店里面等待，等待有人退房时，你立即行动，以迅雷不及掩耳之势，抢在其他等候的客人面前，夺得入驻的机会。

想到这一切，颜贻意暗暗地笑了。他的内心翻滚过一股暖流，胡军医对自己真是太好了："他什么事情都想得那么周到！他比诸葛亮还要英明。"

他靠在距离总台不远的一个角落里，像一个哨兵，盯视着总台里的一举一动。

不知不觉中，颜贻意还是睡着了。

不知过了多久，饭店里一位手臂上缠着红袖章、胸前戴着毛主席像章的老大爷来到颜贻意的跟前，十分慈祥地说道："小同志，小同志，现在有房间了，你要住店么？"

"要，要！"颜贻意突然惊醒，连忙小跑前进，拿出介绍信，登记完毕，终于有了一个落脚点。

接受昨天的教训，这回出门去上海第一制药厂，颜贻意拿出从铜山制药厂带来的、由部队特批给他的"四个兜兜"的军装和军帽，俨然一个"革命军人"打扮，十分神气地出了饭店的大门。

"同志，我要进去，找你们的石工程师。"

"你——"已经认出是昨天来的那个小伙子，门卫十分惊讶，再次反复查看介绍信后，给里面打了一个电话。

不一会，石工程师亲自到传达室，迎接铜山岛上的来客。

"欢迎你，欢迎你，小颜！"

门卫看到石工程师亲自出来迎接，明白眼前的这位穿军装的小伙子非等闲之辈，不好意思地连忙说："请进，请进！"

在石工程师的带领下，颜贻意来到了上海第一制药厂的锅炉房。眼前的锅炉房就像一座通天之塔，巨大的轰鸣声中，散发出一阵阵水蒸气。石工程师叫来锅炉师傅,这位师傅又十分热情地介绍了锅炉的工作原理,并当即示范。这是一台专用的重油燃气锅炉,并非煤炭和柴油两用锅炉。

看了很久,颜贻意头脑还是一片空白:铜山制药厂的锅炉是立式,直径两米不到。要根据第一制药厂的锅炉改造成煤、油两用,几乎不可能。唯一的启发是:轰鸣声声中,巨大的喷油嘴在喷出柴油。

颜贻意想,能否在这个喷油嘴上做文章?

颜贻意十分失望地回到了铜山岛。

同志们见他那么快就从上海回来了,一定是有办法了,纷纷询问:"怎么样小颜,怎么样小颜?"

颜贻意只好响亮地回答:"没问题,我一定会把它改造出来。"

承诺再次出口,却苦了"自以为是"的颜贻意。

此后的三天三夜,他没有合眼,将自家药厂的锅炉部件拆下来、又装上去。他在锅炉的喷嘴上做文章:烧油时,喷枪装上,喷出柴油;烧煤炭时,将喷枪卸下来。锅炉还是那个锅炉,烧煤炭、烧柴油,可以由自己说了算!

锅炉改造一炮打响。

这次上海之行后,为了办事方便,从此之后,颜贻意出差,都不会忘记要带上一套军装。

这套四个兜兜的军装,一直陪伴他走南闯北,直到80年代初才"退役"。

3. 第一次面临危机

1972年8月,国家发文规定:部队团以下不得办药厂。药厂何去何从?这是铜山制药厂第一次遭遇"生存危机"。颜贻意准备离开制药厂。

1971年的统计报表出来了:药厂针剂猛增至178.8万支,在职工人数26人不变的情况下,当年产值第一次破十,达到14.42万元。一个欣欣向荣的大好局面开始出现了。

出于整治全国各地大办药厂混乱局面的考虑,1972年8月,由国家卫生部牵头,联合燃化部、商业部同时下达文件规定,"部队团以下不再办药厂",已经创办起来的药厂从部队转为地方管理。

大气候的变化,使铜山制药厂开始进入动荡时期。这一动荡时期一直持续到了1980年。

看到部队不能继续办药厂,颜贻意第一次萌发一个想法:准备离开药厂,返回小朴大队。南塘公社准备安排颜贻意在大队里任职。

颜贻意向胡志群提出,遭到他和卫生队褚队长的坚决反对。

两位部队的同志设身处地地帮助颜贻意想办法，通过南京军区，申请志愿兵，这样颜贻意就有了"固定工"的身份，便可以安心在药厂工作了。

一个月后，颜贻意领到了好几套军装。看到这套服装，他明白了胡军医和褚队长的良苦用心，也就一门心思扑在药厂。

但是，胡志群和褚队长仍然不踏实。

他们心中明白，在铜山制药厂，颜贻意的身份究竟算什么：既不是部队家属，也不是县里派过来的干部。出于对同志的负责，他们决心要彻底解决颜贻意的身份问题。

在计划经济时代，人们普遍信奉铁饭碗。胡志群受部队卫生队的指派，来到了洞头县内务局（人事局的前身），带着报告，找到了局长董玉楷。要求内务局以特招的方式，给颜贻意一个集体企业固定工人的身份。

董玉楷局长十分热情地接过部队卫生队打来的报告，说，小颜是农村户口，不能安排工作的，除非特招。

"我们要想想办法。"董玉楷局长最后说。

过了几天，胡志群再次上门，询问颜贻意的事情，董玉楷局长这次开门见山地说：

"你们要给颜贻意一个身份，对此，我们支持。但是，我们也有条件。"

"什么条件？"

"你们要接受两位优秀的社会青年，到厂里工作。"海岛洞头要安排青年就业，确实让董玉楷局长十分为难。乘此机会，何不"敲"一下部队？

"哈哈哈哈！"胡志群理解了董玉楷做这个局长也十分不容易，爽朗地说，"我回去后，向部队党委做个汇报，希望我们双方的麻烦都能圆满解决。"

胡志群的手与董玉凯的手，紧紧握在了一起。

一个月后，铜山制药厂的优秀青年颜贻意终于有了一个名分：集体企业固定工。两位社会青年也借此机会，找到了工作岗位。

1973 年 7 月 23 日，洞头县革委会颁发了洞革生(73)84 号文件，正式将铜山制药厂划归地方领导列入地方编制。

三个月后，洞头县革委会再次发文进一步明确：从 1973 年 11 月开始，铜山制药厂划归洞头县内务局领导，工交局、工业局、计经委参与管理。从此之后，铜山制药厂由一个婆家变成了四个婆家。围绕着这家制药厂的干部任命、人事管理、生产计划分配、产品销售等各个环节，都有了"管理机关"。

动荡之中的 1973 年，职工人数顿时从 26 人增加到了 41 人，而年产值却跌落到了 7.9 万元。

4. 开炮,开炮!

铜山岛上发生了震惊中央的派性武斗:驻军开炮打死了数名青年,引发了"全国军队大整顿"。

小小铜山岛,捅了大娄子。

讲述人姓名	褚兆洪
讲述时间	2015 年 6 月 21 日
讲述地点	江苏省苏州市褚兆洪家里

1975 年 1 月 6 日,铜山岛上隆隆炮声,打破了宁静的天空,也改写了解放军的一段军史。

部队为什么要向地方"武斗分子"开炮?

部队开炮所产生的政治影响究竟有多大?褚兆洪同志的生动讲述,还原了当时的一些情状——

"民指"成立:武斗升级

1974 年 2 月 18 日,温州市城市民兵指挥部成立。随后,各县也都成立了民兵指挥部,简称"民指"。

洞头县民兵指挥部成立后,派性斗争进入 6415 部队(即 26 团)。有人嚣张地几次要拔掉团长牛宇清的领章,要他表态。这时牛的态度由同情"民指"转变为同情另一派,这也使他成了被"民指"关押和毒打的原因。

1974 年 12 月 23 日,洞头应征入伍的 99 位青年离开温州后,26 日,洞头武斗的两派便进入了各自的阵地,剑拔弩张的时刻到来了。

"民指"战败:冲击省委

元旦过后,民兵指挥部组织百余人抢走洞头县人武部弹药仓库的大批枪支弹药(资料来源:《温州军事史》),引起部队的反击。

1 月 6 日中午 11 点半,正是午饭时间,一辆军吉普冲进洞头县城北岙镇"县民兵指挥部",警卫员将惨遭毒打的 26 团团长牛宇清背进吉普车后,迅速离开,驶向小三盘团部。

牛宇清同志于 1971 年 1 月至 1973 年 3 月兼任洞头县委第一副书记。洞头人一般称他为"牛团长",是一个在洞头家喻户晓的人物。

牛团长回到小三盘,也到了中午 12 点。26 团的炮口就要冲出滚烫的炮弹,短短二十几分钟,有多达两百余发的炮弹落在民指阵地,当场炸死 5 名"民指"队员、年轻的高中学生。而"民团"队员趁势冲了上去,占领了他们的阵地。

被炮弹炸得支离破碎的洞头县"民兵指挥部"阵地上，其队员百余人遁海而去，奔赴杭州请愿，干了一件轰动浙江的"大事"——冲击浙江省委工作会议，留下恶名（资料来源：《温州军事史》）。

部队开炮：震动高层

洞头26团开炮支持"民团"，震动了中央高层，导致26团被整体调防。

1975年1月5日，邓小平复出，任军委副主席兼总参谋长。邓小平恢复工作的第二天，就发生了洞头26团开炮事件。因此，接下来的事情，就不简单了。

1月14日，邓小平在听取总参谋部三位副总参谋长汇报时提出："现在有些部队陷入了派性，凡是陷到派性里的一定要调出来，各地区可以对调。总参、总政要搞个计划出来。"1月19日，邓小平又在各大军区负责人座谈会提出"军队要整顿"。洞头26团的开炮事件，成了邓小平下决心调防部队、两次裁军150万的催化剂。

一声令下：部队调防

中央军委一声令下，1975年4月6日，6415部队（即26团）开始调防。

中央军委命令整个温州军分区全部调防至江苏，各县/区的人武部一起调动。4月12日，26团登上登陆舰，4月15日抵达宿迁，当时编为江苏省军区独立团。温州军分区机关改为陆军第74师。

1976年5月，陆军第74师撤销建制。6415部队被国防部命名为"军民联防模范连"光荣称号的二营六连，编入"连岛守备营"，现为连云港军分区海防2团二营六连。"二营六连"建制仍然没有改变。

江苏的滨海部队调往温州。原7团改为守备29团，4月9日抵达洞头接防。29团卫生队仍驻守小朴村。

1985年全国大裁军，29团被撤销建制。

5. 部队想把药厂带走

26团党委给洞头县委去信，提出"三点意见"。

26团的隆隆炮声，也把铜山制药厂逼到了生存的拐角。何去何从，又一次严肃地提了出来。

26团党委及上级有三种处理意见：

一是将药厂与部队一起换防，整体搬迁到26团将要换防的所在地——江苏省宿迁地区，这样家属的工作可随之解决，职工身份不变，部队的利益不会流失。

二是踢开洞头县的管制，就地移交给将要来接访的29团。即将接防的29团强烈要求接管制药厂，反对移交给地方。

三是移交给洞头县,转为地方企业,改变职工身份,药厂的随军家属可在宿迁安置工作。

洞头县委在得知26团对铜山制药厂的去向有争议的情况后,立马派出县委工作小组奔赴26团,与团党委进行了多次磋商。洞头县委的态度是:洞头是个海岛县,岛内几乎没有工业,还是一穷二白;铜山制药厂已经具备工业企业的雏形,部队的同志已经为企业的发展打下了良好基础,不希望这个企业半途而废,也不希望部队换防后把企业带走,出于军民团结如一人的考虑,希望团党委根据洞革生(73)84文件精神,把铜山制药厂留在铜山岛上。

听了洞头县委工作组的要求,26团副团长张源成同志说,我们研究一下,很快会给你们一个最后意见。

1975年4月中旬,洞头县委收到了26团党委派人送来的一封重要信函。

县委第一书记王权听了县委办主任的情况汇报后,展开部队信函,仔细读起来——

洞头县委领导同志:

根据上级的指示要求,26团即将离开洞头,换防到江苏省宿迁地区。

铜山制药厂于1966年,由一批有革命理想和抱负的部队军医发起创办。几年来,不断艰苦创业、发愤图强的铜山制药厂,不断"抓革命,促生产",革命形势一派大好,多次获得南京军区和上级领导的表扬,为全军贯彻、学习毛主席"五七指示",树立了好榜样。

为了"发扬革命传统,争取更大光荣",在部队换防而药厂不能半途而废的情况下,我们提出以下三点意见,供你们参考:

一、部队党委充分尊重你们的要求将铜山制药厂留在洞头的建议。根据洞革生(73)84文件和(73)133号文件精神,我们研究决定,将铜山制药厂纳入地方编制,由你们接管。

二、根据上级要求,我们将在8月底9月初从药厂撤出全部军职人员,希望你们协助做好移交工作。

三、目前部队已经无法继续协助洞头县内务局管理药厂,请你们于8月初派出得力干部,前来主持药厂的全面工作。部队撤离后,我们将留下胡志群与薛大宁两位同志,继续在药厂,协助你们做好善后工作。

胡志群同志是药厂的创始人之一,几年来,他与同志们艰苦奋斗,其先进事迹得到了南京军区的表彰。我们相信,这两位同志一定会和药厂的全体干部、员工一起,不断开创新的更好的局面。

6415部队党委

县领导看完此信，觉得事关重大，当即布置召开县委常委会，研究有关事项。

很快，军地双方达成一致意见：

胡志群留守洞头处理药厂善后工作。他与薛大宁同志一起，在与洞头内务局董玉楷局长等人的反复磋商后，取得了整体移交给洞头县的满意结果。

胡志群在留守期间先是"被人监视"，后又遭受"内查外调"的厄运，这究竟是怎么一回事？

讲述人姓名	胡剑虹
受访时间	2015 年 5 月 27 日
讲述地点	江苏省苏州市区胡剑虹家中

到了 1975 年，父亲所在的部队将从浙江洞头换防至江苏宿迁。父亲苦心经营了十年的药厂将何去何从呢？当时部队领导给出了三个方案：

1. 全厂搬迁至宿迁；2. 移交给换防部队；3. 移交当地政府。当时洞头县的工业很不发达，成规模的企业不多，因此县领导强烈要求将药厂留下。部队领导也认为移交给地方较为妥当。一方面是军民鱼水情，支持当地工业生产十分必要；另一方面也可解决随军家属身份编制问题。于是，6415 部队领导命令父亲和薛大宁等同志留守洞头，处理药厂善后移交工作。

据母亲回忆，移交工作很复杂、很困难。同当地内务局的磋商反反复复，最后总算圆满解决了随军家属的编制问题。在这一过程中，父亲承担了很大的风险。因为接防部队也强烈要求接手制药厂，所以严密监视父亲等人不许离岛。父亲出于对铜山岛的热爱，出于一片公心，出于对药厂今后发展的长远考虑，冲破重重阻碍，顺利将药厂移交给了地方。之后在当地老百姓的护送下，悄悄地离开了他为之奉献二十三年美好年华，也是最不能割舍的铜山岛。

父亲是一位光明磊落，刚正不阿的人。在创业初期、中期和移交地方的后期，只是不断地付出，从未占公家丝毫便宜。一切工作及人事安排，都是从部队和药厂的利益出发，从不计较个人得失，因此也赢得了领导、战友、药厂员工及当地老百姓的尊重。

可是，在最后移交药厂的过程中，29 团的个别领导对父亲产生了误会和怀疑，换防后对父亲内查外调，怀疑他拿了地方的好处。虽然最终也未查出任何问题，但对父亲的精神很是折磨，对他后来的人生造成了不小的影响，也是他此生唯一的遗憾之处。

父亲创办的铜山制药厂就像一颗发芽的种子，经过洞头人民的辛勤浇灌，已茁壮成长。现在已成为了当地的知名企业、出口纳税大户，造福了一方百姓。这也是父亲生前感到骄傲和欣慰的事情。

2015 年,颐养天年的柴淑华(左)与常美玉(右)

父亲在常人眼里是个平凡的人,但在我心中的形象确是伟岸,也是我此生最崇拜的人。

1975 年 8 月 26 日,6415 部队副团长张源成及胡志群同志受 26 团党委委托,主持召开了一次极其重要的会议。这次会议通过民主选举,建立了临时党支部和临时革委会,负责党内外生产和工作。员工选举出来的临时党支部由颜贻意、宋菊兰、柴淑华三位同志组成;临时革委会第一副主任为颜贻意,副主任有林明义,委员是宋菊兰、陈密辉、张彩花五位同志。

1975 年 9 月 1 日,新班子正式开始工作。在部队撤出的关键时节,颜贻意获得了同志们的信任,终于脱颖而出,成为药厂的领导核心。

从这一年的统计报表上我们可以看到,即使处于军地交接的动荡时期,这一年的年产值仍然一路飙升,创造了历史上最好成绩,达到了 34 万元。由于军职人员的撤出,年末职工人数从 1974 年的 45 人,减为 36 人。

被同志们推上领导岗位的颜贻意,能否"争取更大的光荣"?

如意君点评:
翻开《洞头县志》,赫然发现:至 1975 年秋天,洞头沿海千百年来一直旺发的海蜇骤然锐减。至次年,几乎绝迹——
这是否预示着,洞头正在变天?
1975 年 3 月,臭名昭著的温州地区各民兵指挥部被撤销。
洞头"诸事不顺",五谷不丰,是要来一场风暴,将乌云彻底驱散。

延伸阅读 1：浙江省医药工业公司原来是一个行政单位

　　浙江省医药工业公司成立于 1976 年，是原省医药管理局直属管理全省药品生产的"行政性公司"，主管全省的医药工业生产。1986 年起，逐步转轨、转型为"经营性公司"，经营规模不断扩大，连续 20 年被评为浙江省信用优等企业。

　　与省公司同时进行转制的还有各地市的医药公司，也从行政单位转制为"经营性公司"。

　　1998 年，浙江省政府决定将原省医药管理局直属的经营公司合并成为浙江英特药业有限责任公司。1999 年改制，由浙江海正药业股份有限公司（股票代码 600267）和英特药业共同出资，在原浙江省医药工业公司的基础上，组建成立了"浙江省医药工业有限公司"。

　　2005 年，海正药业收购浙江英特药业持有公司 39％的股权，现浙江海正药业股份有限公司持有公司 85％的股权，为公司的控股股东。公司具有独立的法人资格，注册资本 10600 万元。

（资料来源：浙江省医药工业有限公司网站）

延伸阅读 2：上海第一制药厂已经组建新公司

　　上海第一制药厂创办于 1943 年。1994 年 6 月，与创办 70 年的上海生物化学制药厂合并重组，创建了上海第一生化药业有限公司，成为上药集团旗下的一家公司。

　　在"第一生化药业"的网站上我们看到，2000 年，公司产品"粉针剂（冻干）"获国家药品监督管理局颁发 GMP 认证证书。

　　今天，只能在一些渐渐老去的古稀老人的记忆中，才能觅得上海第一制药厂的昔日辉煌。

第二部分

企业改制篇·股份制改造
始与末（1977—2015）

第四章
不要吵来不要闹

本章导读 <<

在政治挂帅的历史条件下,药厂出现亏损,几近倒闭。颜贻意进入一生中最为苦闷的时期。

在他掌权之后,决意打破铁饭碗,发挥积极性,推进"质量系数连乘考核办法",进行了一次比一次更加彻底的体制与机制上的自我革命。

当他们信心满满地推行"公有民营"管理办法时,用人失误,出现了安徽蚌埠药品经营部资金无法回收事件,再一次将企业推向绝境。

身处绝境的颜贻意,如何绝处逢生?

1. 第一次出现亏损

1977 年,铜山制药厂迎来了第一个亏损财年——当年亏损 1.49 万元,企业连工资都发不出来了。

四句顺口溜道出药厂的尴尬。6415 部队撤走后,居然濒临绝境、面临倒闭。

1976 年 6 月 5 日,铜山制药厂正式告别部队管制划归地方,没有想到的是,药厂的好日子也快要到头了。

6 月 28 日,洞头县内务局第一次向药厂派遣领导干部,退役军人洪求忠同志成了铜山制药厂的革委会主任。

出于"快速发展"的打算,新班子在进人上打开了大门。厂员工从 1975 年的 36 人剧增到了 98 人,次年又增到了 109 人。

6415 部队撤离的第一年,还能勉强吃老本。第二年——1977 年初,各种矛盾迅速爆发：

先是煤炭供应跟不上。厂领导缺乏计划，造成一个月中有十多天停工停产。

省市的生产计划指标（也就是销售渠道）原先是部队的同志打下，现在，缺少拓展而坐等计划指标上门，以至于出现"断炊"。

人员的急速膨胀，停工停产过长，人浮于事的状况也出现了。

管理松懈，质量意识欠缺，员工上岗前没有培训，质量事件频频出现：包装箱里压箱的石头没有拿出；针剂玻璃管里有了蚊子，等等。退货积压如山。

从江苏换防过来的一名姓孙的部队军医，编了一则顺口溜，道出当时的种种尴尬：

七点上班八点到，

穿着白大褂到处跑。

生产的药品往山上倒，

不是吵来就是闹。

一些不明真相的群众想到药厂出现坏局面一定是有人搞破坏。那就要捉拿"元凶"。"元凶"是谁？

有人想到了颜贻意。

于是，颜贻意就成了"破坏生产的坏分子"而被厂里的革命群众拴起来，开批斗会。

仅仅批斗还不够，还要彻底挖出他的"反革命思想根源"，大字报便铺天盖地的从药厂蔓延到了洞头县城主要大街上——

"孔老二（孔子）的孝子贤孙。"

"叛徒、内奸、工贼刘少奇路线在洞头的反动代表。"

"林彪修正主义路线在铜山制药厂的代理人。"

"出勤不出力的反革命两面派。"

每一顶大帽都可以压死颜贻意。

颜贻意从药厂的红人一下子变成了罪人。他每天低着头，沉默不语。看着褚福德和胡志群同志交到自己手上的药厂变成这番模样，颜贻意和一大批正直的伙伴们既着急又痛心。

粉碎"四人帮"之后，批斗颜贻意和贴他大字报的恶作剧算是减少了，可药厂的流动资金到了临界点——连员工的工资都发不出来了。

领导班子想到了颜贻意。

"小颜，看来还是要你出面去干一件事。"临近春节的一天清晨，洪求忠来到颜贻意跟前，诚恳地说："批斗你的事情请你理解，这些都是'四人帮'的反动影响，你不要往心里去。我也被一些群众贴过大字报呢。"

"嗯。是不是厂里没有钱了？"

"你说对了。昨天财务告诉我，我们的账户上只剩下几百元了。"

"我知道了，我去想想办法吧。"

颜贻意能到哪里去想办法呢？

他还是想到了组织——多年来，铜山制药厂和它的直接上司——洞头县南塘公社工业办公室相处得十分融洽。就是这个（"公社"于 1983 年 10 月改名为"乡镇"）"工业办公室"（办厂的人和乡里乡亲，都会简称之为"工办"），在 20 世纪七八十年代，为培育乡镇工业和乡村经济，为培养乡镇企业家，发挥了极其重要的作用。

离大年三十仅有一周，为了完成领导交付的任务，也为了稳定军心，颜贻意硬着头皮，来找"工办"的陈小珍。

同为小朴人的陈小珍，与颜贻意一向交情甚好，看出颜贻意的来意之后，小珍关切地问："小颜，有什么好事情要交给我来办？"

"小珍，你说话太客气了，哪是什么好事情。你也知道，我们厂里的户头开在公社的信用社（见延伸阅读），户头上只剩下不到 50 元，发工资都有困难了。"

"你要借多少钱？借太多，我没有这个权力。"

"就借个 2000 元吧。一要发工资，二也需要生产资金。"

"我就知道你不会为难我。"陈小珍深知颜贻意的为人，领来收款收据后，请颜贻意填写好，自己就"先斩后奏"批了"同意"二字。

"还要请公社书记签字。这个估计不会有大问题，你们药厂毕竟是第一次向我们借钱，书记会批的。不过你还要等一两天。什么时候批好了，我通知你。"

"那太好了。"颜贻意十分感激。但他的内心忐忑不安，2000 元在当时可是一笔巨款，要是还不了怎么办？

颜贻意不敢往深处想。

第二天下午四点左右，"工办"陈小珍打来电话说，书记也签字同意了，2000 元已经到你们信用社的账户了，请你们的财务赶紧到信用社领现金发工资，让大家过个安心年。

借钱的事情办妥之后，颜贻意立刻向洪求忠书记汇报。这位从军营里出来的硬汉，眼眶有些湿润了。

领到了 2000 元，还是无法足额给职工们发放工资。从此开始，药厂便进入"吃了上顿没有下顿"的苦日子。"工资发不出来""厂里流动资金不够"的情况一直伴随了三年。

1977 年的统计报表出来了：生产针剂 65 万支，销售额 25.4 万元，实现产值

27.45 万元。一合计，还是亏损 1.49 万元。

铜山制药厂出现了第一个"亏损的财年"。事实上，一直到第二年、第三年还是亏损。

为什么出现连续三年的亏损？1976 年底入厂的元老张孚甫的讲述，找到了问题的症结。

讲述人姓名	张孚甫
讲述时间	2015 年 3 月 8 日
讲述地点	公司专家楼
受访时职务	诚意药业股份有限公司监事

我是 1976 年 11 月，从中国人民解放军海军南海舰队航空兵高炮 8 团复员后入厂的。在部队里，我就加入了中国共产党，应该说，政治觉悟还是很高的。我们这个团曾经参加"西沙保卫战"，得到了中央军委的嘉奖，是一支英雄部队。

入厂后，我看到不少同志是奋力拼搏的。可惜的是，1977 年前后，厂里的产品十分单调，主打产品仅有两个。这些产品的附加值都很低。在计划经济时代里，企业根本没有对产品进行定价的权力。比如，两个主打产品，黄连素注射液卖 4 分钱一支，原料就要 3 分了；穿心莲注射液卖 5 分钱一支，原料将近 4 分钱，留给企业的，能有多少？

再加上那时候，班子意见不统一，质量意识欠缺，就造成了连年亏损。

2. 扭亏为盈：赚到 1000 元

1980 年，药厂扭亏为盈，赚到了 1000 元。找到最合适的管理方式是药厂生存之道。打破八级工资制，药厂迎来了第一次自发的机制改革。

企业亏损就像汽车的惯性，非得有高手临门一脚，否则将一溃千里。

自 1977 年起，企业每年平均完成的生产计划仅有 54％。1978 年产值 28.41 万，亏损 2.15 万；1979 年产值 16.6 万，亏损 4.12 万。由于把关不严，产品质量严重下降，三年中成批退货达 4 万元。企业已资不抵债，风雨飘摇。

主管这家企业的洞头县部门领导坐不住了。部队移交到地方管理三年来，怎么会连连亏损？怎么会面临倒闭？那一定是班子出了问题。

1980 年 1 月 3 日，洞头县委对药厂领导班子进行了调整：原小朴卫生队军医、退役军人叶元江同志回到药厂担任支部书记，颜贻意升任厂长。洪求忠同志调离药厂，到县机关任职。

关于这几年领导班子成员的工作情况，张孚甫给出了一个比较中肯的看法——

讲述人姓名	张孚甫
讲述时间	2015 年 3 月 8 日

洪求忠同志也是从部队转业被县里派到药厂指导工作的,他的工资在县内务局发放,是不拿药厂一分钱的。

当时,他家住在洞头县比较偏远的东岙顶村。药厂 7 点上班,他每天上下班都是走路回家,花在路上的时间,将近要 3 个小时,十分辛苦。

在当时不是以经济建设为中心的历史条件下,企业出现亏损,似乎必然。存在的问题一旦解决了,企业也就走上正轨了。

说到"洪求忠同志每天上下班都是走路回家",老员工林宝贵的回忆再次予以证实。

经常有年轻的员工问我,厂子办在洞头县的战略后方小朴村,员工是怎样上下班的?

我的回答是:走路上下班。

1983 年,我去药厂工作。之前,员工夜班下班都要回家。回家都要走路。这一走就走了十多年。

在经过大朴村一个拐弯的地方,黑灯瞎火的,胆小的人都会毛骨悚然。当地个别群众造谣说:这里夜间会闹鬼,男鬼、女鬼经常会把手伸出来,拉住你不放。这让女工更加恐惧。

于是,下了夜班回家的工人,就手牵着手,甚至大声说话,以吓退"鬼神"。从厂里回家到县城,大约需要 50 分钟。到我入厂的时候,厂里买了一辆大篷车,用来接送上下班的员工,算是改善了一下交通状况。但是白天到县城办事,还是要走路;夜班回家,还是要走路。

3. 浙江首例:打破"八级工资制"

颜贻意的第一次改制,就从薪酬改革入手。

这次改制,居然成了"浙江省第一家打破铁饭碗的国有和集体企业"。

20 世纪 80 年代,有集体背景的企业,在薪酬设计上,严格参照机关事业单位,实行的是带有行政职务级别的"八级工资制"。

铜山制药厂也不例外。

"八级工资制"中,最低级别的是一级工,月薪 28 元;二级工 39 元,到八级工才有一百多元。药厂从员工到厂长，基本都在一级与二级之间。这种大锅饭吃到一定的时候，便索然无味。

此时的药厂，能吃苦耐劳的职工属于骨干力量。药厂各种物资进厂，都要工人肩挑身扛；各种药品出厂亦然。力气大，总是能够派上用场；文化程度高，接受新生事物快，生产效率也会相对地高一些。

但生产跟不上销售，却是一个新困难：是继续招工以满足用工需求，还是在薪酬上进行调整，最大限度地发挥现有员工的积极性和创造性？

"八级工资制"就像是一块坚冰，固化了企业的很多制度，也锁住了急切希望变革的企业带头人的手脚。

既然是"冰"，就可以融化。

"我们一定要改变这种制度。"颜贻意在大会、小会上把风放出去。

他利用工作间隙，找来领导班子成员，一个个做工作，一个个进行疏导。

一天上午，坐着大篷车从县城来上班的一大群女工，叽叽喳喳地议论着将要破除的工资制度：

"颜厂长现在翅膀硬了，工资也想改变了，我们还是正式工呢。"

"我们要是没有饭吃，就跑到他家里去，和他一起吃。"

"有本事的人，拿的钱少，这也是不对的。"

"颜厂长也有他的难处。"

看到颜贻意突然出现，七嘴八舌立刻停了。

颜贻意从大家赞同或者反对的声音中，领悟到了一个道理：不管是赞成的还是反对的，大家对他本人都不会有意见。将来有意见的，一定是企业没有办好，被工人看成是窝囊废。

那就太迟了，那就是罪人了。他决心已定。

从 1983 年初春开始，工人的工资有了变化：那些愿意干的、能干好的员工看到了实惠，看到了希望——铁板一块的"八级工资制"在铜山制药厂被彻底打破。

很难用一个名词界定颜贻意破除"八级工资制"后，推行的绩效工资考核办法是一种怎样的工资制。

他在设计中，把员工日常管理中是否有违纪现象、出勤情况、能力和贡献大小等因素综合在一起，经过厂领导最后打分后，每个月才得到一个比较准确的工资额。

从此之后，再也没有人上班期间穿着白大褂四处闲逛，再也不会在包装箱中误将石头埋进去，玻璃管也不再有蚊子无端跑进去了。

"质量事故"和"质量标准"第一次被引入铜山制药厂。它所激发的干劲，是难以估量的。

经济效益立竿见影。1983 年铜山制药厂的年度报表出来时,业绩焕然一新:当年完成的产值是 78.34 万元,销售达到 50.8 万元。破除"八级工资制"所带来的积极效应,为铜山制药厂走向新生,奠定了一块基石。

4. 温州首例:"质量系数连乘"考核办法出台了

推出"质量系数连乘考核办法",再推行"全员浮动工资",便水到渠成。

1983 年前后,打破"八级工资制",但具体在管理上还存有不少弊端。

颜贻意一直在思考,还有没有更加科学的办法,能够"一步到位"?

经过几年的实践,药厂决定全面推行经济责任制。一种叫做"质量系数连乘考核办法",渐渐浮出水面。

先看工人每月工资是如何构成的:

一是根据全月全厂定员中各种身份的工人基本工资和各种补贴的获得情况,算出全月全车间(或各部门)应得的"工资额度";

二是根据核定的产品产量,得出"单位产量应付工资";

三是算出"停产工资"。

这样,每位工人每个月能够得到的工资,就有了一个计算公式:

工人工资＝产量乘以产品单位成本。

再看工人每月奖金是如何获取的:

奖金＝节约额×60％×20％×一次合格率系数×优级品率系数。

1992 年 3 月 30 日,已经是温州市第三制药厂的核心部门——厂办,在一份总结中,对施行多年的"质量系数连乘考核办法"的意义,作出了如下评估:

意义之一:

"让重视质量者得到好处",从而避免了一系列考核中只注重产量、消耗,不注重质量的弊病。

意义之二:

全厂上下进行定员、定量,按照质量取得报酬。如果某个车间超员了,那么,工资和奖金则从车间中扣减,"这有利于减员增效,提高劳动生产率,从而带动产品质量的提高"。

意义之三:

原办公室主任林宝贵说:"全厂进行二级核算:厂里只和车间或部门核算;部门或车间再和员工核算"。部门里怎么考核,由部门自己说了算,由车间主任说了算。谁说车间主任权力不大?在我们厂里,要进人的话,车间主任比厂长还管用。这样一来,质量管理就能具体落实到人,从而提高了管理效能:车间与车间之间,员工与员工之间，获得的报酬都是不确定的，每个月获得的报酬也是处于一种动态变化的。

这样一来，"开展劳动竞赛，彻底打破大锅饭"，成为必然趋势。

林宝贵总结道。

如意君：如果没有静下心来，多次反复研读这个"质量系数连乘考核办法"，还真的是一头雾水，看了半天，仍然无法参透其中的利害。

这就是文科生的缺陷。

对于数字和公式，文科生都有着天然的迟钝。面对层层叠叠的数字关系，你根本无法洞穿奥秘。

而颜贻意和他的团队，却总是保持着不断创业、不断超越自己的激情与雄心。颜贻意何以能够在实践中摸索、在摸索中探明、在探明中做出正确的决断、在决断中一步步将企业引向光明之路？

其实，中国第一代企业家的原始学历都不高。

学历又能算什么东西？

学习的能力、创业的能力、突破的能力才是最要紧的。

颜贻意和他的团队每每都有突破。而突破自己的局限，才是最珍贵的，当然也是最难得的。

有了"质量系数连乘考核办法"，药厂要推行全员浮动工资，便水到渠成。

---

5. 何为铁军

铜山制药厂第一次提出："药厂的生命是质量"。在质量管理上，药厂就是要铁面无情。

药厂生产的是药品，人命关天，不允许存在质量上的任何差错，甚至连质量上的瑕疵都不允许。

1988年夏天，借鉴国内外关于药品生产质量管理经验，浙江省医药管理局提出要对全省药品生产厂家进行"质量管理验收"。这次验收主要侧重于药厂规章制度方面的考评与检查。

考评的内容有近百条之多，包括：

——药品生产规章制度的完整性；

——员工上岗、转岗前是否有培训；

——生产流程是否有完整的记录；生产条件、设备、清洁、监控是否有完整的记录；

——各种消毒措施是否得当,是否有完整的记录;员工在生产过程中的消毒措施是否到位;

——厂房设施与仪器设备是否正常运转,是否有专门的检查与管理记录;

——实验室的控制系统是否合规;

——容器的密封性是否合规;

——物料的购入、使用、储存、发放是否合规;

——产品外包装的设计和印刷是否合理;

——运输工具及运输条件是否合规;

——管理人员的管理职责是否落实。

当这些林林总总的条款第一次摆在铜山制药厂管理人员的面前时,人人都捏着一把汗。

"面面相觑"是大家的第一反应。

"没有条件要创造条件,条件够了也要对照检查。在质量管理面前,没有商量的余地。除非不办药厂。"颜贻意狠狠地说。

于是,先把铜山制药厂《质量管理办法》完善起来。管理办法完善了,就有章可循,就可以依法依规。

完善后的《办法》再次公之于众。

于是,全员行动——白天正常上班,晚上对照检查;管理人员先检查过关,普通员工再紧跟而上。

常常是一条条根据上级的要求,来落实质量管理上的铁规定。

把白大褂穿出房间,扣分;

在厂区抽烟,扣分;

迟到了一分钟,扣分;

把产品摆放错位,扣分;

不慎将产品摆放在阳光下,扣分。

只有严格的落实、督促质量管理归位,才可能养成全体员工视质量为生命的习惯,药厂才有可能在局部硬件难以改观的情况下,以素质优良、制度落实、管理到位、奖惩分明,来打造一支有"铁的纪律、铁的制度、铁的作风"的员工队伍,才有可能实现以"软件过硬来弥补部分硬件不足"的缺憾。

铜山制药厂本来实行的就是部队军事化的管理办法;本来就有铁军传统;从创办的那一天起就明确宣示:没有克服不了的困难。

所谓铁军,在质量差错面前就是要"铁面无情";在质量纪律上就是要有"铁的手腕";这些看起来冷酷无情的条条框框,一直跟随着药厂,如履薄冰地度过每一天。

1988 年 9 月 20 日，当省市质量管理验收组来到铜山制药厂进行质量方面的验收考评时，获得"一致通过"。

这也是洞头县有史以来第一家获得"质量管理证书"的企业。

在证书如山的企业里，这本证书几乎就是"铁证"。从"铁军"到"铁证"，需要跨越的沟沟坎坎很多。

6. 苏某华事件

一个毛毛糙糙的小伙子，承包经营部之后，不是勤勉工作，而是以低价倾销药品的方法去占领市场。他的过错，差一点导致药厂关门。

"这个教训太深刻了！"这一事件暴露出药厂在销售管理上，在体系建设上，还缺乏经验，缺乏严格的制约机制。

拿到洞头县人民法院的判决书之后，颜贻意仰天长叹。

报经浙江省医药管理局批准，1993 年 4 月 23 日，温州市第三制药厂（1991 年更名，第八章会详细叙述）在温州市区设立了一个医药经营部，销售药厂生产的各类药品。

温州医药经营部的销售业绩直线上升，为药厂打开了市场销路，带来了直接的效益。

1994 年底，一个叫苏某华（化名）的仓库保管员主动请缨，说自己愿意到安徽蚌埠开设经营部，作为药厂在北部地区的窗口。

这是一件大好事，年轻人有想法、有干劲，厂里应该支持。厂领导班子一致同意苏某华的毛遂自荐。

苏某华以父母在洞头县城北岙镇的房屋作为抵押，拉上自己的兄弟苏某胜，到了安徽蚌埠，准备"大干一场"——实际上药厂一开始就大意了，没有估计到这个房屋其实值不了多少钱。

干劲十足、满怀信心却从未做过药品销售的苏家二兄弟，到了安徽之后发现，仅有一点个人关系，要开拓药品销售市场实在太难。在急功近利、急于做出成绩的思想指导下，他们悄悄采取了一种见不得阳光的行为：低价倾销。

蚌埠这个经营部的业绩一路飘红，门庭若市。

厂领导被蒙骗了。

蚌埠的客户顿时遍及天下。苏家二兄弟一时间成了厂里的红人，受到了厂里有关领导的称赞与表扬。

蚌埠市场低价倾销的做法，扰乱了药厂的整个销售布局，使得温州经营部的经营业绩直线下降。温州经营部经理庄小萍将自己经营情况的不正常变化反映到了药厂总部，一开始领导还误认为她"办法不多"。

再次反映异常情况，还是被搁置一旁。

继续反映，终于引起了厂长颜贻意的重视。

一天上午，颜贻意突然出现在安徽蚌埠，想做一次细致的现场调查。上午10点多了，苏家二兄弟还没有开门营业。当两位年轻人光着膀子、当着厂长的面，把营业部的大门打开后，看到厂长冷峻的脸色，他们顿时慌了。

颜贻意进了经营部，发现里面灰尘遍地、桌椅凌乱，心里咯噔了一下。一种不祥的预感爬上他的心头。

当天下午，颜贻意准备去上海，交代其他同志继续深入了解这个经营部的真实情况。

回到厂里，"彻查蚌埠经营部"的指令便下达了。由彭法忠带队，到蚌埠查找问题，仅一天时间，便查出了一大堆问题。

为了给苏家二兄弟以最大的面子和诚意，工作小组要求苏家二兄弟主动到厂里交代问题，处理善后。

药厂没有等到苏家二兄弟的上门，等来的却是他们跑路的消息。

温州市第三制药厂只好报警抓人。

逃避多年之后，到2000年10月，两兄弟才被公安机关缉拿归案。

无奈之中，只好通过法律程序起诉苏家二兄弟。

2001年4月3日，洞头县人民法院以职务侵占罪，判处苏某华有期徒刑七年，判处苏某胜有期徒刑十一年。

随后，药厂又将他们告上了法庭，要求法院执行"财产损害赔偿"。

起诉书上说，1995年4月至12月间，被告苏某华伙同其兄弟苏某胜提取温州市第三制药厂价值4243270元的药品，以低于出厂价抛售市场，除了返还2063400元外，余款2169870元被两被告非法占有，被告苏某华与温州市第三制药厂签订承包经营协议时，以其父母的二间房屋作为风险抵押，并办理了抵押公证。

2001年4月3日，被告苏某华、苏某胜因侵占罪分别被判处有期徒刑七年和十一年，现因两被告均无退赃，且非法所得已被挥霍，已无法追缴，故请求被告苏某华、苏某胜赔偿损失2169870元，并对苏家父母苏某某、郑某某所有的房屋优先受偿。

最后的结局是：苏家父母的老房子仅以48000元折价赔偿，余款尚有2121870元至今仍然无法追回。

"这个教训实在太深刻了。"颜贻意拿到法院的判决书后，在领导班子会议上，首先做了自我批评，要求有关领导承担责任，避免药厂因内部管理上的漏洞而造成"轰然倒塌"！

我们从财务报表上可以发现,1994年,药厂的全部利润是120万元,到1995年锐减为70万元,蚌埠经营部造成的损失是利润减少的主要原因。

为了堵塞漏洞,严管销售资金的流向,2001年7月,温州市第三制药厂痛定思痛,出台了一项新的规定:药品销售资金必须在90—100天内回笼。苏氏二兄弟"低价倾销""资金放羊"这样的恶作剧,再也不能出现了。

只是,第三制药厂付出的代价,实在太大了。

"1994年,全厂的年利润仅有120万,让他们两兄弟一下子拿走了200多万,几乎要让全厂流动资金断流。好在社会各界鼎力相助,才让我们躲过一劫!"

说起那一幕,颜贻意仍然无比痛心。

延伸阅读:农村信用社的演变

20世纪50年代,广大农村地区的金融机构叫"农村信用社"。农村信用社的宗旨是"农民在资金上互帮互助",由社员出钱组成资本金,社员用钱可以去贷款。

县里有"县信用联社"。县联社开始归农业银行管理,到1996年之后,归人民银行管理。1999年之后,人民银行又逐步组建了地(市)联社,县联社又归地(市)联社管理。2003年之后,人民银行退出,取消地(市)联社,把农村信用社的管理权交给省政府,省政府又成立了省联社,省联社管着县联社,这就是至今仍然"虎虎生威"的农村信用社的演变史。

(资料来源:《人民日报》及中国人民银行网站)

第五章
天上掉下一笔钱

本章导读 <<

从"公有民营"到股份制改造,再到迎来资本市场的"拷问",颜贻意在改制之路上"快马加鞭未下鞍"。

"打造百年品牌",是诚意药业在即将走向资本市场时,向世人作出的庄严承诺。这个承诺之中,背负着怎样的职责与使命,颜贻意心里是亮堂的。

1. "公有民营"来了

关于颜贻意的消息,很多都是"出口转内销"。企业之所以发展壮大到可以进行"公有民营"改造的这一天,完全是经营团队 34 年来殚精竭虑、卧薪尝胆的结果。

"颜贻意想离开洞头,到省外某药厂去当老总。"消息发布者说的有鼻子有眼睛,"那家制药企业即将上市,给颜贻意的年薪是 100 万元,而且还持股。"

这个消息在很小范围内传播。知道这一消息的,有洞头县的主要领导:关于颜贻意以及温州三药的消息,多次是"出口转内销",所以,得到这一消息的洞头县主要领导心里是不太舒服的。

县里将采取怎样的紧急措施?

1990 年前后,国内经济界、理论界开始对一种叫做"公有民营"的经营管理办法有了持续的关注。

有的说:"公有民营是建立现代企业制度搞活集体经济的有效途径";有的说:"公有民营是实现公有制的一种形式";有的说:"公有民营是公有制经济的根本出

路"。总之是赞扬的多,抨击的少。

当一种理论在舆论上热了一两年之后没有原先的热度了,这种理论便可以落地生根。1993 年 7 月 22 日,在浙江省医药界,温州第二制药厂率先进行"国有民营新机制"试点。这个试点得到了温州市委、市政府的支持。温州几百家重点工业企业睁大眼睛,注视着"二药"的试点。

先行先试者,总顾虑重重。温州第二制药厂推行的叫"国有民营",不叫"公有民营",其实质是一样的,但一字之差,还是有着轻重缓急之别。

老二动起来了,老三也跃跃欲试。

温州市第三制药厂派出了办公室主任林宝贵同志,三赴温州,向老二取经,试图在海岛名正言顺地吃"螃蟹"。

讲述人姓名	林宝贵
讲述时间	2015 年 1 月 24 日
讲述地点	公司专家楼
工作单位及职务	原温州市第三制药厂办公室主任

"国有民营"在温州第一家推行的是温州第二制药厂。我估计全国医药系统最先发起"国有民营",也可能是温州二药。

于是,厂里就派我到温州二药去深入调查研究。我去了温州好几次,先后到药厂了解情况,也去了温州市医药局,在医药局领导的同意下,翻看了各种合同、文件,了解到了很多"机密"。对温州二药准备搞的这个"国有民营",有了深入的了解。回到公司之后,向领导报告,大家觉得我们也可以参照执行。但我们在实施的时候,就定名为"公有民营",不叫"国有民营"。

厂里的汇报到了县里,县里表态:支持。

1994 年,全国各地的商业、粮食、供销、物资各类型集体或者国有企业纷纷进行"公有民营"试点。有的仅仅试验一两年,便进行了彻底改制,走上了"有限责任公司"的路子。

或许是温州二药的"国有民营"试点试出了名堂,1994 年 3 月 2 日,温州市人民政府以(1994)年 5 号文件的形式,颁发了《关于试行温州市工业企业"公有民营"办法的通知》。

《通知》指出,"公有民营"是将所有权与经营权分离,是在不改变公有经济所有制性质的前提下,将企业资产以有偿使用的方式交给个人或合伙人负责,实行风险经营。这份《通知》对公有民营的基本原则、内容、形式、风险抵押金、占用资产费用等都作了明文规定。

其中,"占用资产使用费"和"交纳风险抵押金"两项,是"公有民营"的焦点。《通知》第 17 条到 20 条指出:"公有民营的经营者要向财政交纳国有或集体资产的占用使用费"。这个"占用使用费"究竟是多少,没有明文规定。但是,要体现"国有资产增值、保值原则",要体现"合理、可行原则"。

"公有民营的经营者要交纳风险抵押金。"抵押金根据"占用使用费"的多少来确定。其中,30%要经营者拿出现金,用现金来交纳。其他的 70%可以用经营者的不动产(主要是房产)来抵押。

市里关于"公有民营"的政策举措已经清晰。洞头县政府可以照章执行,没有后顾之忧了。在这样的背景下,洞头县委、县政府就要采取措施,从政策层面,挽留类似于颜贻意这样的能人,把他们"拴"在洞头,继续为工业经济出力。

市里文件一出来,洞头县立即呼应。

经过一番"短兵相接",县委、县政府委托洞头县经委、财政局开始启动"公有民营"改造。改造的样板工程就是温州市第三制药厂。

3 月 18 日,洞头县政府召开"全县重点工业企业振兴工作会议"。这次会议也是见证温州市第三制药厂的历史时刻:洞头县人民政府委托县经委和财政局作为甲方,颜贻意为乙方,在洞头第一次签下了一份《企业改制协议书》,由责任厂长颜贻意组阁合伙经营企业。签完这份协议,颜贻意的内心是激动的,也是复杂的。颜贻意告诉如意君,自己把所有家当作为"风险抵押金"交了出来,这等于断了自己的退路。

1994 年,是温州市第三制药厂第二个产值突破亿元的年份,也是第二个利润突破百万元的年份。"公有民营"这种新的经营机制成熟于外地,被温州市第三制药厂引入之后,转化成了强大的生产力。

"公有民营"制度的推行,真正把决策的权力交给了企业负责人,同时也由企业负责人担当风险,此举消除了外界对企业发展的牵制,真正使企业凝聚人心并焕发活力。自此之后,温州三药——诚意药业的年产值每年都以 20%的速度递增,出口交货值的递增速度更是惊人。

2. 更彻底的改制:股份制改造

洞头县提出"七点意见",指导、支持药厂进行一次彻底的改制:迈向股份合作制。

"公有民营"是有期限的。完成了"公有民营"合同期之后,温州三药向何处去,再次作为一个问题,摆在颜贻意和他的团队面前,也摆在洞头县委、县政府面前。

无巧不成书，一度红火的洞头化工厂传出濒临倒闭的消息，让洞头县政府委实苦恼。

在二十多年的时间里，洞头化工厂一直是洞头县排名第一的工业名企。到了1999年，由于化工产品受国际市场的冲击、经营管理团队一再犯错，企业已处于严重的资不抵债状态。

1990年初，洞头化工厂也在推行改革。他们的改革是让厂长一年一承包——这一任承包人不会去做长远打算，当下一任承包人接下担子后发现，企业已经千疮百孔，于是，继续杀鸡取卵，进入恶性循环，最后等到回天无力之时，只好让政府出面收拾。有不少国有企业就是走这样的"改革"之路，最后把成堆的问题抛给了社会，而企业本身却关门大吉。

此时，洞头县委书记冯志礼在一次常委会议上清醒地指出，不要等企业出问题了我们再来当救火队员，而是要在企业还活蹦乱跳时，我们就来当好他的服务员。化工厂这样的悲剧，不能在其他企业的"改革"中重演！

县委书记瞄上了温州三药，书记和县长先后出面，要求三药顾全大局，以极大的胸怀，包揽下化工厂的后事。

书记还开玩笑地说，你们要是不把这家企业买下来，其他鱼粉企业就要把它吃进去了，到时候，你们药厂的环境可能会受到损害哟。

颜贻意和他的班子觉得化工厂像是一块"大寨式梯田"，不适合水平面发展，但是，既然书记这样说了，药厂环境受到损害的情况，也是有可能发生的。于是，就接受了县领导的提议。

1999年12月1日，温州市第三制药厂以128万元的价格买下了这家企业，让县政府妥善安置员工，化解可能出现的社会矛盾。原来，县财政局与工业局谈定的收购价是100万元，县委书记介入后，却变卦为128万元。为了顾全大局，颜贻意和他的班子只好咬咬牙，多付了28万元。在药厂财力极其紧张的情况下，这28万元让颜贻意如割肉般心疼。

亲眼感受到温州三药是一家"有社会责任的企业"的洞头县领导班子，在三药"公有民营"承包期就要结束时，提出了一个想把三药彻底改造为股份合作制企业的设想。这一设想与药厂不谋而合。

有了县里的支持，2000年9月21日，温州三药成立了"企业改制工作领导小组"，颜贻意任组长，颜孙传任副组长。邱克荣、沈爱兰、张孚甫、林明流、林子津为成员。在与县委、县政府、县职能部门之间长达三个月的磨合、商讨、确定期间，文牍往来丰富了洞头县国有集体企业改制的经验，也给温州市其他工业企业推行"公有民营"，留下了一笔宝贵的资产。

温州三药——这家从铜山制药厂发展过来的部队企业，成立伊始，当地政府肯定是没有投入资金的。改为温州市第三制药厂前后,出于支持地方工业经济发展、安排社会青年就业的需要,洞头政府陆陆续续给予了一些贷款上的支持,但还是没有直接投入资金。企业之所以发展壮大到可以进行"公有民营"改造的这一天,完全是企业的经营团队 34 年来殚精竭虑的结果。

但到 2000 年的最后一天,温州三药这家企业的属性还是集体企业。

集体企业中自然有着不少的"国有资本金"。

因此,要对三药进行股份制改造,就必须计算出这家企业究竟有多少"国有资本金"。

2001 年 1 月 19 日,洞头县人民政府以"抄告单"的形式,对温州市第三制药厂即将进行的改制提出意见,进行具体的指导。

一是原先属于国有企业和集体企业调入三药的职工,其工龄补贴和医药费补贴,"从国有资本金中按实列支"。

二是从国有资本金中提取 500 万元,用于温州三药科技园区的基础设施建设。

三是经过上述三项提取之后的国有资本金,剩余部分由改制后的温州三药分三年归还财政,如逾期未还,按当年银行利率计算,收取资产占用费。

四是建议颜贻意同志在股权设置中,持有大的股份。

五是改制后,县财政五年内按照企业所得税的 15% 提取,用于科技园区的基础设施建设。

六是如今后法定代表人颜贻意变更之后,以上优惠政策另行制订。

七是温州三药的具体改制工作,由温州三药改制工作领导小组具体负责指导、实施。

这几点意见有三个问题值得关注:

一是县里建议颜贻意在改制中持有大的股份,这是对他长达 30 年经营管理工作所作出的贡献的认可。而且,县里规定,意见中所有的"优惠政策",仅限于颜贻意为法人代表身份时适用。一旦药厂法人代表变更,优惠政策随即取消。这也从政策层面堵死了颜贻意试图离开洞头到外地发展的个人"图谋"。

二是审计后,药厂的国有资本金第一次明明白白地显示出来了。这对于改制工作深入进行,交了一本明白账。国有资本金如何使用,怎样保值、增值,县里的态度是开明的,是积极的。

三是意见中多次提到药厂的"科技园区",这个园区在哪里,如何规划,如何实施,药厂和县里都是心中有谱的。

就是这个"园区",到了 2015 年药厂筹划上市时,矛盾的焦点突然纠结于此;围绕着这个"园区",洞头县政府、温州市政府和药厂之间不断沟通协调,希望找到各自利益的最大化。

这是后话。

3. 天上掉下一笔钱

县政府的"七点意见"给予了彻底改制以莫大的支持。

全体员工都能领到一笔数目不菲的安置费。领到这笔钱后，还可以继续在药厂上班，因此，他们称这笔钱是"天上掉下来的"。

这样的改制，皆大欢喜。

2001年3月24日。温州市第三制药厂第四届职代会正在举行。

从来没有一次职代会与每一位员工的利益如此密切地发生关系：这次职代会要讨论和研究的是温州市第三制药厂的转制方案。具体地说就是：全体工人首先要与厂里解除劳动关系；依据工龄长短和职务高低拿到一笔安置费；全体工人的命运从这一天开始，要发生转变。

经过洞头县审计局审计，职代会上提交了下列数据：

——资产总额为：9403.9537万元；

——负债总额为：4191.0957万元；

——国家资本金为：2006.1734万元；

——不良资产为：723.3535万元；

——调账冲减递延资产和土地增值338.0424万元。冲减坏账损失为：124.9751万元。

参加职代会的职工代表35人，同意厂里制定并交到职代会上供大家讨论的《温州市第三制药厂转制方案》。而企业内部的25个股东集资参股——谁有这个资格，谁有这个条件——名单也成熟了。

此时，温州三药的股东由三部分组成，一是技术人才；二是企业管理团队；三是企业职工精英。企业只与原始股东发生关系。将股权集中到小部分人手上的做法，可以避免员工皆股东后出现的新的"大锅饭"问题，同时，也比较适应今后企业上市的需求。

4月2日，《转制方案》报经洞头县经委批复：同意实施。

2001年4月13日，温州市第三制药厂向洞头县人事劳动局发出申请报告，要求对包括颜贻意、颜孙传、邱克荣、沈爱兰、张孚甫、林明流、林子津、杨海燕等在内的309名职工解除劳动合同、终止劳动关系。县人事劳动局当天批复：同意。

下午3点，温州市第三制药厂召开最后一次全体职工大会。主持人宣布：下午3点开始，全厂封存、等候移交。

　　第二天上午，全体员工在食堂餐厅签订"终止劳动关系协议"并发放经济补偿金。一个上午就把员工几年、几十年的"劳动关系"给清算完毕：药厂发出的安置费和医保费共计 11597844.12 元。其中，国家资本金提取了 832900 元，企业支出总额 10764944.12 元。企业支出中，安置费为 8322135.80 元，医保费支出为 1616500 元，退休职工补偿为 826308.32 元。

2001 年 4 月 14 日上午，员工领取经济补偿金

首次股东会留影

　　4 月 20 日，浙江诚意药业有限公司（筹）召开首次股东会，选举颜贻意为董事长。颜孙传、岑均达、沈爱兰、邱贵森、邱克荣、林晰晨为董事。张孚甫为监事会召集人，林明流、陈后进为监事。

政策的利好接踵而至。

4 月 17 日，洞头县委以（2001）44 号文件的形式，颁发了《中共洞头县委、县人民政府关于支持温三药企业发展优惠政策的规定》，洞头县委以红头文件的形式，对 1 月 19 日县府"七点意见"再次认可，对温州三药正在推进的股份制改造，吹来了一股东风，也对这次改造赋予了法律意义上的肯定。

5 月 22 日，浙江省食品药品监督管理局批复同意，温州市第三制药厂更名为浙江诚意药业有限公司，企业性质为有限责任。

至此，温州市第三制药厂终于退出了历史舞台。如意君计算了一下，从 1991 年 7 月 16 日浙江省医药管理局批准成立之日起到 2001 年 5 月 22 日，温州三药的历史是 3592 天。

浙江诚意药业有限公司开始上路。

6 月 1 日，美国 FDA 检查组突然到公司检查了一天，之后居然发现：来错了地方，要检查的是温州另一家药厂。

美国 FDA 的检察官开了一次不小的国际玩笑，对于浙江诚意药业来说，却是送上门来的好事：FDA，请记住，一段时间后，你们将会再次光临本公司，做一次真正的审计。那时候，我们就可以举杯同庆了。

4. 温州：挺进资本市场

温州的企业在产权上向来喜欢封闭，与资本市场格格不入。

为了"破壁"，温州市政府改变"无为而治"的思维，2012 年以来，强力推动产权制度改革。

时针拨到了 2015 年 9 月 22 日。

温州市委副书记、代市长徐立毅调研温州市金融投资集团有限公司。

如果从温州金融集团的成立回溯近三十年来温州走向资本市场的艰难道路，你会发现，一向标榜自己在全国率先打开市场经济之门的温州，在资本市场上，却乏善可陈。

在此，如意君关注的是，类似于铜山制药厂那样，有国资背景或集体企业，是如何通过一步步的改革，甩开膀子，走向新生的。

从浙江省内来看，走得较远、较稳步的是绍兴市。1998 年上半年，绍兴在全县掀起乡镇企业产权改革的高潮（王云帆：《长三角大悬念》，浙江人民出版社 2008 年版）。产权改革的模式有三：公司制、股份合作制、零资产转让制。操作办法是："经营者持大股，经营层控股。"到 2000 年，国内企业掀起上市的高潮，绍兴县杨汛桥镇采取"集体股退出,坐享企业上市之后的税收"的原则,杨汛桥一举成为中国上市公司第一乡镇。

在台州,一家与铜山制药厂同年成立的乡镇企业的发迹,就很有说服力。

1966 年,温岭青年陈华根发起创办牧屿工艺美术厂。为了合法经营,便千方百计戴上了"集体企业"的红帽子。到 1993 年,这家企业想摘去帽子。报告递交到有关部门,政府官员认为,当初企业创办以来,政府没有投入一分钱,现在人家要摘帽,为什么不允许呢?

于是,就批准这家企业改制为"股份合作企业"。到 2002 年,这家最初只有 12 名员工的家庭作坊,已演变为产值 2.4 亿元的宝利特股份有限公司。

2003 年,温州市的 GDP 增速全省排名倒数第二。学界对"温州模式"开始反思。浙江大学教授史晋川认为,温州人从事市场交易时,一直无法脱离"人格化交易方式"的羁绊。所谓人格化交易方式,指的是温州人依照人情和亲情关系构成的商业和贸易关系网。

网内,生龙活虎;网外,死气沉沉。这被认为是温州生意人的局限性。

温州政府官员的分析是:"温州民营企业的产权相对封闭,导致对外要素整合比较困难,与现代资本市场不对接,从而制约了企业做大做强和转型升级。"

为了突破这种局限性,破除"温州人才短缺,信息相对匮乏,科技相对落后,地理位置偏僻","不适合大企业建立研发部门"等障碍,以正泰集团为代表的温州企业,决定将研发中心搬到上海,利用上海的科技、人才、信息等优势和国际大都市的辐射能力,建立国家级技术研发中心、物流中心和信息中心。

紧跟正泰实现"资本外流和企业外迁"的温州企业,有上千家之多。其中,不乏一些较大规模的集团干脆整体外迁。

温州市政府以怎样的手腕,来遏制资本的外流和企业的外迁?

这就需要破除向来自傲的"无为而治",上升到更高的层面,去思考和谋划温州今后三十年、五十年甚至更长时间的发展大计。

2012 年 3 月 28 日,国务院批准温州设立"金融综合改革试验区",温州再一次亮相于中国区域金融改革的第一线和主战场。

尽管仅仅是一次"试验"或者"实验"。

借力于金融综合改革试验,温州市委、市政府于 2013 年初,强力推动企业开展股份制改造,建立和完善现代企业制度,促使中小民营企业有效对接资本市场,提升直接融资能力。在发展区域资本市场方面,温州不愿再"屈居人后"。

> **如意君了解到**：此后，温州的民营企业加速进军资本市场。到 2015 年底，"温州板块"的外延不断扩展，形成了层次分明的梯队：龙头企业 IPO 上主板，中型企业到新三板挂牌，小型企业到区域性市场培育。截至 2015 年底，全市共有 23 家企业挂牌新三板，当年新增 16 家；65 家小微企业在区域性股权交易平台各板块挂牌。此外，八十余家企业分别进入新三板挂牌。

5. 股份了

2013 年，诚意药业发展迈出了极其关键性的一步：引入了九鼎投资公司，顺利进行了股改，演变为真正的现代企业。

5 月 7 日，公司再次更名为浙江诚意药业股份有限公司。诚意药业离资本市场，越来越近。

讲述人姓名	吕孙战
讲述时间	2015 年 2 月 1 日
讲述地点	公司专家楼
受访时职务	诚意药业股份有限公司副总经理

我了解到的情况是，1998、1999 连续两年企业一路飘红、形势大好。市县领导找颜董谈话，要求我们做好上市的准备。当时，我们的想法是：一是企业目前不缺资金，二是又多了一个监管。所以，积极性不是很高。

一拖就到了 2007 年，我们看到了一些兄弟企业上市后业绩上升很快，他们也都来过诚意公司参观、学习过。但是他们相继上市之后，一下子爆发出惊人的后劲"刺激了我们"，"上市的威力很大"。但是，当时我们的业绩不但没有突破，反而有所停滞。

到了 2010 年 5 月，我们把券商、会计师事务所和律师事务所三家物色好，开始着手准备启动上市工作。正好，2010 年以来，公司的各项业绩也有了突破性发展。

所以，上市工作也就提上公司议事日程。

6. 上市，上市

"打造百年品牌"，是诚意药业第一次向世人作出的庄严承诺。这个承诺之中，背负着怎样的职责与使命，颜贻意心里是亮堂的。

2014年8月20日,中国证券网刊发了题为《诚意药业拟IPO登陆中小板》的报道,将诚意药业上市事宜公之于众。

报道说:

国家环保部网站最新信息显示,浙江诚意药业股份有限公司(下称"诚意药业")已向国家环保部申请上市环保核查,拟在深交所中小板上市。

据核查书,诚意药业创办于1966年,2001年公司进行所有制改革,并更名为"浙江诚意药业有限公司"。2013年5月,整体变更为"浙江诚意药业股份有限公司"。公司位于浙江省温州市洞头县,是一家生产、销售小容量注射剂、胶囊、片剂、颗粒剂等制剂及原料药的医药企业。股份公司目前包括1个母公司(浙江诚意药业股份有限公司)、2个全资子公司(江苏诚意药业有限公司和温州三药进出口有限公司)。

为进一步在行业内做大做强,诚意药业将申请在深交所中小板上市。据公司透露,公司本次募集资金总额为2.5亿元,拟投向项目为"浙江诚意药业股份有限公司年产500吨盐酸氨基葡萄糖原料药项目和制剂大楼技术改造项目",目前募投项目已取得相关环评批复。

另一方面,诚意药业早些年还涉足了小额贷款。此前有报道称,2010年7月16日上午,洞头县首家小额贷款公司——洞头县诚意小额贷款股份有限公司正式开业。诚意小额贷款股份有限公司注册资本金0.6亿元人民币,由浙江诚意药业有限公司为主发起人,联合辖内外其他4家企业及7个自然人共同组建,其中县外股东出资额占43%。其战略合作伙伴为温州东启汽车零部件制造有限公司、温州佳海食品有限公司、温州新大洋进出口有限公司、浙江康东集团进出口有限公司四家企业。

和其他小额贷款公司类似,诚意小额贷款股份有限公司以面向"三农"和中小企业为市场定位,主要经营各项贷款、银行业机构委托贷款及其他经批准的业务,具有"周期短、审批快、市场化"等特点。

查阅资料可知,之前鑫富药业等多家医药公司均有涉足小额贷款。业内人士指出,医药企业纷纷发力小额贷款,进军金融服务领域,尽管该业务可提高公司资金使用效率,但亦折射出医药企业发展多元化的趋势。(王炯业:《诚意药业拟IPO登陆中小板》,载中国证券网)

多年来,诚意药业在省级以上媒体的见报率十分有限。这与企业的领头人颜贻意几十年来埋头实业的低调作风有关。

2010年12月10日,在杭州,颜贻意正式接触了券商代表和会计师事务所代表,听取他们关于诚意药业上市的一些筹备工作和相关程序安排。

颜贻意说，按照计划，2011 年 2 月，我们可以拿齐洞头县人民政府各职能部门的审计结果批件；3 月份可以请会计师进场审计、评估；5 月份开始着手公司股份制改造，筹划股份公司董事会、监事会；6 月份着手安全生产评估和环保评估。一切如果顺利的话，2011 年应该会有一个令人轻松的进展和结果。

但事情的进展总会有些插曲。一直到 2012 年 11 月 10 日，公司召开了股东会议，通过决议：以 2012 年 12 月 31 日为基准日，将公司整体变更为股份有限公司，并聘请会计师事务所和资产评估公司进行审计和评估。

"董事会构成""监事会构成""出资金额比例""章程权限""发起人协议"等诸多新生事物，严重牵扯着颜贻意的精力和注意力。3 月 18 日的早班会上，颜贻意除了布置"本周日上午七点半召开更名后的公司创立大会，需要做好的几项具体工作外"，又对 GMP 认证、环保形势、会见外商、出口检验商品等问题，一一作出部署与安排。等所有的高管离开他的办公室去忙各自的工作之后，他有了片刻的时间，可以清理一下自己的思想。

这也许是温州所有董事长办公室中，最为局促、最为简陋的一间了。有一次，洞头县委常委、公安局长吴国钱来企业调研，看到颜贻意办公环境的局促，吴局长诚恳地说，企业负责人要有良好的社会形象。颜贻意这才同意，将原来的长方桌改为半圆形办公桌。颜贻意与这间 12 平方米的办公室相伴了二十多年，这里的每一个物件，都刻录下他的身影和心情。斑驳的办公桌，上面的文件、资料却整理得井井有条。他一直拒绝任何形式的装修和装饰。"玩物丧志""过于奢华的办公环境会让人得意忘形"这样的古训，他牢记在心。没有人能够说服他把办公生活安排得安逸一些。事实上，每位员工看到他的时候，"拼命三郎"这样的形象都会出现在面前。

上市的脚步声越来越清晰，而对于再一次改制而作出的战略部署，颜贻意自然是有着必胜的信心。

2013 年 3 月 24 日，公司再次召开股东会议，筹划设立诚意药业股份有限公司。

5 月 7 日，法人营业执照即领到手，"浙江诚意药业股份有限公司"开始走上中国制药的崭新舞台。

这一天，他招来公司的几位高管和幕僚，商议"选定募投项目讨论会"。大家就项目选定、募投资金量、资金自筹量等问题进行了深入探讨，取得初步一致的意见。

9 月 4 日，洞头县人民政府在诚意药业股份有限公司召开"上市协调会"，颜贻意公布了募投项目及业绩，有关专家和领导介绍了加快上市辅导期验收、环评及核查、上市招股说明书的编写等情况，如果一切顺利的话，浙江诚意药业股份有限公司将尽快上报有关材料。

还是准备了整整一年。

2014 年 11 月 24 日,中国证监会正式受理诚意药业的上市申请,受理通知号为 141638。距离中国证券网公开的新闻报道,正好过了两个月。

最新的信息披露是 2015 年 11 月 11 日,诚意公司向外界宣告:将于上海证交所挂牌上市。届时有望成为浙江省洞头县(区)本土企业中,第一家在主板上市的公司。

"我们的前景十分看好"。颜贻意用如此简略的语言,答复温州本地媒体记者的采访要求。

2015 年 8 月 31 日,诚意药业第一次撩开面纱,在温州某报上以整版篇幅,为自己做了一次广而告之的宣传。

报道以《诚心诚意打造百年品牌》为题,对企业创办五十年来的峥嵘岁月与远大前程,做了回顾与展望。

报道写道:

——2003 年,公司获得浙江省首批绿色企业的荣誉称号。2005 年,公司投资 3000 万元建设环保公共工程三废治理中心,真正实现综合性改造。2006 年开始运行 ISO14000 环境管理体系,并通过上海质量体系认证中心的环境管理认证审核及每年一次的复审,并连续多年被市环保局评为绿色企业。

——2013 年 6 月,诚意药业通过国家食品药品监督管理局新版 GMP 认证,成为当时温州唯一一家通过 GMP 认证的药企。如今企业生产的针剂、胶囊、外用药、原料药、医药中间体等六十多只产品,近百个规格的药品,全部经过国家 GMP 认证,很多产品通过美国、澳大利亚等多个国家和地区的 GMP 认证,诚意药业的品牌质量变得更加坚固可靠。

——2014 年工信部公布的全国医药工业企业法人单位利润总额排名中,诚意药业位列第 300 名,是温州唯一一家进入前 500 名的企业。

——诚意药业在不断变革中成长,而这近五十年的发展史正是诚意人创新的灵感源泉与无尽财富。带着"知天命"的成熟,诚意人将走向下一个里程碑,为世人讲述一个百年品牌的传奇故事。

"打造百年品牌",这是诚意药业第一次公开的雄心与抱负。

也是诚意药业第一次向世人作出的庄严承诺。

这个承诺之中,背负着怎样的职责与使命,颜贻意心里是亮堂的。

第三部分

工业技改篇·走出国门并不难（1982—1998）

第六章
踏破铁鞋有觅处

本章导读 《《

为了寻求新产品,颜贻意演绎了一场"上天入地,誓不罢休"的轻喜剧。

洁霉素一度是世界药企争相追逐的目标。到温州,去上海;赴华北,走苏州,当"洁霉素之歌"在颜贻意耳旁轰然唱响之时,这个不依不饶的创业者,一定沉浸在无限的喜悦中。

1. 找到洁霉素,找到"恋爱对象"

卫生部一纸禁令,把铜山制药厂打入"地狱":生存还是毁灭,这是一个值得考虑的问题。

1982 年 9 月 4 日,卫生部发文,明令 127 个药品品种退出市场。这个文件再一次将铜山制药厂推向倒闭的边缘。

作为当家人,颜贻意的烦恼写在脸上。药厂刚刚引进汞溴红这个产品,汞溴红的前景如何,还无从知晓,如今又来了"当头一棒"。路在何方?

左思右想了好几天,他又背起行囊,来到了温州市区,首先向温州市医药局的专家领导寻求出路。

温州医药局生产计划处处长谢镇中等几位专家领导早就料到颜贻意会来温州,好像给颜贻意预备好了什么,比较神秘地向他透露了一个信息:听说国外有一种新产品,叫做洁霉素,是一种新型的抗生素类药品,国内也有一些厂家开始仿制、生产。你到省局再去问问,可能会了解得更详细。

没有在唉声叹气中沉沦,这是颜贻意多年来形成的习惯,获知有这样一个宝贝信息,他立马起身,往省城赶去。

到了浙江省医药工业公司,一打听,国内确实已经有厂家在仿制这个产品。省公司的徐楚楚处长还向颜贻意推荐了上海医药工业领域的一位高级工程师,颜贻意又马不停蹄地奔向上海,一探究竟。

上海的这位工程师接待了来自偏僻海岛的小厂厂长。颜贻意静下心来,一五一十地向这位专家介绍了部队的同志是如何艰苦创业办起药厂;如今药厂的主打产品黄连素又将面临淘汰,这就等于是药厂要毁在自己的手上,这如何对得起创业者,如何对得起父老乡亲?

专家终于被颜贻意说动了,便毫无保留地向颜贻意介绍了洁霉素的一些特征,也介绍了国内已经有两家药厂——华北制药厂和上海第十制药厂正在实验性生产洁霉素。工程师告诉颜贻意,你要尽快行动,争取在浙江省最早拿到这个产品的生产资格。否则的话,那就很被动了!

颜贻意看到了曙光。

但也深感难度太大:要想从省医药局拿到批文,这比登天还难。过去都是胡志群他们凭着过硬的军人资格从省市拿到生产计划的,他们早就走了,我一个人单打独斗,能行吗?

工程师仅知道上述两家药厂已在生产,至于工艺技术,要向企业咨询。

茫茫人海之中,他又从上海返回温州,决心先在温州找到支持者。

一大早,颜贻意就等候在温州医药局谢镇中处长的办公室门外。谢处长看到颜贻意又来了,十分关心地问:"怎么样,小颜,去杭州还顺利吧?"

颜贻意赶紧向谢处长汇报了杭州与上海之行的收获。谢处长已经明白了下一步该怎么走。他出谋划策道:"你等等,小颜,我马上去向局长汇报一下。"

过了一小时左右,谢处长满脸笑容地说,局长很支持,希望铜山制药厂能够争取到全省最早的生产资格,让企业好好办下去。

"这样吧,你在温州等一天,我把手头的事情处理好。明天我和你一起去杭州,去向省局领导争取争取。"

颜贻意没有想到谢处长如此支持,他站起来,向谢处长行了一个标准的军礼,就出门了。

在浙江省医药工业公司,温州来的谢镇中处长带着颜贻意拜会了赵坚、潘金炎、徐楚楚、赵苏靖等几位处长。他们深知铜山制药厂的艰难处境,都表示十分支持铜山制药厂在浙江省率先生产洁霉素。

有了省公司几位处长的表态性支持,颜贻意取胜的信心倍增。

最后,又是谢镇中处长带着颜贻意向浙江省医药管理局局长何俊同志汇报情况。

何俊同志是一位老红军。

得知铜山制药厂是部队创办的药厂,何局长的好感油然而生。经过谢镇中处长和颜贻意两人半个小时不到的汇报,何俊同志当即拍板同意:铜山制药厂在浙江省独家生产洁霉素。

总算一锤定音。

接下来就是怎样走审批程序了。

这一次从离开洞头到回到药厂,出差的时间长达二十多天。二十多天的时间里,颜贻意就像一匹不知疲倦的马,没有停歇地奔驰。

省局算是同意了。但是,洁霉素的生产工艺完全要靠自己去摸索。摆在面前的拦路虎,还不知道有多少呢。颜贻意决定先回厂里和大家一起商量对策,再做打算。

2. 澡堂里过夜,颜贻意搬来救兵

洁霉素的生产工艺就在一次次奔波中,落了地。

"颜厂长出差回来了!"

消息在小朴村铜山制药厂不太宽敞的操场上传开。一些人放下手头的活儿,奔出门外,争先去看他们的厂长。他们早已听说颜厂长带回新产品生产资格,这就意味着铜山制药厂又有活路了。颜厂长这次走了二十多天,是最长的出差时间,大家对他的牵挂、思念、动摇、兴奋等等复杂的感情都汇聚在一起,围着颜贻意,一个劲想和他握手。

"告诉大家一个好消息,我们找到'爱人'了!"颜贻意还没说完,就被一些激动的掌声打断了。大家都知道这个"爱人"就是新产品。

颜贻意克制着自己的情绪,提醒大家尽快回到岗位上去。

厂领导班子立刻召开紧急会议。

会议在兴奋中开始,却又在焦虑中结束。大家焦虑什么?焦虑的还是工艺技术不知从何而来。

颜贻意说,像洁霉素这样的新药,对我们铜山制药厂来说,是千载难逢的机会,也是救命、救企业的良方,过不了这一关,企业就关门大家散伙了。我就不信,人家能生产的好产品,我们会无法投产?而且全省就布点我们一家,砸在我们手上,脸面全无。

最后决定,颜贻意和郑元旭一同北上,去做更加深入细致的考察工作。

在上海市医药工业公司总工程师曹善祥的办公室里,曹总工程师给洞头来的两位客人介绍了洁霉素的一些特征,并且亲自写了一封短信,介绍他们去河北省石家庄市的华北制药厂参观、考察生产工艺。

颜贻意和郑元旭一路奔波到了华北制药厂。拿出曹善祥手书的介绍信后，见到了生产科科长。

科长把浙江来的两位客人带到生产车间。一番询问和了解之后，颜贻意发现，华北制药厂的洁霉素生产工艺是在无菌条件下进行的；这是大型、特大型企业特有的"牛劲"，铜山制药厂根本不具备无菌生产条件。也就是说，华北制药厂把所有工艺技术都告诉你，铜山制药厂也学不会、带不走，更是无法复制。

但是，石家庄之行，配方算是了解得八九不离十了。

必须找到与铜山制药厂生产条件相类似的企业。颜贻意和郑元旭又回到上海，再次出现在曹善祥总工程师的办公室。

曹总工程师说，上海第十制药厂也在生产洁霉素，我介绍你们去看看吧。

他亲自给上海第十制药厂打了电话。

进了上海第十制药厂的厂门，也见到了生产科长。科长向厂领导汇报后说："不好意思，厂领导不同意你们来参观。"

"怎么会这样？我们——"郑元旭十分惊讶。

"那好吧，我们下次再来。"颜贻意自打圆场，带着郑元旭，回到了旅馆。

他们首先奔向上海远东饭店，可是没有房间了。

郑元旭说，听说有个五洲旅馆，去看看有没有房间。

五洲旅馆有个大通铺房间，仅剩下一张空床位。当晚颜贻意坚持让郑元旭睡在床上。此时的五洲旅馆，每晚都会突击查房，要是查到两人合铺，不仅要罚款，还要把两位客人统统赶出旅馆。

这样的处罚当然是冷酷无情的。

颜贻意安顿好郑元旭，自己一人走出旅馆，来到附近熟悉的"永安浴社"，脱光身子，和"正宗的上海阿拉"一起泡澡。

到了深夜两点，"永安浴社"的浴客纷纷离去，活络的"永安浴社"也想到了搞点"副业收入"，于是，会出租一些躺椅，算是床位，给南来北往的旅客，度过一个冷漠的上海之夜。

一夜过后，颜贻意已思虑好了对策，由郑元旭一人先返回温州，去搬"救兵"，颜贻意在上海等"救兵"一到，再去上海第十制药厂，一定要看个究竟才罢休！

郑元旭回到温州，请来了温州第一制药厂针剂生产设备的专家周志坚，请他到上海辛苦一趟，协助颜贻意"刺探情报"。

老周欣然前往。

颜贻意再次找到第十制药厂设备科长，凭着周志坚与上海厂的多年交情，凭着颜贻意的执着，科长答应给他们"看一下"。所谓的"看一下"，也就是围绕着车间走一遍,走完一遍,即刻离开,免得给厂领导发现,自己会有麻烦。

颜贻意和周志坚也真的仅仅在他们的车间里绕了一圈。颜贻意仅问了一句:"你们产品灭菌柜是用蒸汽的吗?"敏感的科长回答说:"不知道啊!"

就这一绕,给了颜贻意很多灵感,居然找到了铜山制药厂洁霉素上马的工艺秘方!

这是一种感应,是一种点拨,是一种冥冥之中的安排。34 年后的一天,如意君询问颜贻意,你当初在上海第十制药厂这么简单的绕一圈,究竟获得了哪些奥秘? 颜贻意说,当时其实心里还是有底的、明白的,只是究竟明白到什么程度,心里又是没底的。

"就是有底中又没底。这种想法很奇特。"颜贻意说,当时上海十厂没有无菌针剂车间,那他们用什么办法达到无菌要求的呢? 这个诀窍谁也不知道,只有颜贻意知道:他们是用"无菌法"生产洁霉素的!

从上海第十制药厂回来之后,颜贻意和他的团队,经过一番摸索,铜山制药厂终于成功试制出洁霉素。

"而且是一炮打响!"颜贻意不无得意。

3.苏州会议,学会"无中生有"

铜山制药厂向省局申报的材料就要落地了。也就是说,洁霉素上马,指日可待。

为了听取各位专家的建设性意见,铜山制药厂决定,到苏州去开一次高规格的选题研讨会。

这个选题研讨会为何要远走苏州?

和一个人在苏州有关。

这个人是谁?

胡志群。

转业后的胡志群来到了苏州落户,被安排在苏州第四制药厂工作。

见到胡志群,久别重逢,倍感亲切。

创办于 1952 年的苏州第四制药厂,于 1956 年完成"公私合营",后改为地方国营。1980 年到 2005 年,沿用第四制药厂厂名。1991 年之后,该厂的原料药盐酸克林霉素和克林霉素磷酸酯产品先后通过了美国 FDA 认证和获得欧盟 CEP 证书,向雅培、辉瑞等跨国公司供货,产品远销美国、西欧、东南亚等二十多个国家和地区。

胡志群找到自己的老朋友、苏州市医药管理局的副局长姚福汉同志,请姚局长帮忙,协助铜山制药厂在苏州召开一次新产品开发选题研讨会。

1987年5月16日,选题会在苏州新华饭店如期举行。

上海、昆明、杭州、苏州的专家都来了,高朋满座。

两年前的那次杭州会议,给铜山制药厂留下美好的记忆。制药企业通过召开研讨会,能够集思广益,迅速吸收各路专家的意见,将一些意见转化为生产力、科研力、销售力,发挥四两拨千斤的作用。

这次苏州会议也一样,要达到两个目的:

一是洁霉素的试制已经成功,接下来,原料供应是个问题。苏州第四制药厂是国家指定的洁霉素原料供应基地,这次会议放在苏州,目的性十分明确;二是希望多多结识一批专家,从中获取更多新产品开发的资讯。最后证明,上述两个目的在这次会议上都顺利实现。

这是一次成功的营销:浙江省医药公司的领导当着苏州市医药公司领导的面,赞扬以颜贻意为厂长的铜山制药厂,艰苦创业,应该得到苏州方面的大力支持。

姚福汉同志表示接受。

讲述人姓名	姚福汉
讲述时间	2015年6月21日下午
讲述地点	江苏省苏州市某宾馆
工作单位及职务	原苏州市医药管理局副局长
受访时状况	退休

50年代初,我与铜山制药厂的创办人之一苏明山同志的妻子徐琪是西安第四军医大学的同学。徐琪与苏明山结婚后,我又认识了苏明山同志。很早的时候,我就知道苏明山他们在海岛洞头办有一家家属厂。我对军人、对军人办药厂是十分敬佩的。

后来通过苏明山同志,我又认识了胡志群和褚福德同志。胡志群转业到了苏州第四制药厂,又介绍我认识了他在铜山制药厂的接班人——颜贻意同志。

后来,我从西安调回苏州,担任苏州市医药管理局的副局长。

一天,颜贻意来到我办公室,说要在苏州开一个研讨会,我说,那好啊。支持呀,小颜。

那次研讨会开得非常成功。我也参加了。

会后,颜贻意他们提出需要苏州第四制药厂帮忙,提供洁霉素原料。我当即答应帮忙。后来,他们两家企业成了生意伙伴,我是很高兴的。

颜贻意还提出要去苏州第四制药厂参观、考察。我向四厂做了一些工作,告诉他们洞头的企业是部队药厂,你们要支持的。放心,人家不会偷你们技术的。

四厂的领导很开明,大开方便之门。

后来,颜贻意又提出要做胶囊,没有技术、没有生产工艺、没有人才,怎么办?

我说,那好办,江苏常熟制药厂也是我分管的。他们有这方面的技术,你们可以去参观。

此时,颜贻意他们在经济上十分困难。到苏州出差,他们舍不得花一分钱。我就派了车,送他们的技术骨干到常熟去学技术。

几十年来,我和铜山制药厂的关系,缘起于苏明山同志、徐琪同志、胡志群同志、褚福德同志等一批老朋友的情分。我也是军人出身,所以,我与素昧平生的铜山制药厂厂长颜贻意的关系,就是一种君子之交,就是一种纯洁的战友情、同志情。

只是这样的情分,在今天,已经很少很少了。

4. 原料之缺

谁能够轻视从部队大熔炉里出来的坚强战士、铜山制药厂厂长颜贻意?

谁能够小看他们化腐朽为神奇的作战能力?

在那个计划供应主导、市场经济之门刚刚开启的特殊年代里,谁要是能够顺利拿到洁霉素原料,谁就能够发财。因此,原料药不仅是制药企业的血脉,也是各路掮客、倒爷的必争之物。

还是在小朴村。

黄连素针剂淘汰之后,经过必要的改造,生产线很快变成了洁霉素生产线。对于铜山制药厂来说,这也是一次浴火重生。

洁霉素原料贵如黄金,铜山厂的技术人员视如宝物。

第一次与洁霉素有了亲密接触的老员工邱克荣,为我们讲述了药厂洁霉素生产过程的克勤克俭。历历往事,生动再现:

讲述人姓名	邱克荣
讲述时间	2015 年 2 月 1 日
讲述地点	公司专家楼
目前职务	诚意药业股份有限公司监事会主席、党委副书记、工会主席

我是 1986 年 8 月入厂的。

入厂的时候,正逢洁霉素注射液产品上马。我一入厂就被安排在配料室工作。这是厂里的重要岗位。

配料是个细活,需要耐心细致。

当然,那时候的生产条件是简陋的。

一是配料时,我们将原料药放在玻璃瓶里小心操作。二是在搅拌时要十分小心,不能将原料药掉落到地上,糟蹋了可惜。等几道程序完毕了,还要注意回收再利用,节省来之不易的原料药。

洁霉素针剂生产上马之后,市场一片叫好。省内外医药公司、刚开放的私营医药经销部,每天将铜山制药厂的销售部围得水泄不通,不少人拿着成捆的现金,要求"优先供应"洁霉素针剂。

与青霉素等抗生素不同,洁霉素不需要皮试,患者注射后没有急剧的生理反应,因此在广大的县乡医院和个体诊所,洁霉素是治疗感染性疾病的神药。

马不停蹄地开动生产机器,铜山制药厂两个月需要 50 公斤的洁霉素原料药,惊人的需求又让原料药供应成为药厂的软肋。颜贻意等领导班子在欣喜中坐立不安。

苏州会议之后,铜山制药厂与苏州第四制药厂洁霉素原料药供应签订了长期合作协议。第一次提货,必须颜贻意本人亲自前往。

苏州厂十分大方,颜贻意第一次来提货,就给了他们三桶 75 公斤的原料药。一次拿到这么多的原料药,颜贻意喜上眉梢。

现在,他坐在苏州开往上海的火车上,在火车的晃荡中,慢慢入眠。

他的脑海中总是有一个声音在提示着自己:加油,冲刺!

这像是海岛洞头喜闻乐见的游乐活动——团体拔河的助威声;又像是部队战士训练时发出的鼓舞声。

这声音一定发自某一个人。

这个人的形象有时清晰,有时模糊。很难说他是谁——军医胡志群？卫生队长褚福德？或是同舟共济的某一位战友？或是家里那位在企业里做工、还要带着 3 个孩子、还要伺候年迈母亲的贤妻？

出差途中,车船之上,无论如何疲惫,颜贻意都不敢深眠。源自部队的某种警惕性和自我保护意识,总是陪伴着他,走南闯北。

到了上海火车站后,颜贻意雇了一辆人力三轮车,直奔温州的轮船码头。

好不容易买到第二天上海到温州"工农兵 18 号"四等舱船票。

颜贻意提前一个多小时,将三铁桶的原料药提到候船室,准备上船。

两位检票的师傅十分认真,他们从铁桶里拿出一点原料药,放在纸上,火柴点了起来，火苗便升起来了。

你看，这多危险！师傅说。

颜贻意说，你用木屑把身上的衣服用火点起来，也会燃烧呀，难道这也是危险品？

两位师傅说，那也是。不过就是不放行。

颜贻意着急了，拿出介绍信，还是不肯放行。无奈之中，他找到了站长室。

颜贻意把各种文件都拿出来，一再说明，这不是危险品。经理爱理不理地说，那你等等吧，等到快开船的时候，再上去。

颜贻意在心急如焚中看着一位位旅客高高兴兴地上了船。可是，什么时候自己才能上船？心里真的没底。

呜——

一声巨大的汽笛鸣叫声提示各位旅客，开往温州的"工农兵 18 号"就要启航了。颜贻意顾不得其他，扛起一大铁桶的原料药就猛地出了检票室。

可是，还有两桶，怎么办？

从检票室到轮船停泊处，有 500 多米的距离，这可如何是好？

"师傅，能帮忙扛上船吗？"

在颜贻意的苦苦哀求下，终于有两位码头工人伸出了援助之手。

颜贻意刚把后脚放进船里，"工农兵 18 号"就动身了。

躺在自己的位置上，颜贻意越想越愤愤不平：要是再迟了一步，恐怕连船也赶不上，船票又要作废，原料药又运不回去，那可如何是好？在当时的条件下，去温州仅此一条船。

没有人能够听到这位小厂厂长的愤怒诉求。

这一夜，是个满月，皎洁的月辉从天上倾卸下来，照射着破浪前进的"工农兵 18 号"。颜贻意既不敢去赏月，也不敢安眠，他每过半小时就要去探视一下那三只铁桶，担心会被某些刻薄的船员当成垃圾，抛下大海。

这也形成了之后他的"条件反射"：有重大事件需要办理，有麻烦事件需要处理，他总是要想方设法，让自己的大脑安静下来、冷静下来。

苏州四厂的供货通道建成之后，仍然无法满足铜山制药厂对洁霉素原料药的巨大需求。

从苏州回来不久，在天津有一次洁霉素原料药供需见面会。得知这样的会议讯息，颜贻意带着助手，又日夜兼程地奔赴天津参会。

最让他感兴趣的是重庆涪陵制药厂的代表也参加此次会议。

涪陵制药厂是国家另一个洁霉素原料药的生产基地。作为国家大型制药企业，拥有与黄金一样珍贵的洁霉素原料药生产资格的涪陵制药厂，成了此次会议最亮的明星，自然也是参会的各路神仙争相交结的对象。一些倒爷将洁霉素原料药走私到了香港，赚取暴利。

国有大中型企业研发出来的原料药，首先应该供应给下游中小制药企业，怎么能够供给私人，流向黑市？

颜贻意想不明白这个问题。

> **如意君**：1987年，颜贻意已经是当时国内资格最老的供销员。在药品生产领域，他已有近二十年的资历。二十年的风雨历程，足以让他无坚不摧。
>
> 到2008年中国改革开放三十年，人们在总结"温州模式"何以胜出时，总要提到温州人独有的"四千精神"——走遍千山万水，说尽千言万语，想尽千方百计，克服千难万险。这些供销员构筑了"温州模式"的高楼大厦，也为中国迈向市场经济，担当了开路先锋。
>
> 是的，谁能够轻视从中国人民解放军6415部队那个大熔炉里出来的坚强的革命战士、中国铜山制药厂厂长颜贻意——谁能够小看他们化腐朽为神奇的作战能力？
>
> 从铜山岛到温州，从温州到上海，从上海到天津，从天津再回到那个无足轻重的铜山岛，别人也许会走得郁闷、走得沉重、走得趔趔趄趄，而颜贻意和他的伙伴们，能够在大风大浪中如履平地，能够在一次又一次的漩涡中化险为夷。
>
> 他们是大海的儿子。
>
> 他们向海而生。

即使在大宾馆里开会，颜贻意仍然是吃睡无心，一心一意要向涪陵制药厂的代表表达采购原料药的诉求。

第一次来了机会，这天早上与涪陵制药厂的代表谈话不到2分钟，就被他们礼貌地赶了出来。下午再去一次，被"没有时间接待"，而拒之门外。

当晚继续上门。又被"请"了出来。

第二天上午再次上门，谈了10分钟。

就在颜贻意几乎要放弃的时候，交易会即将结束的那个下午，涪陵制药厂的代表约颜贻意去他们的房间，再谈一次。

涪陵制药厂的代表说，颜厂长，我们了解了一下，贵厂确实是一个很执着、很了不起的企业，我们愿意和你们做生意。

太感谢你们了！

与重庆涪陵制药厂建立比较稳固的生意关系之后，铜山制药厂的原料之缺，化为无形。

"第一次就给了我们 50 公斤！太给面子了。"颜贻意说。

今天,涪陵制药厂已经融入太极集团,成为中国 500 强企业之一、国家大型制药企业。同时拥有三家上市公司,彰显着这家立足中国大西南走向世界的制药企业"生产良心药""做好良心人"的不变追求。

诚心诚意——从这次接洽中得出的亲身体会,是否成了日后颜贻意办企业的灵魂与追求?

> **如意君**：那些年,为了拿到生产计划,为了企业的基本生存,颜贻意等骨干成员每年大部分时间要走南闯北。其中,又要有大半时间,需要花费在尘土飞扬的泥土路上,花费在波涛滚滚的大海上,花费在轰隆轰隆的火车车轮撞击声中。
>
> 无论接受多么艰难的任务,他总会看到曙光。
>
> 他深信:无私的事业,会有一大批无私的好人在默默支持他、帮助他、成全他。
>
> 太多太多的专家和领导对铜山制药厂的关怀和帮助,使得这个企业一次次度过难关,走到今天。
>
> 洁霉素成为铜山制药厂的拳头产品、当家产品,就是一个很好的证明。

"第一批洁霉素针剂上市之后,一盒卖出 7 毛钱,这是药厂开天辟地以来最好的价钱。"洁霉素—盐酸林可霉素是如何一举改变铜山制药厂面貌的？邱克荣还要发言——

讲述人姓名	邱克荣
讲述时间	2015 年 2 月 1 日
讲述地点	公司专家楼
受访时职务	诚意药业股份有限公司监事会主席、党委副书记、工会主席

洁霉素注射液开发成功后,给厂里带来了很大的变化。

1988 年 4 月,厂里开始推行班组和车间承包制度,这也是"浮动工资"分配制度改革的开始。张孚甫同志担任车间主任,颜孙传和宋菊兰两位同志担任副主任。他们分别带领两个班组,实行两班制,开展劳动竞赛,药厂出现了争先恐后的可喜局面。

比如,同样是 10 公斤原料药去生产洁霉素注射液,有的班组有时可以生产出 4 箱成品,而有时仅生产 3 箱。要知道,1 箱有上千元的售价,对厂里来说是一笔大收入。产量高低有技术的原因,也有责任心的原因。两个班组成员的工资差别由此而生。

1988 年 6 月发生了一件事，让我印象很深。有一次，我把膨胀系数搞错了，估计在稀释的过程中将出现误差，心里很慌不敢说，担心可能会浪费原料药，要受到处罚。

怎么办？

我马上去原料室询问后，放心了。回来自己再摸索。然后，马上取了一个样品给化验室化验。

第二天结果出来了：合格。

意想不到的结果让我万分惊讶：这一个月成品居然比另一个班组多出产两箱。尽管冒了一点风险，可是无意之中提高了效益，做了一次成功的尝试。这个月，我们班组比另一个班组每人多了 100 元的工资收入，轰动全厂。

以后，大家都按照我的经验去配药。厂里便统一了配药标准。要知道，当时的配药纯粹是手工的，是凭经验、凭感觉做事的。不像现在，一切交给仪器，不需要劳神费心。

从邱克荣的讲述中我们欣喜地看到，由于引入新药洁霉素，铜山制药厂再次走出困境，又攀登到了属于他们的事业高峰。

延伸阅读：华北制药厂

2015 年的今天，我们从公开的介绍文字里可以看到，华北制药厂已经改制为华北制药集团有限责任公司，是国内最大的制药企业。

华北制药厂是我国"第一个五年计划"期间重点建设项目，由苏联援建的 156 项重点工程中的抗生素厂、淀粉厂和由前民主德国引进的药用玻璃厂联合组成，于 1953 年 6 月开始筹建，总投资达 7588 万元，到 1958 年 6 月全部投产。

华北制药厂的建成，开创了我国大规模生产抗生素的历史，结束了青霉素、链霉素依赖进口的历史，缺医少药的局面得到显著改善。

"集一国之力创办几家大中型国有企业"，这样的发展机会，对于当时处于沿海国防前线的广大浙南、闽北地区，几乎就是无法实现的。

所以，"不等""不靠"，是广大沿海地区"后来居上"的发展动力。

第七章
砸锅卖铁建新家

本章导读 <<

第一次全省制药企业大验收勉强过关,让药厂度过了暂时的危机;找到"汞溴红",让企业与"县长工程"连接在了一起;为了下一次验收不再"看人眼色",颜贻意决定:砸锅卖铁,也要为铜山制药厂找到一个新家。

这就是铜山制药厂搬离小朴、移地建厂的初衷。

这一移地,移出了颜贻意头顶上的一片蓝天。

1. 验收组来了,汪月霞"拉票"

1981 年,国内医药行业开始进行规模空前的大整顿和大验收。这既是一次整顿,也是一次洗牌。新中国成立以来,各地大建药厂,"有条件上,没有条件也要上"。药厂建立后,又缺少一整套的规章制度来确保产品质量,这一系列问题,都希望通过这次整顿加以解决和完善。

洞头县政府招待验收组的仅是一场露天电影。正是这场电影,拉近了考评组与县政府的距离,使他们能够充分体谅海岛办工厂之不易。

1981 年 10 月,浙江省医药管理局、省工商局和省卫生厅(简称"两局一厅")组成的药厂整顿和验收组就要来海岛洞头对铜山制药厂进行验收了。这是铜山制药厂创办以来第一次面对政府部门的严格审核。药厂的当家人深知,对照考评标准,铜山制药厂能否过关,还是一个未知数。一旦不能过关,企业就拿不到来年的生产许可证和营业执照,药厂就要关闭。

出于对海岛薄弱的工业基础的扶持,浙江省"两局一厅"要来洞头的消息,引起了洞头县委、县政府的高度重视。曾焕永、沈茂斌等洞头县政府领导都很关注。

县委书记汪月霞表态，要在验收组到来时亲自出马，为铜山制药厂"拉票"。

10月29日，验收组如期到达铜山制药厂。带队的是浙江省医药工业公司的一位女经理刘淑芳同志。

经历了三年连续亏损之后，员工格外珍惜来之不易的大好局面。"硬件不够软件来补充。"铜山制药厂上下齐心，在日常管理、设备维护、质量追求上，都达到了最佳状态。

对此，验收组的专家能理解吗？

从"革命感情"的角度讲，他们对于铜山制药厂在艰难困苦的条件下，维持了这么多年感到钦佩；而对照验收的条条框框，药厂办在部队营房，硬件本身很难过关。

就在药厂干部职工十分纠结之时，县委书记汪月霞如约而至。

颜贻意舒了一口气。

10月3日下午，在验收组的座谈会上，刘淑芳经理说，欢迎洞头县委书记汪月霞来看望大家。汪月霞寒暄了几句客套话后，拿出讲话稿。谁都清楚，这位名闻遐迩的女民兵英雄亲临会场，意味着什么。

将工农兵出身的典型模范提拔到各级领导岗位，是20世纪七八十年代中国政治的一大特色做法。

只闻其名，验收组里没有一位同志见过"洞头女子民兵连"连长汪月霞。汪月霞于1973年3月担任洞头县委副书记，开始走上领导干部岗位；1978年9月担任县委书记；1984年2月离开洞头，赴温州就任市人大常委会副主任，由县领导提升为市领导。

大家对于汪月霞的出现，还是充满了期待。

汪月霞拿开准备好的讲话稿，以三个小故事开场：

——到1969年9月，台湾国民党还向洞头派出特务组织"东南救国军"12个人，从海上潜伏到了铜山岛，被我军民抓获、正法。

——到1970年，洞头海上世世代代的渔民开的船用的都是布帆。这个帆船看起来很漂亮，可是行船速度很慢，遇到风浪很危险。所以，洞头岛上发生海难事故，太普遍了。

——洞头解放了三次。几十年来，我们和解放军的关系亲如一家。解放军帮助我们修建道路、房屋、学校、工厂。饥荒的时候，甚至把战备粮都拿出来，救济灾民。对于亲人解放军，洞头人民永远报答不完他们的恩情！

讲完故事之后，县委书记终于直面现实。

"大家到洞头来一次很不容易。希望大家多多给我们提一些宝贵意见，让我们的药厂能够办下去。"

她喝了一口水，看了看大家，继续说。

"我保证，下一次大家再来验收的时候，一定不让大家为难，一定让大家痛痛快快的、干干脆脆的打分。你爱怎么打，就怎么打！"

汪月霞的一番演讲，征服了很多同志。大家感觉她的话很实在。既然是第一次整顿，那就要协助他们，把企业办好，而不是要把人家一棍子打死。

当晚，在小朴村部队操场上，洞头县委招待大家看一场电影。

出品于 1975 年，由北京电影制片厂拍摄的故事影片《海霞》，就是根据《海岛女民兵》改编而成，故事的原型就在洞头。影片拍成之后就被江青集团打入冷宫。1975 年 7 月，在邓小平的干预下才得以在全国公映。

来自省城和市里的很多同志，有的已经看过这部电影。但是对露天电影，大家还是充满好感的。尤其这部电影的故事原型就发生在洞头，因此，操场之夜，电影晚会，风味独特，值得品尝。

> 大海边　哎，
>
> 沙滩上　哎，
>
> 风吹榕树　沙沙响。
>
> 渔家姑娘　在海边嘞，
>
> 织呀织渔网……

《渔家姑娘在海边》这首主题歌唱起来的时候，观影的气氛轻松活泼。

11 月 1 日，验收组就要离开铜山制药厂了。颜贻意明白，药厂得分马上就要公布了。他和他的伙伴们急切地想知道，自己的企业在这次验收中，究竟有几斤几两。

验收总分是 700.55 分。验收组宣布铜山制药厂的得分是：451.45 分。符合基本条件，可以发放营业执照。

听到组长宣布之后，颜贻意心里提到嗓子眼儿的一块石头终于落地了。

会议结束后，验收组的刘淑芳经理等专家、领导纷纷上来与颜贻意等人握手，表示祝贺。

到年底，这次由浙江省医药管理局组织的对全省中西药工业企业进行的全面验收，关闭了全省未经批准的社队（公社和大队创办的）药厂九十余家，全省通过验收的西药厂 64 家，中药厂 18 家。（本次整顿情况数据来自《浙江省医药志》）。"文革"期间，全国各地大办药厂的局面在浙江省率先得到抑制和整顿。

多年之后，颜贻意在与当事人笑谈这次考评、验收时，坦言那是自己面临的第一次大考，如果考不及格就要滚蛋。一些知情者告诉他，"那是你们县委书记的一番话征服了验收组"；有人说是"一场露天电影让大家明白了什么叫做海防前哨"。也有人说，是颜贻意等人的艰苦奋斗精神感动了大家。

颜贻意有点急了："那时候，我颜贻意绝对没有面子。当然是民兵英雄的面子大如天。"

听者笑了。颜贻意也笑了。

2. 拆迁汞溴红设备，深夜牙出血

汞溴红在杭州民生制药厂生产了将近三十年。省里同意将汞溴红车间从杭州市区移交给洞头县，由洞头自己主导的原料药时代开启了。

"两局一厅"的验收，留下一道待解的难题：铜山制药厂要移地重建，才能顺利通过下一个四年一次的验收考评。

然而，要搬到哪里，怎么搬迁，还是一道难题。

此时，有传言说，杭州民生制药厂决定放弃汞溴红车间，而汞溴红生产当时是全国独家。不仅出口创汇，国家需要，而且对企业有利。

"汞溴红要转移出去，这样的产品只能由落后地区来承接。"权威人士告诉颜贻意。

洞头县政府从不同的渠道获知这一信息，告诉颜贻意，药厂要做好承接这个项目的前期准备工作。

在县长办公会议上，主管工业的副县长林福寿和县工业局长叶元彩等人都认为，这是一个很成熟的工业项目，对于洞头县来说简直就是天赐良机，真正的原料药落地生产时代就要开启了！

新中国成立以来，很多国有大中型企业，每隔一段时间都要进行技术改造。改造前后，一些旧设备和不太有竞争力的产品都要淘汰出去，于是，这些淘汰出来的项目、产品和设备，就成了各地争先恐后的争夺对象。中国绝大多数"乡镇企业"就是依靠这些东西，慢慢走上发展之路，于是，才有了今天民营企业和民营经济的壮大与成长。

正如前几章所述，铜山制药厂接收了很多上海的各种资源，得以健康成长。

这一次也一样。

不同的是，引进汞溴红车间是县里的意思，这一产品是"军备战略产品"，也是出口创汇产品。当时，浙江省有好几个地区在争抢此项目。最后，据说还是县委书记汪月霞亲自出马，到省里公关，才得以尘埃落定。

1982年1月，海风怒号的一个下午，从杭州浙江省医药工业公司传来佳音：确定由铜山制药厂来继续生产汞溴红，由省公司协调该项目转移到洞头县。于

是,铜山制药厂有了第一个原料药产品。

"根据汞溴红的特性,必须在小朴之外临海地区重新建造一个新的车间。"洞头县政府决定,在毗邻洞头化工厂的后垄村,择地造厂(车间)。

杭州民生制药厂的汞溴红项目是整体出让。洞头县林福寿副县长拍板成立"设备拆迁工作领导小组",由颜贻意担任组长,抽调洞头化工厂干部柳锡海以及江丕坚等技术专家配合拆建,柳担任副组长。

1982年2月,春节刚过,洞头县政府委派的11人工作小组风尘仆仆地赶往了杭州。

讲述人姓名	颜贻意
讲述时间	2015年6月21日晚上
讲述地点	苏州市某宾馆
受访时职务	诚意药业股份有限公司董事长

我和拆迁小组的同志们在民生厂的配合和支持下,夜以继日地开展各项拆卸设备工作。

庞大的机器设备,有英国人生产的主机,也有国内厂家和民生厂的师傅改造后的配件,因此,这些设备对我们来说极其珍贵。我们是连一颗螺丝钉都不敢丢弃,从一大堆脏兮兮的油污中捡拾出来,洗刷一下,放到一边去。你知道的,一旦遗失一颗螺丝钉,恐怕整个机器都无法正常运转。

一天夜晚,我疲惫地早早入睡。后来,还是被牙痛惊醒。

我到卫生间一看,原来是牙齿出血了。我拿来一个脸盆,盛上点水,放在床边,准备继续睡觉。可是,钻心的痛还是让我头晕脑涨。我只好给民生厂的师傅去电,询问这是怎么回事。民生厂的师傅很重视,他们立刻向浙江省医药工业公司主要领导、革命老干部曹坚同志汇报。曹坚同志冒着杭城初春刺骨的寒风,立刻赶到我们住的民生药厂招待所,看到我吐出来的牙血已经将近半个脸盆,曹坚同志关切地说:"小颜,你不要怕,有我在呢!"

我的紧张情绪也很快平复了。

曹坚同志立刻布置,叫来了救护车,和洞头拆迁小组的几位同志一起,把我护送到了杭州建工医院。打了针、吃了药,牙血才止住了。

我在医院休息了一天。第二天又赶到了民生厂拆迁现场。

经过三个月的拆卸、打包,汞溴红的生产设备总算是整理完毕。庞大而沉重的机器设备如何从杭州市中心运送出来,又是一个大难题。

浙江省医药工业公司的专家们建议我们从杭州通过运河送到钱塘江口,然后走水路，直接用海船运到洞头。这一方案也得到了洞头县委、县政府的大力支持。

从杭州民生厂开运的那一天，是个上午，民生厂不知从哪里调来高大的起重机，将一件件机器送到小船上。十几条河船沿着大运河，浩浩荡荡，小心前行。拐到钱塘江口后，卸货、装船，又用轮船移送到了大海之上，一路向南，送到了洞头码头。

叶元江书记率领的"装备军"早已等候在码头上。洞头县政府从洞头搬运站调来起重机，将这些机器设备一一卸下，装上汽车，轰轰隆隆地开往后垄村。

厂里的同志们早已准备好鞭炮，以我们洞头人乔迁新居的礼俗，噼里啪啦地放了一阵鞭炮，算是对杭州拆迁工作的一个感谢，也是对铜山制药厂引进第一个新产品的一个庆贺。

3. 县长工程：分还是合

汞溴红项目成为县长工程。县里希望以此引领洞头的海洋化工业走在温州地区乃至浙江各县的前列。

想起 1981 年的那一次验收，考评组的善意提醒，让颜贻意如鲠在喉：继续租用部队营房的话，硬件是很难过关的。

这次请了县委书记出面说情，那么下一次呢？难道请市委书记来说情？

颜贻意决定不再用说情的方式让企业存活下来。

洞头县政府的领导也思绪万千。

"无工不富"的执政理念，洞头县领导是有体会的。其时，主管工业的副县长林福寿十分希望汞溴红的落户，引领全县的海洋化工业走在全省前列。为此，温州医药界和化工界的人士，干脆称这一工程是"县长工程"。

1982 年 9 月 28 日，"县长工程"动工，在洞头县后垄村动工开建新车间。铜山制药厂书记、原 6415 部队优秀军医叶元江受命负责此工程。

到次年 11 月 11 日，车间建成了，通过验收可以上马了。洞头县政府以计经委（1984）42 号文件的形式维护了药厂的整体团结和长远利益，"不搞分厂，一个公章"的定义，宣布汞溴红仅是铜山制药厂的一个车间而已。

铜山制药厂不存在兵分两路了，不存在左顾右盼了。1984 年元旦刚过，"县长工程"带来的效益立马显现。一大批暂时找不到工作，试图通过各种关系到铜山制药厂上班的洞头年轻人，翘首以盼，汇聚到了药厂大门外。

颜贻意既高兴又忧虑。

如意君看到的情况是这样的：到 1983 年，铜山制药厂员工数从上年的 85 人增加到了 141 人，1984 年又增加到了 154 人，迎来了"兵强马壮"的时代。1984

年,铜山制药厂的产值第一次突破百万元大关,达 125.97 万元;利润第一次突破十万元,达 10.77 万元。

铜山制药厂这艘小船,也是第一次得以绕过险滩,看到了一马平川的前方。

4.“裤腰带”上建新家

洞头土地紧缺,一开始就紧紧制约着颜贻意“工业革命”的梦想。

年轻的浙江省医药工业公司技改处处长童建新,已经是第二次来到洞头,指导铜山制药厂谋篇布局。

第一次是他一个人单独前来;这次是与另外一位处长赵苏靖应洞头县政府的邀请,专程来洞头县后垄村查看铜山制药厂易地技改究竟该如何落下棋子。

这个后垄村,在半个世纪的时间里,一直是洞头县的造船、修船基地和理想的避风港。呈 U 字形倒扣在洞头县南塘公社(之后改为双朴乡)与洞头公社(之后改为东屏镇)之间,对面就是半屏公社(之后改为半屏乡),得天独厚的自然条件,使之成为造船、修船的良好基地。每到台风时节来临,这里又自然而然地成为上百艘渔船的避风港。一度是洞头县的一号企业——国营洞头化工厂就坐落在它的半山腰。现在,汞溴红车间已经落户于此,洞头县请来杭州的专家和领导会诊此地是否能够成为洞头医药、化工产业的“聚宝盆”,心情是诚恳而急切的。

前后来了两次现场,童建新并不看好此地。他用一个十分形象的比喻,指出了后垄发展洞头医药化工业的先天不足。童建新坦诚地告诉洞头县领导:这里就像是一个“裤腰带”,企业开办在这里,没有回旋余地,将来企业做大了,车来车往的,交通肯定很拥挤。

童建新说的是内行话。

可是,洞头县不在此地布局医药化工,又到哪里去找一个有千亩以上的“小平原”?土地紧缺,一开始就紧紧制约着颜贻意的工业革命之梦,也严重制约着洞头县加入浙江省沿海产业向纵深发展的大工业之梦。

> **如意君**:根据省市医药管理局专家的要求,建设规范化的新厂房和新车间,是颜贻意实现“工业革命”梦想的第一个回合。将药厂从小朴搬到后垄,移地技改、一步到位。只有这样,才能梦想成真。
>
> 可用地紧缺的洞头,当然无法让颜贻意挥洒自如,他只好在“裤腰带”上谋篇布局。

颜贻意管不了那么多了。

他和他的团队一致看上后垄海湾。在汞溴红车间附近再划出一片区域来安置整个铜山制药厂，这也是洞头县委、县政府的考虑。

一拍即合。

5. 年关的旅程

不断地寻找新产品，是颜贻意的本能之一。这一次，他们在年关将近时，出发到广州，为的是什么？

离 1984 年除夕仅有十来天了。针剂车间主任张孚甫的妻子为了拴住丈夫在年前不再出差，给他分配了好几项任务，让他置办年货。

一天，在颜贻意的办公室里，张孚甫无意之中说了自己在去广西南宁制药厂购买罗通定原料药时，听说广东药物研究所正在研制一种晕车（船）新产品。颜贻意立马来了兴奋劲，要张孚甫立刻联系去广州，找到广东药物研究所的人，了解详细情况。

1976 年 11 月之前，张孚甫同志是光荣的南海舰队航空兵战士，广州地区有他很多的老战友和老领导。领下看似无法完成的任务后，张孚甫立刻去打电话，找战友帮忙。

张孚甫四通八达的战友网络很给力，半天不到，就为他联系到了关键人物——广东药物研究所制剂室主任周清凯。他向颜贻意报告之后，颜贻意当即决定，在年前"飞"往广州。

此时，身为铜山制药厂支部书记的颜贻意，连即将到来的春节也不管了。

张孚甫暗自叫苦，当晚回到家后，告诉妻子明天早晨要和颜贻意一起出差到广州，他的妻子不敢责骂颜贻意，却把张孚甫从头到脚数落了半天——春节快到，要去排队买冰鱼、排队买肉、排队买糯米、排队买年糕，这一切如果没有男人出面，叫一个弱女子如何在人山人海中，置办到一家人过节所需的年货呢？

张孚甫深知妻子的委屈。

第二天天一亮，张孚甫来不及与妻子告别，就赶紧溜出门，赶到码头与颜贻意会合，一起坐船到温州。

到了温州市区后，他们的下一站，是哪里呢？

讲述人姓名	张孚甫
讲述时间	2015 年 3 月 15 日
讲述地点	公司专家楼
受访时职务	诚意药业股份有限公司监事

到了温州我们先坐汽车到金华，然后从金华坐火车去广州。当然，那时候温

州还没有机场。温州民航机场开通航班的时间是 1990 年 7 月。

从温州坐车到杭州要经过金华，这一条路线，我们都不知坐了几百次。那是冬天，还好，车门关得紧紧的。要是夏天，当时车里又没有空调，车门就要开着，温州到杭州一般要 32 个小时。下车时，你的头发是黄色的，因为头上全是灰尘。

这一次我和颜贻意要先从温州坐车到金华，再从金华坐火车去广州。到了金华，接近年关了。我和颜贻意在火车站一个小旅馆里安顿下来后，半夜我就去排队，买金华到广州的火车票。那是大冬天，排队的时候脚都冻得发麻。没有办法，我只好像一位战士一样"咚咚咚"在原地踩脚取暖。看我在踩脚，排队的人也"咚咚咚"踩了起来。火车站执勤人员披着军大衣，责令我们停止踩脚。

年关将近，金华到广州的火车票是有的，但是，座位就休想了。两人从金华坐的火车，逢站就停，开开停停，一路站过去，颠簸了两天一夜才到了广州。到广州火车站时，已是万家灯火。

我的两位好哥们和老战友在火车站上等候多时。为了给我撑面子，他们还叫来了在广州军区开车的战友，连夜用军车把我和颜贻意书记，送到了当时是三星级的广州白云宾馆。要知道，如果没有战友帮忙，广州白云宾馆，怎么能够顺利住进去？

到了宾馆，我们的房间都已经预定好，我请忙了一天的战友赶紧回家休息去，有事再麻烦他。我们到总台一问，双人房的房间，一个晚上的单价要 58 元。

"甫，太贵了，58 元一个晚上。"我知道，颜贻意铁公鸡的毛病又发作了。

"意，是有点贵。不过是战友帮忙，才让我们住进来的。你就不能住一个晚上，明天再想办法换个便宜点的？"

"不行，甫，这么贵，说不过去。"

"那好吧，我再去问问我战友，看看什么地方有便宜的。"

我只好厚着脸皮，占用了宾馆总台里的一架电话机，给刚走的战友去电。

战友真的很给力：白云宾馆里面有个专门接待国内旅客的 4 号楼，还有一个 5 人房间，空着两张床铺，可以入住。每人一个晚上仅要 5 元钱。

我高兴极了，赶紧叫战友帮忙，换到 4 号楼。

在 5 人的大通铺里，我第一次受到了颜贻意的表扬。他客啬死了，故意说一些不着边际的话，让我开心。他说，甫，你真会办事，凭你的能力完全可以当一个团长，指挥几千人去作战。

我说，得了吧，你不批评我，就谢天谢地了。

我想，2015 年的今天，已是大老板的颜贻意，如果遇到一个晚上需要 5800 元去住宿，也许他不会客啬。那时候，我们出门在外，一天补贴 8 毛钱，于公于私，谁敢浪费一分钱哪！

在药厂这么多年，我感觉我和颜贻意的运气都是很好的。几十年一路走来，都能遇到好人。

在"好人"的帮助下，我们联系到了广东药物研究所制剂室的周清凯主任。周是浙江人。通过一天的了解和谈判，与广东所草签了合作协议。

可是，要从广州回来，费尽周折也买不到火车票。春运到了。颜贻意破例同意从广州坐飞机到杭州，一张机票要95元，估计他心疼死了。到了杭州机场，又回到通铺的房间，一夜10元，我们凑合着过了一夜。

为了寻找新产品，我们风雨兼程。

找到了新产品，我们喜上眉梢。

带着满满的收获，我们回到洞头时，已是1984年农历大年廿九了。

从广州找到新产品后，颜贻意又从上海找到了另一种新产品——驱除儿童蛔虫的驱虫净。为了听取专家的意见，他们准备在杭州开一次研讨会。

1985年6月23日，星期日。与天堂杭州西湖景区"三潭印月""雷峰夕照""南屏晚钟"等相呼应的，就是柳浪闻莺宾馆。铜山制药厂第一次走出温州，准备在这里举行一次高规格的新产品鉴定会。浙江省医药管理局局长姚宁，上海医药工业研究院制剂室主任王大林等有关专家应邀出席。铜山制药厂由颜贻意带队，派出了林宝贵、郑元旭、乐全华、叶明辉等骨干力量，全力开好这次会议。

会上，专家对"搽虫净"普遍看好。其使用方法和功效是：将这种药物擦拭在脚上皮肤处，肚子里的蛔虫就会从大便中排出来。这对于深受蛔虫困扰、吃蛔虫药引起副作用的广大农村地区的孩子们，应该是一个福音。

"市场前景广阔，使用十分方便"，专家们纷纷在发言中对铜山制药厂与上海医药工业研究院的这次合作，表示祝贺。

> **如意君**：包括颜贻意在内，谁也没有想到，这么一个前景广阔的新药，在生产不到两年几乎就要偃旗息鼓。颜贻意和他的团队总结出来的教训是：市场经济的大门一旦打开，刚从计划经济过渡过来的我们还远远不能适应形势的要求，我们只是把心思花在研制和生产上，以至于这些新产品出来之后，没有进行必要的宣传和推广，仅仅靠一些药店半死不活地在那里销售，群众不知道它的好处和便捷，销路总是打不开。

1986年，温州市人民政府发文，确定铜山制药厂学名为"左旋咪唑透皮驱虫涂布剂"为温州市科技进步二等奖，这仍然没有为它的市场魅力添光加彩。到1990年年底，药厂不再生产，随后，连这个产品的文号也自动取消了。

6. "127 万元"的烦恼

离开小朴的日子越来越近。

1981 年的那一次大验收当然让铜山制药厂难以忘怀。之后,全省四年一次的制药企业验收和考评成为例行习惯。

进入 1985 年,颜贻意他们的小日子开始滋润起来了:当年六月,省市二证(药品生产合格证和药品生产许可证)发放验收的日子又到了。6 月 5 日,铜山制药厂的成绩单拿出来了:在总分为 700 分的考评中,药厂得到了 527 分。消息传出,员工欢欣鼓舞。

1984 年铜山制药厂的统计报表上报县政府后,得到了县委、县政府的表扬。"过去的一年中,洁霉素针剂从无到有,产出 39.2 万支,改写了洞头工业经济的新篇章;站在行业技术和行业革命的最前沿,铜山制药厂敢想敢闯,为赶上全国先进水平,发挥了示范作用。"

几天之后,颜贻意宣布:药厂很快就要离开土生土长的小朴村。为了统一大家意见,厂里召开职工代表大会,让大家畅所欲言,群策群力。

颜贻意不由得提心吊胆起来:"职代会"后,关于药厂搬迁的三个方面考虑汇总到了颜贻意的办公室,经过比较准确的测算,整个搬迁工程需要 127 万元。当时,企业一年的利润也不足十万元,如何撬动这 127 万元加上利息的天文数字?

加之故土难离,35% 以上源自小朴的员工都不希望离开小朴村。

"127 万元要让我们还一辈子呢。"

"不搬迁说不定不会垮台,一搬迁也许马上就要让我们失业了呢!"

"颜贻意也是小朴人,他究竟打的是什么算盘?"

搬迁就是风险,搬迁就是破釜沉舟。各种忧虑和顾虑还有风险,颜贻意的心里比谁都清楚,不狠心选址建厂,药品生产的硬件要求不达标,那就是更大的风险,无疑就是死路一条,发展不要说,连生存都是不可能的。

颜贻意十分坚决地告诉他的团队和员工,"今年不考虑搬迁,明年也要考虑搬迁。继续租用部队营房过日子,谁都别想高枕无忧。"颜贻意以最大责任与耐心,不分昼夜地做大家的工作,一个个谈心,一次又一次小组分析会,晓之以理,动之以情,最终统一了大家的意见,齐心协力为建新厂奋斗着。

省内外医药工业界,凡是了解铜山制药厂、认识颜贻意的各路专家领导,都在催着、赶着铜山制药厂"另择新居"。大家以各种方式,给颜贻意打气,也在不同的层面,促使铜山制药厂通过技术改造——对厂房和设备的一次性彻底更新换代,实现凤凰涅槃。

　　还有一个大大的诱惑，无时无刻不在吸引着颜贻意和他的团队。这个诱惑就是到后垄去建设新的针剂车间。离开小朴村，离开部队营房，天地广阔。

　　洞头县政府当然全力支持铜山制药厂易地技改，建设新的针剂车间更能引领全县工业快速洗牌。

　　于是，县里向市里打报告。市里向省里打报告。

　　1987年，浙江省计经委以（1987）199号文件的方式，回复了洞头县和铜山制

针剂灌封室

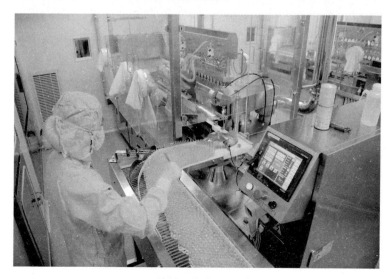

针剂无菌灌封机

药厂的请求,同意列入省技改项目。浙江省医药管理局指定规划和设计单位为铜山制药厂的技改提供规划、设计;洞头县政府协助铜山制药厂向银行申请贷款,向省里申请技改配套资金。

1988年4月,"针剂车间项目"正式破土动工。1989年国庆节前夕,针剂车间大楼土建竣工并通过验收。10月25日,综合楼土建通过验收。

"最后花了250万元,而不是当初预想的127万元。"颜贻意看着报表,有喜有忧:喜的是,高起点、高规格、符合国家药品生产规范的针剂车间已经建成,药厂再也不需低着头做人;忧的是,如此超出预算的大投入,岂是小本经营、小打小闹的铜山制药厂能够承受?

医药界的流行语:技改是找死,不技改是等死。颜贻意把忧虑深深地埋藏在自己的心底里。

就要搬迁了。

就要离开工作了26年的铜山制药厂的"革命根据地"——小朴村,颜贻意的内心,在想些什么?

旧账未还,新账又增,似一把把烈火在烧烤着颜贻意。他心里明白,必须理智对待,把控好风险的度,一失足将成千古恨。

延伸阅读:盘点这些年来,药厂的四次重大技改

如意君整理出药厂前前后后进行过四次重大技改——

第一次技改:

建设针剂车间。

1988年4月,新厂开始破土动工,1989年10月顺利竣工。

第二次技改:

"找到"利巴韦林原料药,赶走了"乘澳红";1991年,又投资285万元新建利巴韦林车间,当年投产当年实现盈利。

第三次技改:

1994年,企业研发新一代合成类高效低毒核苷类抗病毒药——阿昔洛韦,投资840万元,建造该产品的生产车间和配套设施。

第四次技改:

2005年,开始投资3000万元建设环保公共工程"三废治理中心",公司真正实现综合性改造。

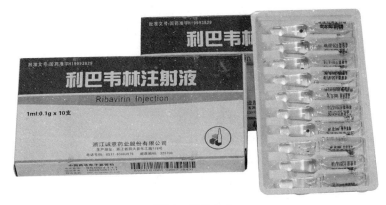

利巴韦林注射液

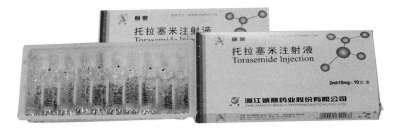

托拉塞米注射液

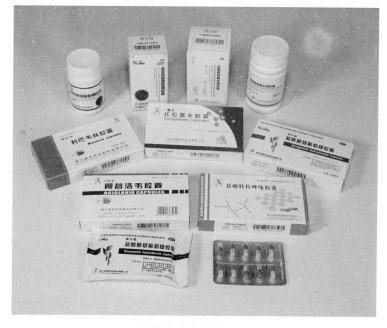

阿昔洛韦胶囊等产品

一家制药企业,当机制和体制上的改革相对稳定之后,开发新产品和进行技术创新,便是永恒的追求。

开发无止境,创新更无尽头。

所以说,技改是药企主动发起的无休无止的"折腾"。人类对于健康的奢求,决定着药厂没有"最好",只有"更好"。

而技改便是实现"更好"的最佳手段。

第八章
省长送来 500 万

本章导读 <<

颜贻意一生之中不断遇到"贵人"——这一回,遇到的贵人是周振武、柴松岳。

企业刚刚移至后垄时,一个又一个技改项目上马,资金出现严重短缺,药厂再迎生存之战。

万般无奈之中,药厂得以发行企业公债,再次跳出困境。

1. 这是低要求,也是高要求

一家药厂能够生产针剂,是低要求也是高要求。

所谓的低要求,那也是人命关天使然,而高要求当然是尽善尽美。"技改永远在路上,永远没有止境。"这是一代又一代制药人不断超越自己、超越前人的理想追求。

关于针剂,颜贻意和他的团队,有着说不完的话。

那是 1975 年的秋天,颜贻意没有等来想象中的局势变化,却等到了一份新的订单。

有了订单,他就可以埋头苦干。

有了订单,他所有的委屈、苦楚都会化为乌有。

他为制药事业而生。

讲述人姓名	颜贻意
讲述时间	2015年8月1日
讲述地点	董事长办公室
受访时职务	诚意药业股份有限公司董事长

记得那是"批林批孔"和"反击右倾翻案风"最热闹的时候,解放军6415部队刚刚撤离铜山岛不久,我受命担任药厂的主要负责人之一。

有一天,我接到温州地区医药管理局(温州于1981年实行地、市合并)一个领导的来电。领导给我们下了一道指令:温州各家医院肠道疾病的患者剧增,而医院里氯霉素针剂奇缺,铜山制药厂作为部队医院,没有"批林批孔和反击右倾翻案风"的政治任务,生产还算正常,为了缓解温州地区各医院药品紧缺,请我们厂想方设法,立即组织力量,进行氯霉素针剂的生产。我问领导需要多少量。领导说,越多越好,温州的医院要是消化不了,还可以向温州以外的地区调拨。末了,领导说,你们先搞个30万支吧。

30万支! 这可是一笔大买卖呀。

我当即答应,在电话里就向温州的领导立了军令状:保证两个星期内交货!

立了军令状,当然害苦了我自己。我总是这样逼着自己,不给自己喘息的机会。

氯霉素针剂的配方和工艺我们是了解的,但是还没有正儿八经地试制过。我立刻去洞头县邮电局打长途电话,在长途电话室,等了整整两个小时才打通外地专家胡国忠的电话,向他求援。胡国忠得知我领受的是一项光荣的政治生产任务,毫无保留地给了我们一些指导性建议和做法。

我按照专家的建议,结合自己的想法和体会,开始小试。

第一天,无论我们怎样卖力,融化的氯霉素原料就是不肯流进灌封机里,以至于玻璃瓶里要么仅有半瓶药水,要么就是空瓶子,根本不管用。

当晚,我们几个技术骨干连夜攻关。

第二天,又将机器用酒精进行清洗。为了烘干机器,我们用皮老虎来吹干机器。之后,加热;调试,失败;再调试,再失败。

到了当晚,终于将原料源源不断地送进了灌封机。

小试了一批,马上送到温州市药物检验所进行检验。药物所给我们的检验报告是:合格。

太激动了!

那时候,氯霉素针剂含量是用生物效价来测定计算的,我们根本不可能有自己的微生物检测能力,全凭一丝不苟的工作态度开展工作。如果一批产品不合格,那就要报废,损失比天还大,这对于药厂来说,是不能承受的灾难。

经过两天一夜马不停蹄的生产,我一刻也没有离开过生产岗位,吃在现场,困了,不敢多打个盹,不断地打开水龙头洗脸淋头,保持清醒的头脑,无时无刻地巡查陪伴生产配料的同伴,不敢有一丝的大意。土法上马和土洋结合,铜山制药厂终于能够生产氯霉素针剂了。

我们向市医药商业公司提供了 37 万支氯霉素注射液。既完成了上级交付的政治任务,厂里也得到了一个新产品。

到 1987 年,铜山制药厂生产的氯霉素针剂经过浙江省医药管理局的测评,获得了当年浙江省同类品种质量评比的第一名。

所以说,你问我对针剂生产有什么念想,我们是百感交集,岂是三言两语能够说尽?

所以说,后垄海湾这个新的针剂车间将建成投产,是对我在药品生产领域苦苦奋斗了 26 年的回报,26 年——人生有几个 26 年?

2. 利巴韦林的成功

一次偶然的药店之行,让颜贻意发现了利巴韦林。利巴韦林原料药一上马,药厂立刻放弃汞溴红的生产。

利巴韦林的研制,掀开了药厂的第二次技术改造的帷幕;

利巴韦林的生产,让药厂得以成功改名;

利巴韦林的出口,也让药厂从微不足道的洞头,走向世界,走上更加广阔的舞台。

1988 年 6 月的一天,上海南京路人流密集,骄阳似火。颜贻意走进了南京路最大的药店——上海市第一医药商店。出差抽时间逛药店,成了他的习惯,这也是了解医药开发和销售的一个最佳窗口。

"每到一个城市,都要去药店看看,看看什么药品价格最高,什么药品最畅销,什么药品适合我们铜山制药厂生产,这几乎就是我逛街的最大爱好。"颜贻意告诉如意君。

上海第一医药商店,是上海也是全国最繁忙的药店,品种齐、上市快、门面大,这里几乎就是中国乃至世界医药工业和药品生产的最佳窗口。颜贻意没有被眼花缭乱的药品打乱自己的思路,他明白自己要看什么。

忽然,他被一种叫作"病毒唑"的针剂所吸引。一问营业员,营业员说,这是世界上最先进的抗病毒药品,一盒 5 支,零售价 16 元。

16 元!

颜贻意在心里一震。

想想自己的铜山制药厂,黄连素注射液卖4分钱一支,成本就要3分了;穿心莲注射液卖5分钱一支,成本就要4分半了,再看看这个"病毒唑",简直就是天差地别。

他买了两盒,离开了药店。

第二天,他带着一盒药水,赶紧去请教上海专家。专家告诉他,"病毒唑"的学名叫利巴韦林,又叫做三氮唑核苷。1972年在美国研究成功并上了市,我国于1973年开始试制,1980年已经通过鉴定,1981年咱们上海的第六制药厂取得卫生部颁发的第一个批文。到目前为止,全国原料药的产量每年仅有10公斤左右,这个产品,有着极大的市场空间!

颜贻意陶醉在专家描述的美景之中,仿佛看到了利巴韦林的白色晶体,在他的面前铺出一条通往世界的银灿灿的大道。

"上海六厂,你熟悉吗?"颜贻意问。

"我不熟悉,你去问你们省医药工业公司的徐楚楚处长,他们可能熟悉。"专家说。

在浙江省医药工业公司,颜贻意找到了徐楚楚处长。徐处说,你去找上海医药工业公司的曹善祥总工程师,并且给写了一个"路条",他会帮你们的忙的。

于是,颜贻意又从杭州奔往上海。

记不得他这一生中,有多少次如此往返奔波,如此四海为家,如此日夜兼程。

历经辛苦,才找到曹工程师的家。这是一个周末的中午。颜贻意为自己贸然上门打扰曹工休息,感到十分抱歉。曹总说:"没什么,没什么。"

颜贻意拿出一盒针剂。曹总早就知道他的来意,装出惊讶的样子,问:

"利巴韦林国内仅有一个企业在小规模生产,你在那么偏僻的海岛,怎么那么快就获知这个情报?"

颜贻意只好老老实实把过程说了一遍。

曹总佩服得不得了,还决意要留颜贻意在他家里吃午饭。

周一上午,颜贻意带着曹总手写的介绍信,第一次上门去拜访上海市第六制药厂的黄志庆总工程师。

今天位于上海市普陀区真南路的上海第六制药厂,创建于1956年。2015年,已成为上海市200家大中型工业企业之一、上海市高新技术企业、国家制药的骨干企业。现有职工近一千五百名,其中技术人员占20%。

黄志庆工程师见到曹总的介绍信后,十分热情,把颜贻意带到厂长室见了厂领导。随后,又和颜贻意热情地攀谈起来。末了,他说:"你就在上海待几天吧,权当游玩游玩。我们研究一下,这个产品转让给你们,也是有可能的。"

两天后，颜贻意来到黄总的办公室，得到了一个十分开心的结果：上海六厂愿意转让利巴韦林技术给铜山制药厂，在国内破除抗病毒原料药的生产局限，这是利国利民的好事。

半个月后，黄庆祥工程师亲自率领上海六厂四个人的技术团队，风尘仆仆地来到了铜山岛，来到了小朴村，帮助铜山制药厂进行小试。

小试成功后，又进行中试。

看到利巴韦林原料药即将成为囊中之物，颜贻意听取了黄志庆等专家的意见，决定要给这个产品找到一个更"优雅"的家。

于是，又要实施第二次技改——建造新的合成药车间。

1991 年 5 月 3 日，"利巴韦林原料药扩产技改项目"适时启动。有了 1989 年第一次技改——建成针剂车间，投产后效益剧增，使得颜贻意再次决定举资投建"合成药车间"（即 201 车间）。

目标一旦看准，动作便分秒必争。

1992 年 2 月 10 日，"合成药车间"建成了，利巴韦林的"大车"生产也就在后垄的"合成药车间"继续进行。

胜利在望。那么，原先作为"县长工程"引进过来的汞溴红，又该何去何从？

颜贻意是这样说的——

讲述人姓名	颜贻意
讲述时间	2015 年 8 月 8 日下午
讲述地点	董事长办公室
受访时职务	诚意药业股份有限公司董事长

我这个人是比较恋旧的，对我们药厂作出贡献的人，我是不会忘记的。

利巴韦林即将试制成功的时候，我们就向县政府提出要求，放弃汞溴红！

县长问：放弃汞溴红，那你的税收可不能给我减下来。

我说：不但不减，还会小有增加。

县长说：你要给我立下军令状。

我说：可以。

随后，我们召开班子会议，定下了三大原则：一是汞溴红我们必须尽快放弃，但这些工人不能失散、不能失业，他们都是技术骨干，对药厂是有贡献的；二是全厂销售及利润不能下降；不但不能下降，还要增加。我们是和县长有约定的；三是我们已经找到了替代产品。利巴韦林的各项生产、销售，只能成功，必须成功，必须突破！

三大原则既定,我就在全厂员工大会上宣布,得到了全厂员工的热烈掌声。原先那些担心失业的技术骨干,有的还流泪了。

现在回想起来,1988 年那一次上海药店闲逛,还真是值得。

我们第一批利巴韦林原料药出产,价格是 8000 元一公斤,这对于我们这个小厂来说,如同找到了摇钱树。1991 年,我们的产值是 3161 万元,1992 年,我们产值就达到了 7163 万,1993 年的产值更是突破亿元,达到了 1.271 亿元,利巴韦林功勋卓著。丰厚的回报,也让药厂还清了前期技改贷款五百多万元。这就是新产品带来的效果,这就是技术改革的革命性作用。

在七八十年代,作为药厂,要找到一个新产品,那是太难、太难了。不管是仿制药也好,移植药也好,只要你看准目标,尽快下手,都会有一定的回报。那时候,新药上马是省里批准的,速度快、流程短。现在新药是国家集中审批的,全部流程走完要四五年,实在有苦难言呀。

有了利巴韦林,我们铜山制药厂才有资格改名为温州市第三制药厂;有了利巴韦林,温州市第三制药厂才有资格、有能力迎来澳大利亚、美国、欧盟等世界药品研发和生产最先进的国家与地区的审核与认证,才能够走向世界。对此,我们的认识是一致的,是有前瞻性的。

颜贻意在叙述中进行评论,又在评论中把故事讲完。留给如意君的思考是多层次的。

药厂的各种总结中,把这次技改称为"第二次技改",总投入 285 万元,技改成功后,利巴韦林原料药迅速成为药厂的主导产品,产值占了 60% 以上,利润占了 70% 以上。与武汉第二制药厂、湖北沙市第四制药厂一道成为国内三大药厂,还在全国新产品博览会上拿到金奖。

21 世纪迎来了互联网时代,颜贻意再也不去药店看行情了。"今天我们获得资讯的途径太多了。而药店里,要么是人家已经生产出来的产品,要么是处在专利保护期的药品,我们再去拾人牙慧有什么意思?但在 90 年代之前,上药店看行情,确实能够看出许多许多的名堂。"颜贻意补充介绍道。

1993 年 4 月 24 日,汞溴红远走贵州。一家叫"万山特区"的化工厂承接了它。万山盛产水银,是汞溴红的关键原料,所以落在万山较适宜。他们区长亲自带队前来洽谈承接,颜贻意毫无保留地免费提供全套设备、全套技术,还派去几个生产检验方面的专家,保证他们生产、质量、销售正常。

3. 周振武登岛

浙江省计经委出于支持海岛发展工业的考虑,同意将阿昔洛韦项目由铜山制药厂定点生产。

为了建设初步现代化的针剂生产车间，张孚甫、林子为、邱克荣三位同志付出了巨大的心血。

1990 年，铜山制药厂四喜临门：

一是元旦过后，企业主体迁往后垄海湾。当月 20 日，铜山制药厂的大脑机关开始在新厂区正式运转。

二是针剂车间经过日夜不停地调试很快就可以投入批量生产。

三是省市"两证"（药品生产许可证和药品生产合格证）验收再次进行。铜山制药厂获得了 577 分的高分，"硬件硬起来，软件不再软"。铜山制药厂一举洗刷过去要靠面子才能完成验收和考评的"耻辱"。

四是 1990 年 12 月，2 毫升的盐酸林可霉素（即洁霉素）注射液获得省优产品称号，这也是铜山制药厂历史上第一个省优产品。

铜山制药厂终于可以扬眉吐气了。

针剂车间已经投产，寻找新的可持续发展的品种，又成了颜贻意奋斗的目标。

经过上海和杭州专家的推荐，颜贻意看到阿昔洛韦这个产品十分符合铜山制药厂的生产实际。但是，最终要落户洞头，还是要经过省里立项、审批。

看到阿昔洛韦前景不错，颜贻意抓紧时间，向洞头县长叶正猛作了汇报，得到叶县长的肯定和支持。

出生于 1958 年的叶正猛，是从共青团战线上转任地方领导干部的。三十刚出头的叶正猛已经是洞头县长。年轻的县长当然知道铜山制药厂在洞头工业发展中的分量和位置，所以，他要倾注热情与心力。这也是作为一位县长的职责所在。

1994 年 8 月初，他就听到企业的汇报说，将要邀请浙江省计经委第一副主任周振武同志前来海岛洞头调研阿昔洛韦立项工作。叶正猛一再要求药厂一定要周密安排，确保周主任来洞头考察，能够看得清清楚楚，"动之以情"，让省政府大力支持我们海岛发展自己的工业经济。

定好 8 月 13 日周振武从温州坐船到洞头考察。可是，临到这一天，洞头沿海刮起了七级大风，沿海客轮一律停航。

颜贻意急了，这可如何是好？如果因为天气的原因，周主任不能亲临洞头，那就意味着这个项目将夜长梦多——铜山制药厂要得到省里的眷顾，那是比登天还难！

消息紧急反馈给了县长叶正猛。

叶正猛只好通过市政府，向温州军分区求援，要求温州军分区派出登陆艇，将滞留在温州的省里来客安全送达洞头码头。

在作了一番气象评估后,温州军分区的领导充分考虑到洞头交通的实际困难与这次省里客人来洞头考察、调研的重要性,同意派登陆艇送客。

能够登上海军登陆艇赴洞头考察,毕业于浙江大学的周振武,已经深切地感受到了洞头县和洞头人民对他的诚挚邀请。登陆艇能够确保客人安然无恙,但是,七级巨浪的颠簸,还是将周振武等人严严实实地颠晕了。周振武呕吐了几次。当将近三个小时的航行结束看到洞头码头时,周振武感悟到了:这就是海岛。这就是洞头。在这里办厂、生活,多么的不容易!

他的内心是复杂的。

早就等候在码头的洞头县长叶正猛和颜贻意等人迎上前去,紧紧握着周振武和陪同人员、省医药工业公司技改处处长童建新等同志的手。

"你们辛苦了!"

"这次周振武副主任完全可以借轮船停航而不来洞头。既然他们来了,那我们就要做好汇报工作,这样才对得起上级领导对我们的信任。"在汽车开往药厂的路上,颜贻意反复梳理着自己的汇报思路。

实地察看了针剂车间,周振武在汇报会上问颜贻意:"你们觉得阿昔洛韦这个项目有前途吗?"

"我们经过精心测算,投入产出的比例是 1 比 23。"颜贻意回答说。

"有这么高?"

"确实如此。"浙江省医药工业公司的专家也赞同这个意见。

"这样的话,省计经委倒是可以好好考虑将这个项目定点给你们厂里生产。"周振武初步表态,"这也体现出对老少边穷地区、对山区海岛的一种支持,符合省委、省政府在产业布局上的导向。"

"相关工作我们回去再作研究、部署。可以先给你们发一个文件,就这么敲定下来了。"

看来,七级大风导致轮船停航,坏事变成了好事:他让周振武等来自省城职能部门的领导,看到了海岛与大陆在发展环境上的天壤之别,他相信自己的判断将功德无量:支持铜山制药厂就是支持洞头这样落后的海岛地区,能够扛起自己的工业经济的大旗。

叶正猛释然。

颜贻意更是眉开眼笑:"周振武同志一看就是一个高级知识分子,淳朴、平和。他对洞头、对我们药厂,是诚心诚意的。"

之后,颜贻意在向县市有关部门汇报阿昔洛韦落地时,总要念叨 1994 年 8 月周振武冒着七级风浪登岛这一"新闻"。

"诚心诚意"这个说法,他再次冒了出来。

以后，他的企业定名为"诚意药业"，是否跟周振武同志的这一次海岛之行有些联系？

我们想，也许，是的。

4．温州市第三制药厂：启航

一个企业的更名，要等候将近两年之久。

有"神马"奥秘？

颜贻意说，我拿到"第三"这个牌子，就要做出"第三"的样子，并努力向"第一""第二"看齐。

洞头是太小了，在当时的地图上，比一粒芝麻还小。常常有国内外的客户要与铜山制药厂做生意，总是先找到杭州；发现错误后，再找到温州。一听说还要坐海船几个小时到洞头县，不少人心里已经发慌了。

一次次的纠结撞击着颜贻意的心：是否可以通过改名，让客户加深对药厂的认识，让生意也"水到渠成"？

1989 年 8 月 26 日，温州市医药总公司给温州市工业委员会打报告，要求将铜山制药厂改名为温州市第三制药厂。报告最后说，洞头县各有关方面都同意药厂改名，"从支持海岛经济发展，努力提高该企业的知名度考虑，我们同意该厂更改厂名，请给予审批。"

温州市工业委员会没有回复。

如意君对近六十年来温州地区（温州市）行政区域和行政机构的沿革很感兴趣，也做过很多的案头工作。所以，在此想多言几句这个"工业委员会"。

1985 年 5 月 24 日，温州市政府出台了一个"经济管理机构改革方案"。这一方案中，撤销了市委农村工作委员会、市计划委员会、市第二轻工业局、农机局、乡镇工业局、商业局等 15 个委、局，建立了市计划经济委员会、对外经济委员会、工业委员会、农业委员会、城乡建设委员会、交通委员会、商业委员会等，作为市政府管理经济工作的职能部门。显然，这个工业委员会是由第二轻工业局、乡镇工业局等撤销后组建而成的，是当时温州市工业经济的主管部门，也是很多企业的"婆家"。

此时的铜山制药厂并不知晓工业委员会是何许部门，有何权力，更不知道"大门朝哪里开"。

此时的铜山制药厂一如既往地充满锐气、踌躇满志。

但是要从海岛洞头跻身"大温州"行列，还要迈过一道道门槛。

第一道门槛是资格关。

在很多温州人的眼里,洞头仅是一个无足轻重的海岛。洞头就是洞头,洞头要挂上"温州"这样的帽子"门都没有"。洞头人主要讲的是闽南话,与温州方言相差十万八千里。从文化习惯和地方习俗看,"洞头"要挤进"温州",还需要付出各种艰苦的努力。

第二道门槛还是资格关。

铜山制药厂偏居海岛多年,小打小闹而已,自娱自乐而已,一没有过硬的技术,二缺少发展资金,三信息不灵,四缺乏科技人才,当然还可以列出一大堆的不足。如今,刚刚过了贫困线够吃饱饭,铜山制药厂如何能够沾上"温州"的光呢?

温州市医药总公司的报告算是递交上去了,迟迟没有下文。

但是,就是有人不信邪。

就是有人要为铜山制药厂——这个诞生在海岛洞头、顶着铜山岛这个光荣的名字二十三年、已经完成草创阶段的制药企业——为它撑一把遮风挡雨的伞。

"我与小颜的交往,已经有四十年了。我和颜贻意都年已花甲,但是,小颜这个称呼,我是不会改口的。"

柏守支用这样的开头,平静地叙述着温州医药化学工业的一段光荣岁月。那些没有硝烟的场景,从他的脑海中"鱼贯而出",在如意君面前,具体而生动起来——

讲述人姓名	柏守支
讲述时间	2015 年 6 月 30 日晚上
讲述地点	温州市区某宾馆
工作单位及职务	原温州市医药管理局副局长、市化工局局长
受访时状况	退休

1969 年,我从杭州大学化学系毕业。

1972 年,经过三年在长兴农场(实际上是劳改农场)参加"知识分子改造"之后,我就跟随着我的大学女同学分配到了温州制药厂(后来改名为温州第一制药厂)。这位大学同学后来成了我的妻子。

我在温州制药厂待了十四年。有过三年长兴农场的艰苦改造,使我在温州制药厂觉得什么岗位都很轻松,什么样的苦我都能吃。"苦其心志,劳其筋骨",方能锻炼人,我觉得这话很有道理。所以,我这一生最佩服的人,就是特别能吃苦、特别能创业的人。颜贻意就是这样的人。

后来我被提拔到领导岗位,来到了温州市医药管理局,待了六年。前后二十多年的实践,对温州医药行业和化工行业的发展,我是有发言权的。

柏守支

1985 年秋天，我第一次到洞头，去铜山制药厂看看。看了之后，对他们的硬件是不满意的。

第二年，我在市医药管理局担任副职，参加了对他们的验收考评，看了之后，有很大的改观和进步。开始满意了。

1989 年，铜山制药厂提出要改名为温州市第三制药厂，我本人是支持的。

当时，温州有一家制药企业，实力与铜山制药厂差不多。但是，这个厂的班子、书记和厂长是不团结的；这个厂务虚的多，务实的少，不像颜贻意他们，实实在在。

铜山制药厂要改名，前前后后要两年时间，是因为市里很多人都不同意他们改名，不看好他们。温州市医药总公司的报告呈送到省里，省里有些人也是不答应的。

1989 年前后，温州市的药厂有十来家。二十多年过去了，市里对这个行业的发展，政策支持的力度是欠缺的。当时，省里的仙居、遂昌等地的药厂，规模很小，如今他们都已经做得很大，我们失去了很好的机会，确实可惜。有一次，原衢州化工厂厂长、温州市市长刘奇同志碰到我，拍着我的肩膀对我说，老柏呀，我在温州当市长的时候，对你们帮助不大，对不起呦。我哈哈大笑。这时候，刘奇同志已在浙江宁波担任市委书记了。

所以，现在看来，当时我们支持铜山制药厂改名为温州市第三制药厂，是明智之举，是扶持了一家企业做大做强。改名为温州市第三制药厂，颜贻意他们也是有压力的。你是"第三",就要有"第三"的样子。就不能落后他人。

我想,当初他们如果没有改名,有可能也会像温州其他药厂那样,越做越小,最后消失了。

他们是,紧紧抓住了一个机遇。

我们是,及时送出了一个机遇。

历史,就是这样由偶然和必然构成的。

化工及医药专家柏守支同志的讲述,还原了一段看似平和、却惊心动魄的真相。一个企业在发展过程中有时候仅仅是遭遇一次"意外",就可能迎来截然不同的命运:或者生存壮大;或者魂归西天。对于中国企业来说,"政策的推力"是永远存在的。

话说铜山制药厂的报告送到了市局,市局开会研究。研究了两次,合在一起大约有一天一夜,最后勉强统一了思想。

温州市工业经济委员会没有下文,温州市医药管理局又指示温州医药总公司直接向浙江省医药管理局呈送报告,要求更名。

将近两年之后,浙江省医药管理局、浙江省卫生厅于 1991 年 7 月 16 日联合发文,批准铜山制药厂更名为温州市第三制药厂。省里发了文,温州地区所有关于铜山制药厂的种种非议与疑惑,也都化为一缕青烟,飘到了九霄云外。

其时,坐在温州制药工业第一把交椅的温州制药厂顺风顺水。坐在温州制药工业第二把交椅的温州第二制药厂奋力当先。铜山制药厂坐在第三把交椅之上,能够轻松自如吗?

一周之后,洞头县工商行政管理局收到了一份报告。报告是铜山制药厂要求改名为"温州市第三制药厂"的申请。按照程序,企业改名,还要向企业注册所在地的工商行政部门申请,以完成最后一道程序。

铜山制药厂在报告中说,铜山制药厂历经 1988 年省市县批准进行移地技术改造,于 1990 年完工,针剂车间及厂部从双朴乡小朴村搬迁到了洞头乡后垄村,仅在小朴留一个生产车间。

由于新产品不断开发,企业的产值、销售、利润和上缴税利直线上升。1991 年年度预计产值可以超过 2000 万元,销售额可以实现 1400 万元,税利可达 130 万元。

根据省厅和省局文件指示精神,铜山制药厂申请变更企业名称和企业地址。

这是铜山制药厂最后一次用"铜山制药厂"这个名字向行政机关打报告。也是铜山制药厂最后一次使用"铜山制药厂"这个公章行文。从 1966 年的"第一次",到 1991 年的"最后一次",如意君写到此,禁不住赋出一首打油诗,以请教于大方之家:

> 潮涨潮落千万回，
> 为伊消得人憔悴。
> 不到长城非好汉，
> 到了长城仍不悔！

铜山制药厂拿到省里文件是 7 月 20 日上午。颜贻意告诉如意君，那一天，他摩挲着这份文件，用手轻轻地、一遍遍地抚摸着那些熟悉而又亲切的文字。心中升腾起了一些想法，便在自己的工作笔记上写了一段话：

> 今天起，我的担子更加沉重；
> 今天起，我的使命更加神圣。

为了纪念办厂 25 周年，迎接新厂名的正式启用，温州市第三制药厂决定举办一次隆重的"欢迎酒会、业务洽谈会、建厂 25 周年庆典大会"，三会并成一会，欲将海岛洞头庆祝国庆的气氛推向高潮。

1991 年 10 月 1 日。温州市第三制药厂的"三会"如期举行。洞头县长叶正猛放弃休假率领副县长金余道、邵银生及洞头县机关事业单位代表几十人前来贺喜；浙江省医药管理局生产计划处处长潘金炎前来指导；温州市医药管理局副局长柏守支、王靖通前来指导；温州市第三制药厂业务往来单位的代表前来捧场、洽谈。高朋满座，流光溢彩。大家为温州市第三制药厂的起航举杯，为温州市第三制药厂的起航加油！

5. 发行公债

洞头副县长金余道说，银行要给企业贷款需要上级行层层审批，我们也说不动你们这些财神爷。我们县里的职能部门，总要给企业一条生路吧，总要让他们有路可走吧？

从铜山制药厂跨向温州市第三制药厂，企业的扩张是急速的。各方面的扩张归根结底都需要流动资金。向银行贷款是最佳途径，但银行的门也是难进的，需要抵押，还需要上级行审批。温州市第三制药厂刚刚开张，企业能够用来抵押的优质资产还是不多的，银行还是势利的，有些看不上眼。

怎么办？

还是要一个关口一个关口过。

1990 年 3 月 10 日，还在铜山制药厂阶段，药厂就向农业银行洞头县支行信贷股打报告，申请贷款 10 万元人民币。

县农行很快就给予批准。

拿到 10 万元贷款，首先便把针剂车间土建工程中欠下的费用给支付完毕。

4 月 20 日，铜山制药厂又向县政府打报告，要求解决技改资金短缺的困难。这一次的技改是药厂要上氟哌酸项目，还要解决洞头县经常断电，药厂要为自己组建一个自备发电房这一难题。两大项目加在一起，需要技改资金 29 万元。

县政府责成洞头县财政局给予了及时的解决。

1991 年 3 月 23 日，铜山制药厂向县政府打报告，把自己的底向县政府彻底透露：1990 年年产值 1299 万元，销售额 815 万元。目前厂里的实有流动资金 380 万元，根据产能需求，实际缺口资金为 250 万元，要求县政府协调沟通银行，帮助解决企业的资金短缺。

6 月 13 日，铜山制药厂向洞头县计经委打报告，要求将 5 月 3 日开工投建的合成药利巴韦林车间技改资金调整为 110 万元。其中，缺口资金为 45 万元，温州市农业银行同意给予贷款支持。这个合成药车间主要生产利巴韦林原料药，在 1992 年投产，到 1993 年 7 月 5 日通过竣工验收。

一份份报告递上去，也仅仅只能解决企业资金短缺的燃眉之急：国家刚从计划经济走出来，企业需要生产资金，只能向银行贷款。而银行的资金还严格地处在计划供应阶段，这就造成了优质企业和有潜力的企业常常"吃了上顿没有下顿"。"融资难"自始至终都是制约企业发展的老大难问题。

从铜山制药厂演变为温州市第三制药厂，项目一个个上马，车间一个个开发，生产线分分秒秒在运转。颜贻意和他的团队张开胸怀，正在如饥似渴地拥抱着一个个他们的"心爱的人儿"——这些元素叠加在一起，最终都需要资金作为润滑油使之加速运转、快马加鞭。

钱，钱，眼下最需要的是钱！

药厂的烦恼，无奈中也就变成了洞头县政府领导的烦恼——银行不能为企业的扩大再生产提供"润滑油"，那么，有没有其他可能——比如，企业自己想办法去融资，或者企业自己发行短期债券融资？

同样年轻、思想开放、锐意改革的洞头副县长金余道在县职能部门负责人的一次会议上提出询问，发出呼吁。

台下没有人敢作出回应。

"颜厂长，你们自己开动脑筋去干吧。"金余道拍着桌子告诉颜贻意说，"打报告吧！还是打报告给温州市人民银行，我把你的报告递上去。你们就大胆地申请发行企业短期债券。试试看吧！"

有了副县长的指示，颜贻意有了方向，便开始操作债券发行的前期工作。

金余道是一位说话算数、办事能力很强的领导干部。他的话很快就得到兑现。

5月20日，中国人民银行温州分行给药厂发来红头文件，"同意药厂向社会公开发行企业短期融资债券壹百万元，用于解决流动资金需要"。人民银行规定："本期债券面额为500元，限期一年，债券年债息率9.2％，到期一次还本付息。债券由温州国际信托投资公司代理包销发行，由温州国际信托投资公司和温州制药厂两家共同担保，并以铜山制药厂的固定资产作抵押。债券发行前，你们需要向社会公布财产情况和经营情况。发行时间为5月20日至6月20日"。

发行企业短期债券一事终于尘埃落定。

6. 省长送来500万

没有迹象表明，进入1993年之后，企业的融资难问题有所缓解。

利巴韦林项目正在加紧进入温州第三制药厂的生产程序之中。

1993年6月底的一天，洞头县府办打来电话说，省里将有一位重要领导要来洞头调研，县里安排他去第三制药厂视察，请你们做好各项准备工作。

准备工作？

那就再来一次大扫除，把里里外外再认真地清扫一遍；再梳理一下向领导的汇报内容，仅此而已。

离这位大领导来厂里视察的前一天，县府办来电，说明天上午10点准时到达药厂。

那我们要准备一些什么？

颜贻意有些紧张，这是药厂有史以来要接待的最高级别的政府官员，能够马虎大意吗？

那就在会议室的桌子上摆一些水果、瓜子和茶点吧。

县府办说："好。"

到了下午下班之前，县府办又来电，说省领导不来了。

颜贻意问："是本次洞头视察不来药厂，还是领导今天不来洞头了？"回答说："这次不去你厂视察。"

颜贻意不禁有些丧气。他便要求厂办发出通知：各位中层干部下午五点半到会议室开会。

中层干部气喘吁吁地赶到会议室，看到桌子上摆满水果、茶点，没有人不大惊失色——颜厂长到底想干什么？

"今天开会的任务只有一个，就是把桌子上的东西消灭掉！"

"啊——"

没有人不发出惊叹。

"大家尽管吃",这可是颜贻意少有的大方、少有的大方呀。

等到吃得差不多了,颜贻意才亮出底牌:"本来今天下午省里有一位大领导要来我厂视察,现在县里同志说他不来了。这些水果总要把它吃了,是不是?"

原来如此。创业,搬迁,节俭成风,所以厂里上下都不愿意浪费企业点滴资源。

90 年代的颜贻意

6 月 30 日上午 8 点不到,颜贻意正准备往温州出差,副县长金余道打他的手机,说:"颜厂长,你怎么不在办公室?"

"我要出差去温州呀。"

"你说什么? 柴松岳常务副省长 9 点到你们厂里视察,你赶紧回厂。"

"你们不是说他不来我厂了?"

"对不起,对不起,是我们没有衔接好。"

"那好吧。金县长,我马上回去布置接待工作,保证不出差错。"

颜贻意心急火燎地赶回了厂里。又花了钱,重新买好水果、茶点。要知道,此时的第三制药厂,可是连 100 元的接待经费都没有列支的呀。

在温州市政府副秘书长孙成堪、洞头县常务副县长金余道的陪同下,浙江省常务副省长柴松岳带着调研浙江工业经济发展阻力的命题,来到了海岛洞头,来到了温州市第三制药厂。

柴松岳主动提出要到车间去看看,要了解三药的"第一手资料"。

颜贻意带着省领导来到了合成药车间。柴松岳一边看,一边摸,一边问。问得很仔细。

柴松岳常务副省长参观厂区

会议室里,第二次摆出水果、茶点。柴松岳认真地听取颜贻意的工作汇报。汇报结束后,进入座谈阶段。柴松岳问:

"听说三氮唑核苷这个项目全省就你们独家在生产?"

"到目前还是。"颜贻意回答说。

"这个项目能出多大的效益?"

"报告省长,"大家都笑了,显然对这个"报告"有些吃惊。颜贻意接着回答:"我们投入一块钱,可以产生 23 块钱的效益。"

"有这么大的回报?"

"是的。"

经过一番仔细查看和询问之后的浙江省常务副省长柴松岳,也许受到了某种触动、某种激发,连忙问:

"那你们目前还有什么困难? 你说说,最主要的困难。"

"我就说一个困难,缺钱呀。"颜贻意大胆地说,"没有流动资金,无法投入,也就不能产出市场紧缺的产品了。"

"缺多少?"

"500 万。"颜贻意脱口而出。

"就 500 万?"柴松岳问。会议室里的气氛顿时凝固了。仅听到省领导与一个企业经营者的你来我往、一问一答。

"是的。"颜贻意肯定地说。

"我给你!"柴松岳说,"我回去后,协调浙江省农业银行给你们解决 500 万元的流动资金贷款。市里嘛、县里嘛,你们也要有钱出钱、有力出力,好好支持第三制药厂。"

顿时,会议室内以热烈的掌声,回应柴松岳副省长的雪中送炭。

几天后,根据省政府办公厅的指示,颜贻意随同金余道副县长一起到杭州,跟踪、办结省长的承诺。

在柴松岳办公室,柴松岳在金余道代表县政府送上来的报告上签了字,说:"你们那个厂长挺灵光的,县里要多支持他!"

此时,颜贻意就站在柴松岳的身边。日理万机的副省长,已经认不出颜贻意就是他正在表扬的这位厂长了。

"在我们的创业旅程中,省政府的直接关怀,怎能忘却?"颜贻意告诉如意君。

浙江省农业银行根据省政府领导的指示,给予了温州市第三制药厂 500 万元五年期低息贷款,用于支持三药的利巴韦林(又名:三氮唑核苷)原料药项目生产。

柴松岳的承诺落地生根了。

"常务副省长柴松岳到洞头送钱 500 万。"一时间在温州企业界传为美谈。

第九章
走出国门并不难

本章导读 <<

> 颜贻意和他的团队,在国内同行暗战正酣之时,率先发起"药品进入国外市场资格认证",先后攻下澳大利亚、欧盟和美国的各种审计,将利巴韦林及产业链打入国际市场,造就了队伍、开阔了眼界、提升了效益、扩大了品牌的影响力。
>
> "走出国门并不难",处在偏僻海岛的颜贻意,给出了他的回答。

1. 为什么就不能离开洞头?

颜贻意第一次准备有计划地将药厂搬出洞头。

1992 年 3 月 16 日,国务院正式批准设立国家级"温州经济技术开发区"。温州市委任命孙成堪为管委会主任。孙成堪对前来采访的新闻记者说:"我们温州人盼了 8 年,才盼到这个国家级开发区的设立!"

孙成堪没有算错。

从 1984 年 12 月 6 日,温州开始组建班子筹划经济技术开发区到国务院最后批复,整整 8 年。从那一天起,温州又多了一个行政区——龙湾区。

在国务院批复中,将龙湾区所辖的 5 平方公里划了出来,作为经济技术开发区的大本营。开发区的地盘不大,也就温州一个中等以下乡镇的规模。什么也没有,仅有一些看起来十分不错的政策。

这些政策对成长型企业来说,吸引力还是巨大的。开发区设立后,招商引资工作迅速启动。有人向温州三药伸出了橄榄枝。

三药是精明的,不置可否。

可是,随着利巴韦林(三氮唑核苷)项目的上马,三药"螺蛳壳里做道场"的窘境日益显现。

5月1日,三药向洞头县政府打了一份报告,提出将药厂前面的后垄海湾进行填海,造出一块新地,以增加企业的回旋余地。

报告说,浙江省计经委已经落实阿昔洛韦项目技改一期资金200万元,这笔资金已经到位。根据一期项目用地匡算,我们还需要增加用地指标2万平方米,这2万平方米从哪里来? 只能从海里来。然而,后垄海湾自古以来就是避风港,我们一家企业如何去围海造地,如何去协调避风港船只的去向? 这一系列问题,恳请县政府从本县工业经济发展的大局出发,加紧协调,尽快出手,让三药发展和避风港船只两大问题都能够受善解决。

为写作本书,如意君花了一个月的时间,翻阅50年来涉及药厂的各种文件,对这份报告比较留意:从这份报告起,三药开始有了大家风范,有了大局意识;开始能够站在洞头县全局利益的角度而不单单是企业自身的立场考虑问题。

县委书记包哲东、县长叶正猛当然会看到这份报告。然而,围海造地,要上报到国家海洋局、国家土地管理局批准,县政府有这个权限吗?

县里当然无法立即表态。

7月4日上午,三药林明义、张向荣、林宝贵、叶一芳、沈爱兰一行5人来到了设区仅3个月的温州经济技术开发区考察投资环境和办厂环境,受到了开发区管委会负责同志的热情接待。考察组在2天的时间里,详细周到地查看了开发区的方方面面,回到药厂后,考察组写出了一份十分详尽的调研报告,向厂领导班子汇报考察收获与体会。

有了这份调研报告,三药向县里"摊牌"的底气便十足了。8月1日,三药送出了一发极具攻击力的"炮弹"——把这份报告称为"炮弹",是因为它已经没有了上一回的温文尔雅。"摆事实,讲道理",三药将开发区的优惠政策与在洞头办厂几十年来苦苦煎熬的心路历程和盘托出:

——1991年第四季度,在利巴韦林项目即将落地时,我们就去温州市瓯海区悄悄地考察了一次。希望在瓯海办一个分厂,作为药厂在市区的窗口。终因政策不够配套和明朗而作罢。

——阿昔洛韦技改项目总投资要840万元,如果落户在开发区,便可享受"二免三减半"政策。五年生产中,企业即可减轻税收1000万元。

——宁隔千山,不隔一水。同样一个产品,从进货到出厂,我们要比大陆多付出10%以上的物流费用。如果在开发区办一个车间,这笔开支也将大大减少。

——我们已经派员去经济技术开发区考察办厂环境,也已初步选定新的厂址。我们建议,在开发区设立一个车间,将税收分成两块,分别在洞头县和温州市缴纳，这样，就可以实现"一个车间，三方受益"的好处。

为此，我们郑重提出，将阿昔洛韦项目落户在温州经济技术开发区。

县委书记和县长几乎是同时看到了这份报告，几乎是异口同声地提出：不同意，不批准！

县委书记包哲东指示县长叶正猛亲自给颜贻意打电话，要求企业不要冲动，要顾全大局。随后，在县委常委会上专题研究了三药遇到的困难，决定加快后垄海湾围海造地工程的报批，推进工程前期工作尽快启动。

心太软。

药厂大多数人都是土生土长的洞头人。他们的血管中流淌着洞头的海水。即使经济技术开发区有一百个好处，真要他们狠下心来搬离洞头，他们"能持否"？

在领导班子会议上，颜贻意给大家鼓劲："我们相信县委、县政府，相信大家齐心协力，用地困难一定会得到圆满解决！"

到年底，由洞头县政府主导的围海造地工程很快就上马了。次年4月，围海工程结束，阿昔洛韦车间开始在新地上打桩。一直到1997年1月22日，这一牵涉面广、建设时间长、洞头有史以来最大的一个工业投资项目得以建成投产。

再回到温州经济技术开发区。

话说开发区批复后，身兼温州经济技术开发区管委会主任的市领导孙成堪陪同常务副省长柴松岳，来到了第三制药厂视察。这是他与颜贻意的第一次接触。

颜贻意悄悄地告诉他，去年我们就去你那个开发区考察过。孙成堪说，我当然知道。临别时，孙成堪留下一句话，只要是我在那担任管委会主任，随时欢迎你们到开发区办分厂。

颜贻意说，感谢市领导的关心与爱护，"万分感谢！"颜贻意一谢再谢。

2. 先灵葆雅的见面礼：100万美金

国外公司认定要和你做生意，他会想方设法帮助你，大家一起发达，这样的"友好协作"关系，国内企业之间"有木有"？

1996年1月，美国先灵葆雅公司的代表一行数人来到铜山岛，这次商务考察，居然改写了温州市第三制药厂的发展史。

大洋彼岸的美国先灵葆雅公司需要利巴韦林原料药，这一信息反映到了先灵公司在上海的代表——原上海第六制药厂退休的总工黄志庆案头。老黄说，浙江有一家企业生产利巴韦林原料药，我熟悉的。于是，老黄就带着他们几个，登上了铜山岛。

这一次考察基本上奠定了先灵葆雅与温州三药的生意关系。先灵葆雅第一次与三药洽谈合作,到底送来了什么"见面礼"? 吕志东的讲述比较清楚。

讲述人姓名	吕志东
讲述时间	2015 年 3 月 8 日
讲述地点	公司专家楼
当时职务	QA(质量控制部)经理
受访时职务	诚意药业股份有限公司总经理助理、质量控制部经理

我们与先灵葆雅接触的时候,他们提出我们的产品要打入国外市场,必须遵循国外药品准入的各种规章制度。这些制度总括起来,就是要通过国外的"认证"。

他们建议我们从容易的认证入手,可以先做澳大利亚的认证。澳大利亚的认证通过后,再去通过美国 FDA 的认证,这样,由易到难,才能过关。

我们问,那要怎么通过澳大利亚的认证呢?

"好,我们来教你",先灵葆雅的代表黄志庆等先生说,"我们提供政策、协助你们解决软件上的问题。这样吧,我们先预付一笔美金——听说好像是一百万,是美金。让你们将生产利巴韦林的 201 车间的硬件好好改造一下。"

这就是先灵葆雅给我们的"见面礼"。

双方协议签订后不久,药厂就收到这笔 100 万美元的定金。收到巨款,药厂的财务十分兴奋:"莫非这就是国际游戏规则?"

有意思的是,美国人在他们的协议书上还是留了一手:如果温州这家供应商的法人代表不是颜贻意,而是其他人,合作协议自动中断,另行商定合作办法。

这样的"附加条件",在国内医药界中,恐怕也是绝无仅有的个案。

如意君:"我们只认准颜贻意"。这句话给人的想象空间是巨大的:出于对药厂老板人格的认可,国外的公司一旦与你确立合作关系之后,不会像国内的企业那样,随意变换合作对象。"换客户就像换衣裳",这是很多中国老板的惯性思维。

这句话给人的回味也是巨大的:颜贻意一定在某些方面征服了先灵葆雅公司,以至于这家公司做出了让中国人难以理解的道德认同。"药品就是人品",对此持认同意见的人,越来越多。

3. 拿下澳大利亚"认证"

温州市第三制药厂在浙江乃至全国同行中,都算是比较早地开展国外药品准入资格认证的，因此，当一些同行领悟到认证的重要性时，三药已经拿到"通行证"，大摇大摆，走出国门了。

先灵葆雅的建议及预付的"技改资金"，为温州市第三制药厂走向世界指明了一条道路。颜贻意率领他的团队，决心奋力一搏，坚决拿下利巴韦林原料药的澳大利亚"通行证"。

年轻的张志宏至今保留着在 201 车间的种种回忆——"穿着白衬衫躺在地上不会脏"，这段美好的回忆注定要封存在他的记忆中——

张志宏

讲述人姓名	张志宏
讲述时间	2015 年 3 月 8 日
讲述地点	公司专家楼
当时职务	201 车间主任
受访时职务	诚意药业股份有限公司副总经理

我是 1998 年 7 月 1 日,从国营洞头化工厂调到诚意药业股份有限公司的。当时的洞头化工厂已经岌岌可危。我是党员,这个日子记得很清楚。

我到药厂的第一个岗位是在 201 车间利巴韦林生产线上,足足干了 3 年,就是一个普通的工人。

大学里,我学的是化学,因此,到化工厂是正常发挥;可到药厂,虽说也是接触化学,但变化太大了:一是第三制药厂的管理更加严谨,不像化工厂,规章制度仅仅写在纸上,执行起来是有弹性的,而药厂在规章制度面前,是没有商量余地的。二是药厂的视野更加开阔,能够学到的东西太多太多。

记得刚到 201 车间,有一次在生产中,碰到利巴韦林的熔点太高,生产出来的结晶状不一样,车间上上下下在颜贻意厂长的亲自指挥下,足足花了一整天,才摸索出办法。药厂领导总是率先垂范、身体力行,给我留下了很好的印象。

201 车间还给了我另外一个深刻的印象:我在车间里,穿着雪白的衣服,躺在地上,也是一尘不染,如果是在家里躺在地板上,恐怕白衣服也会脏了。201 车间不会脏。每完成一道工序,我们就要依照规章制度,把生产器具包括地板等等清洗一遍。这就是国际上关于药厂生产环境所必须遵守的通行法则。

有了这样的法则,我们完成认证、迎接国外客户的审计和大检查,也就轻轻松松了。

1996 年 1 月,是美国先灵葆雅公司首次来我厂实地考察的日子。这是我厂第一次迎接来自国外的大客户,说实在的,我们不太清楚老外来考察会留意一些什么,会忌讳一些什么。于是,就按照一般通行的办法,对厂里各种硬件和软件,都来了一次大改观、大完善、大落实。

26 日,美国先灵葆雅公司的代表一行 3 人如期到达我厂。在厂里前后审计了 3 天,终于达成了利巴韦林长期供求关系。消息传出,我们都以为可以庆功了。然而,先灵葆雅公司的代表仍然留下一大堆的作业,要我们继续完成:硬件还要继续改造;软件管理上还要进一步完善;申请资料的编写还要符合他们的要求;面对国外认证方面的培训还要进行。这一系列工作都需要我们废寝忘食地加以落实。

有了接待美国先灵葆雅公司考察的经验,完成澳大利亚 GMP(澳大利亚食品药品监督局的国家认证)的认证,我们就不会手忙脚乱了。

我们请来了南京、上海、杭州等研究所的专家、学者对全厂干部员工进行了认证方面的培训。对于这样的培训,我与其他同事一样,如饥似渴、分秒必争地认真学习。

后来才知道,美国先灵葆雅公司仅是公司行为,澳大利亚的认证才是像"剥了大家一层皮"一样。澳大利亚对药物的生产和管理被认为是世界上最严格的国家之一。如果获得他们的认证,就能够同时获得英国、法国、荷兰、奥地利、新加坡、意大利、希腊、冰岛等欧洲和亚洲二十多个国家与地区的认可，就可以将我们的药品打入这些国家或地区。所以说，获得这样的认证，对我们来说，意义非同一般。

厂领导的指示是：毫不留情、分毫不差地达到澳大利亚的规范；并且在准备过程中，要略略超过澳大利亚的要求，要比他们的规定高出一筹，这样我们才能赢取主动。

这样的指示当然是"害苦"了无数兄弟。

我清楚地记得，那一天，我们将车间楼梯的扶手按照要求进行了油漆，可是，却留下一点点毛糙。厂里的检查组发现后提出整改意见：重新返工。后来是，十多位兄弟姐妹每人承包 10 米，用砂布将油漆刷干净、磨平、再油漆。干了一天下来，大家的手上都起了血泡。

这仅仅是大半年中迎接澳大利亚国家认证忙碌中的一个缩影。像这样的"新闻"，每天都在发生。

实际上，通过澳大利亚认证的魔鬼训练，也成全了我们。不是说药厂的同志们是一支铁军吗？在铁的纪律面前，我们总是无往而不胜。

1998 年 12 月 8 日到 9 日，获得先灵公司的"技改资金"对 201 车间进行改造之后的颜贻意，踌躇满志地迎来了澳大利亚国家食品药品监督局官员凯瑟琳，以及由凯瑟琳邀请的美国两位监督员西蒙和约翰，来药厂进行为期两天的审计（等同于前文所说的"认证"）。

有意思的是，苦于洞头县没有一家星级酒店，3 位老外在第一天完成审计之后，无论如何要回到温州市区的酒店去居住，不愿待在洞头。这点深深刺痛了洞头官员的自尊心，促使他们无论如何也要加快洞头与温州的连接，加快海岛基础设施建设的步伐，不能使洞头人总是屈居"岛民"的位置。

老外走了。对于这次审计的结果没有留下只言片语。这也让颜贻意的团队有点忐忑不安。

一直到 60 天之后的 1999 年 2 月 15 日，澳大利亚国家食品药品监督局才寄来一份正式公函，函告中国温州市第三制药厂：

热烈祝贺贵公司。你们的生产条件、生产设施、管理制度等经过我们的审计之后，符合澳大利亚国家食品药品监督局的要求，从今天起，贵公司利巴韦林原料药可以进入澳大利亚以及协约国。有效期为三年。

澳大利亚的这次审计究竟给药厂带来怎样的效应，请听吕志东的"补充发言"——

吕志东

讲述人姓名	吕志东
讲述时间	2015 年 3 月 8 日

澳大利亚(TGA)认证通过以后,我们厂的利巴韦林也就大步地走出国门,你知道,出口的利巴韦林带来的利润还是很高的。与此同时,与利巴韦林相配套的一些产品也走出了国门。因此,公司的效益就大大提升。可喜的是,公司一度还迈入全国药企百强行列。这是一个方面。

另外一方面,澳大利亚认证通过后,利巴韦林也可以进入先灵葆雅公司了。先灵葆雅公司就可协助药厂着手做美国 FDA 的认证。这样,从易到难,我们厂便可以实现借梯登高,分两次爬山,最后攻下堡垒这样的愿望,美国 FDA 认证也就排上了领导的议事日程。

这里的有效期三年,也就是每隔三年,再派员到药厂进行实地复查一次。

"再来折腾你一次"，药厂的很多人暗暗叫苦。

而洞头县领导早已按捺不住内心的喜悦。

3月2日，洞头县委、县政府在宾馆召开庆功大会，隆重表彰温州市第三制药厂通过澳大利亚的认证。县委常委、常务副县长林东勇，副县长苏彩环两位领导出席大会。这是海岛洞头历史上第一次获得高规格的国外国家级认证，也预示着洞头医药化工产品将正式走向世界。

第二天，3月3日，温州市第三制药厂再迎一喜：时任浙江省委书记张德江在温州市市长钱兴中、洞头县委书记冯志礼的陪同下，来到了这家刚刚为洞头县赢得荣誉的企业，调研"非公有制企业党的建设工作"。

"洞头还有这么大的一家药厂！"他深入车间，走走看看，在企业前后足足待了40分钟，却没有前往近在咫尺的县政府大院。

握着有三十多年党龄的老党员颜贻意的手，张德江同志要求颜贻意："再创企业辉煌，开创党建工作新局面。"

颜贻意和一批党员同志频频点头，接受了省领导的祝福和期望。

4. 走出国门的中国制药

向国外大药企提供原料药，是中国制药走出国门的第一阶段，也是起始阶段。

中国制药是如何走出国门的，温州三药又是如何与外国药商打交道的，听一听南海萍的讲述，也许能够了解一二——

讲述人姓名	南海萍
讲述时间	2015 年 1 月 31 日
讲述地点	公司专家楼
当时职务	QC 实验室质量文书　QA 主管
受访时职务	诚意药业股份有限公司办公室主任

我是 1999 年毕业于温州大学财会专业。刚好从我们那一届开始，大学毕业生实行自主就业，于是我通过社会招聘到了温州市第三制药厂。由于当时厂里懂英文的大学生相对还比较缺，而公司化验室的很多检验设备都是进口的，急需懂英文的人员，我进厂后，公司领导看我英语底子还可以，就安排我到 QC 实验室，给经理做助手，也就是质量文书。当时的一切对我来说都是新的，但因为那时还很年轻，刚走出校门的我全身充满活力，对工作充满了期待和信心，在公司领导的支持下，我很快适应了岗位工作内容，也学到了很多新的专业知识。

2001 年 4 月，温州市第三制药厂进行了改制，公司名称也改为浙江诚意药业

南海萍

有限公司,全体员工进行工龄买断并重新聘用。2001 年,也正好是公司迎接国内外认证的重要时期,赶上美国 FDA 的认证和国内 GMP 认证,我被调往质量保证部(QA)任主管。当时整个 QA 部门的人员都是新组成的,有车间来的,有部门来的,也有新招聘的,七八个年轻人,朝气蓬勃,根本不知道什么叫累,大家心中只有一个信念:一定要确保通过所有国内外认证,尤其是国际上规格最高、要求最苛刻的美国 FDA 的认证。

QC 仪器实验室

QC 化分室

根据通知,美国 FDA 会于 2001 年 6 月份来公司做现场审计,时间十分紧迫,我们对照 FDA 认证的 ICH 指南,一条条进行自查。这个 ICH 分为"重大缺陷""一般缺陷""次要缺陷",如果有一条触动了重大缺陷,那么,就是不合格了,我们的产品就不能进入美国市场了。所以,在硬件和软件的对照检查中,大家都紧绷着一根弦,每一个细节,包括文件传递的方式、传递的速度等细节,都毫不马虎。同时请专家、顾问来做模拟检查。

6 月 1 日这一天,美国 FDA 检察官罗伯特在中间人苏珊女士的陪同下,来到了我们公司,进行检查。查了一整天,到下午快下班时间,他们一声不吭就走了,按照正常情况,每天检查之后,应该与我们有一个沟通,发现什么问题,提出整改意见,再继续第二天的检查工作。

可是当晚传来消息称,他们走错了地方,应该去温州另外一家企业,居然走错了门。对不起,明天的检查暂时取消。

这究竟是怎么一回事?

原来,美国 FDA 药品与食品的进口检查,需要供应商在其官网上提供资料。如果供应商提供的这些资料没有人来激活,也就是没有美国当地的客户前来激活的话,资料将永远处在睡眠状态。温州三药多年前就向美国 FDA 提供了利巴韦林、硫唑嘌呤、硫嘌呤三个产品的 DMF 资料,希望他们前来检查、认证。而我们的美国客户也告知他们已激活了利巴韦林的资料,在等待 FDA 通知,所以,当FDA 发函通知我们要来检查时,我们认为这一切都是正常的。

原来是一场误会。

尽管如此,我们仍然按照 ICH 和国家 GMP 要求,继续做好各方面的工作,因为我们相信,总有一天,FDA 会亲自上门来为我们做检查的。

在公司这些年,不管在哪个部门,也不管在什么岗位,从进入这个公司,成为公司的一员,我就一直有一种荣誉感,因为公司里有很多值得我尊敬的人,尤其是像颜董事长他们这一代人的敬业精神、奉献精神都深深地感动着我。

相信很多诚意的员工也有着和我一样的感触,这也许就是诚意员工凝聚力的根源吧。也正因为有强大的凝聚力,我们才能克服困难,取得骄人的成绩。如2010年9月,公司顺利通过了国际上极为罕见的"四国三方"联合审计,来自美国、欧盟、澳大利亚和新加坡的官方机构来到了诚意公司,对我们的利巴韦林、硫唑嘌呤、硫嘌呤三个产品进行现场认证,使我们的产品质量得到了世界的公认。

我们的朋友遍天下。

我们的诚意也遍天下。

这就是我在诚意工作了16年的基本感受。

5. 联合审计:一次创举

"四国三方"的联合审计是一种创举:说它是一种创举,是因为这种审计方式,在世界上任何药企中都没有尝试过。

2010年9月,"四国三方"来诚意公司(此时的温州市第三制药厂已经更名为浙江诚意药业有限公司)联合审计的时候,南海萍请产假,生孩子去了。在质量控制部工作的吕志东,和全体同事一样,再一次面临严峻考验。有何严峻,吕志东说:

"四国三方"的联合审计是一种创举:说它是一种创举,是因为这种审计方式,在世界上任何药企中都没有尝试过。

真实的情况是这样的:美国、欧盟等"认证官"人手不足,于是他们就想出这一招,在得到诚意公司同意后,又邀请了新加坡的官员作为观察员,一同来到海岛洞头——此时,洞头已经与温州连为一体,道路已经畅通。

我当时就在QA(质量控制部)部门,联合审计时,我们要安排4组接待人员4个翻译,这使我们的工作量应该是增加了3倍以上啊。

"联合审计"的工作流程是这样的:他们一行数人先到会议室看我们投影资料,了解公司基本情况,然后到仓库去看,再到车间去看。仔细看好之后,再到会议室,进入"问题答辩"阶段。

我们的有关专家、人员也在答辩室随时待命,等候他们的提问和询问。还好,我们准备得很充分,也就是说,他们提出的问题,我们最长能够在5分钟之内把相关资料调出来,并且作出让他们感觉非常满意的回答。如果不这样的话,折腾了半天、吞吞吐吐,他们会有想法,审计的结果将会大打折扣。

我想,因为我们训练有素,专业程度比较高,让他们很放心,所以,给他们留下了很好的印象。

联合审计前后进行了 5 天。

临走的时候，这些洋专家提了一些小问题，我们感觉还是比较放心的。他们走了以后一个月，来了一份正规的报告，提出了一些整改意见。我们根据这些整改意见，马上进行整改，一个月以后，再给他们发去了一份报告，同时，还附上我们已经整改过的一些证据，比如照片、数据等资料。

最后，就等候他们签发证书了。

"联合审计"通过以后，给公司带来的变化是全方位的。在吕志东看来，至少有三大变化——

一是公司经济效益得到最大程度的提高。

比如，硫唑嘌呤和琉嘌呤这两个产品，之所以能够走向世界，也是这次联合审计的结果。

硫唑嘌呤和琉嘌呤这两个产品的利润超过了利巴韦林。到目前为止，国内、国际市场上两个产品的原料药，80％以上是由我们公司提供的。

与此同时，硫唑嘌呤和琉嘌呤还带来了一些中间体产品跟着一起出国。像美国、欧洲的 X、Y、G、M 等大公司，都在用我们的产品。

二是企业的整体素质，特别是质量管理水平和管理理念得以"更新换代"。

联合审计过关之后，我们整个企业的质量管理得到了很大提升，主要表现是：大家的眼界宽起来了、要求高起来了。联合审计不仅仅只涉及几个部门，质量管理的各种观念和理念，延伸到了整个企业，从高管到普通员工，都像是进了熔炉，冶炼了一番。

三是大量人才得到了培养。

特别是我们两大部门——QA 和 QC，当然，还有辅助车间，比如说工程部、仓库管理等，很多人都得到了锻炼。之前我们经过的零零星星的那些认证，从某种意义上来说，澳大利亚的认证不是最强的，欧盟的认证和美国 FDA 的认证才是世界上要求最苛刻的，这对培养人才，好处太多了。所以，我们在通过那么多认证后，跟国内同行说起来，大家都认为不可思议。

如意君查阅资料后才知道，硫唑嘌呤是一种具有免疫抑制作用的抗代谢药物，广泛运用于器官移植的排斥反应。"器官移植"在海外有着广泛的医疗市场，所以，硫唑嘌呤成为国外大药企的原料药，一直风头不减。

2001 年 8 月,澳大利亚 TGA 代表来公司进行预检查(左一沈爱兰,左三黄志庆,左五颜贻意,右二颜孙传)

2002 年 5 月 29 日,英国葛兰素史克公司来公司审计

2003 年 11 月 16 日，与英国芮森公司签订合作协议书

2003 年 11 月 17 日，法国 PPG 公司代表前来审计腺嘌呤

2004 年 6 月 12 日,美国 DAVOS 公司代表来公司访问

2005 年 6 月,瑞士诺华公司代表来公司洽谈业务

6. 到瑞士去, 到德国去

"来而不往非礼也。"

温州的这家药厂, 率先破除走出国门的胆怯, 不断地历练经验、充分准备、赢得主动, 在国际同行中, 建立起了"墙内开花墙外香"的业界影响。

2015 年 8 月 28 日晚上, 在杭州一家宾馆里, 原浙江省医药工业公司技改处处长童建新告诉如意君, 诚意药业在国外的影响远远大于国内; 诚意药业在国内同行中率先开展国外药品的准入资格认证, 先后拿到了澳大利亚、欧盟和美国的认证资格书, 这在浙江省内, 也是"最早吃螃蟹者"。

这是为什么?

"国家一直在鼓励国内的药厂进入国际上的大药企供应链中去, 锻炼自己, 拓展自己。"童建新说。

结合一年多的采访与了解, 如意君得出如下结论: 在国内同行中, 诚意药业不显山不露水, 不与他人争高低; 但在国际市场, 诚意药业在完成一系列国外认证和国内的 GMP 认证后, 完全具备走出国门的资格与能力。

诚意药业为诺华公司、先灵葆雅公司等国际上二十多家药企提供原料药, 保持着与这些药企同步的质量意识、品牌意识和商业道德意识, 得到的不仅仅是一些订单。

在国际市场上, 诚意药业的进出口部副经理吴淑辉, 与她的部门一样年轻。在法兰克福, 在巴塞尔, 他们南征北战, 精彩纷呈。

讲述人姓名	吴淑辉
讲述时间	2015 年 3 月 7 日
讲述地点	公司专家楼
当时职务	资料员、业务员
受访时职务	诚意药业股份有限公司进出口部副经理

我是 2001 年 7 月 3 日, 通过社会公开招聘考试进入药厂工作的。我读的是英语专业, 当时厂里非常重视大学生, 所以, 我一进厂, 就被安排在针剂车间协助车间主任做 GMP 认证工作。其时, 整个药厂正在热火朝天地开展各项准备工作: 利巴韦林原料药、小容量注射液、胶囊三大系列产品都在迎接国家 GMP 认证。我这个助理主要从事资料的搜集、整理工作。

我在针剂车间呆了 5 个月。这五个月是我 14 年来职业生涯中最难忘的 5 个月。我成长了很多, 也学习到了很多。

吴淑辉

刚开始走上工作岗位,就忙得喘不过气来,连上厕所的时间都要好好计算,忙得几乎每晚都要加班到深夜甚至黎明。在领导和师傅们的教导下,很快就适应了井井有条、忙而不乱、抓住重点、各个击破的工作方法和原则。每晚加班到深夜,回家时,我只好叫同行的同事送我。我们坐在摩托车上,"突突突"的响声划破夜空,到家时,常常已经东方破晓。

一开始,我的打字速度较慢。经过5个月的强化训练,我的打字速度基本达到飞快;也从老同事那里学习到工作应该统筹安排,有的放矢,对工作的热情和积极性都是在此期间建立的。

2001年10月18日,我们三大系列产品分别通过了认证,大家相互祝贺,我也离开了针剂车间,到了另外一个部门。

2002年2月21日,我被调到外贸部工作,当时由于外贸部人员紧缺,每天的工作量都是超负荷的,用"陀螺"来形容都不为过,每天三台电脑轮着坐,收发邮件、翻译、做单证、打印唛头去仓库张贴、与货代公司联系出货、发函给客户通知出货航班情况、办理公司人员的出国事宜以及专利申请工作,还需要抽空去温州外汇管理局办理核销等。高强度的工作让我10个月内瘦了14斤,不过也让我学到了非常多的外贸专业知识,接触到了各种各样的客户,可以说在外贸部最初的这10个月学到的知识本领和做事方法是我最大的财富。

2003年10月,德国举办的法兰克福CPHI医药展会让我有了第一次走出国门的机会,有点小兴奋也很好奇。这一年的展会上,我们签下了与诺华公司的第一笔订单,开启了该产品与该公司的持续合作,为公司创造了可观的利润。展会结束，我们一行人去喝黑啤庆祝，是真心的高兴，在异国他乡大家都喝得很尽兴、很嗨，那时候，不管看到谁，都觉得很亲切。

2004年10月，在比利时召开CPHI国际医药原料药大会，由于上海的外贸副总和经理会晚到两天，由我先行陪同颜董事长以及另外一名经理赴比利时，且上海飞布鲁塞尔必须先在慕尼黑中转，只有我一个人懂英文，出发前我真可谓是忐忑不安啊。对于此前仅有一次出国经验的我来说，这样的行程对我来说意味着责任和重担。出发前我把所有的行程单以及中转注意事项、展方邀请函备妥随身携带备查。行程还算顺利，到了宾馆，颜董事长与经理先行休息，因为董事长不适应吃西餐，所以我不敢休息，去大堂询问附近是否有中餐馆，然后要来电话，打到中餐馆询问步行距离以及路线。都咨询完毕后，还不放心，担心让领导们走了弯路，一个人按照餐馆人员给我的指示先行走了一遍路线找到中餐馆，然后再回宾馆。所幸的是，当晚中餐馆还开车来接我们去吃饭，虽然我的准备工作没有用到，但还是非常的开心，自己能够在陌生的国度尽我所能，做到万无一失。我想，以后如果有什么突发的情况，我也会应对自如吧。年轻人的潜能总是这样的被激发出来，成长总是需要这些因素。

2007年10月的一天，我与颜董事长一起去瑞士巴塞尔拜访我们的老客户瑞士诺华公司。对国外重点客户的拜访，我们公司每隔几年都要安排一次，一是叙叙旧，增进友谊和了解；二是进一步开拓新的业务项目。所以，国内外的药厂对于这种国际交往、同行间的交流，都是很重视的，都要公司一二把手亲自出面。

瑞士诺华医药集团是世界驰名的药厂，总部位于瑞士的巴塞尔，在全球有十多万名员工，业务遍及世界一百四十多个国家和地区，我们能与他们结成贸易伙伴，也是十分值得的。所以，公司这次派我与颜董一起出差，我的责任是很大的。

我们从上海起飞，到了瑞士的苏黎世，已经是当地时间夜晚8点多了，然后，我们准备换乘飞机到巴塞尔。

在机场过安检的时候，我们带来的箱子中，放有两个从上海买来的小礼品，准备送给诺华公司的朋友的，这是两个中国京戏脸谱造型的木质笔筒。安检时，安检官员对扫描屏幕上的两个黑影惊恐不安，如临大敌，连忙把我们叫过去。我也是初生牛犊不怕虎。我请颜董事长拿出钥匙，打开箱子后，取出笔筒，将安检官员手中的笔拿过来，丢到笔筒中，笔筒转了起来。安检官员终于明白这是什么玩意儿。我们被放行。

在苏黎世机场等了3个多小时，才被告知，飞机坏了，要换乘大巴去巴塞尔。

时差带来的日夜颠倒、旅途的疲乏以及等不到飞机的恐惧一起袭来，我又急又怕。颜董看到了，安慰我说，不要怕，既来之则安之。

我想起我父亲教我的一句话：路在嘴上不在脚下。于是我壮着胆子，请机场工作人员带我去找到换乘的机场巴士。机场巴士中转后,又一路询问来到前往巴塞尔的大巴车所在地。上了大巴车后,又再次向大巴司机确认是否前往巴塞尔,司机告诉我没错。我才放心。

坐了 3 个小时的大巴,才赶到巴塞尔市。瑞士的诺华公司已经帮我们预定好了酒店,当我们入驻酒店,已是当地时间凌晨 3 点。离从上海出发,整整过去 24 个小时了。

到此时,我悬着的心,才算放了下来。

其实,从事外贸、外经等外向型经济工作的人出差到国外,没有一些人想象的那么风光。带着任务踏出国门,工作期间基本没有闲暇去东游西逛,等到任务完成了,回国的旅程也就已经排定。

我还了解两件事,都是发生在我们同事身上。

2008 年 10 月,我生小孩请假。我们的另外一位年轻的同事陪同颜孙传副总去巴塞尔诺华公司。他们这一次是飞机延误,在苏黎世机场等航班过夜,他们喝着矿泉水,盖着机场分发的毛毯,在座椅上躺了十多个小时才熬到前往巴塞尔的航班启程。

还有一次,我们去西班牙参加贸易会议,与一位国外公司客户约定时间见面,但过了时间该客户仍没有赴约,后来得到他同事的通知才知道这位客户在酒店门口遇到了抢劫,整个包被武装分子夺走,包里的护照、金钱、文件等重要资料一概散失。只好报警,进行极其烦琐的补办资料。因此,在外出差也是充满了危险和不确定性的。

诚意公司通往世界的道路,注定是惊喜中掺杂着劳顿与艰辛。这条路只有起点,没有终点。

如意君稍加整理,将这几年诚意药业获得国外认证、审计的情况罗列如下。

7. 成绩单

获得这样一份成绩单,背后是 30 年磨出的宝剑锋芒。

1998 年,诚意药业第一次获得澳大利亚的国家级审计,拿到了第一张通往海外的产品准入证书。

将近二十年来,诚意药业厉兵秣马、马不停蹄地奔驰在通往世界的道路上。

这份成绩单的获得,背后是 30 年磨出的宝剑锋芒:

——1998 年 12 月:通过澳大利亚 TGA 的 GMP 审计

——2002 年 4 月:通过澳大利亚 TGA 的 GMP 复审

——2003 年 6 月:获得美国国家认可委 ANAB(原 RAB)认可的 ISO14001

胶囊车间

原料药车间

环境管理体系认证证书

　　——2005 年 12 月：通过英国药品和健康产品监管署（MHRA）GMP 现场审计

　　——2006 年 3 月：第三次通过澳大利亚 TGA 的 GMP 审计

　　——2008 年 5 月：硫唑嘌呤通过欧洲 EDQM 的 COS 认证，取得 CEP 证书

——2009 年 4 月：通过英国药品和健康产品监管署(MHRA) GMP 复审

——2010 年 4 月：通过墨西哥药监部门(Federal Commission for Health Risk Protection)的 GMP 审计

——2010 年 9 月：通过由澳大利亚 TGA、美国 FDA、欧盟 EMEA 和新加坡 HSA 进行的全球首次 GMP 联合审计

2002 年 3 月，国家 GMP 认证检查团前来认证留影

延伸阅读：中国制药的 GMP 准则？

GMP 是 Good Manufacture Practice 的缩写，中文译为《药品生产质量管理规范》，它是药品生产企业加强管理、保证产品质量的一种科学、先进的方法，是世界各国普遍采用的有效管理方式和国际上评价药品质量的一项重要内容。

中国国家药品监督管理局 1999 年 6 月 18 日颁布了《药品生产质量管理规范(1998 年修订)》。截至 2004 年 7 月，全国累计已有 3101 家药品生产企业通过 GMP 认证，占全国药品生产企业的 60%，而大约有一千多家药品生产企业未通过检查，在等待着命运的重新安排。

第四部分

多元时代篇·
温州经济"独行侠"

"基本上，药厂想要什么，政府就支持什么。"洞头的政府与这家重点企业同舟共济，才使这家制药企业成长壮大。

药厂落户洞头，一度举步维艰，它是不幸的。

有资料说，杭州的企业要找到政府部门解决问题，可能需要几天的时间；而温州市区的企业，可能需要十几天甚至几十天——有时候，几十天也找不到政府资源。但在洞头，诚意药业要解决什么问题，找到政府部门，可能仅仅需要几个小时。

进入 2006 年，企业不断做大，贡献越来越大，在成为洞头本土企业"一号种子"之后，政府对诚意的服务逐渐趋向周全。

这是温州很多企业极其羡慕的。

有数据显示，在 1990 年之前，诚意创办二十多年来上交的税金总和仅有 212 万元人民币。进入 1990 年，企业快速壮大，很快成了洞头纳税大户，"全县财政收入的三分之一来自这家企业"，到了这个时候，任何为政者都无法轻视它的存在。

为此，如意君有必要进行一番梳理，一是展现洞头历届县委、县政府对诚意公司的支持，二是粗线条地描绘出一幅海岛工业经济前行的艰难轨迹。

第十章
合力扶工四十载

本章导读 <<

> 对于药厂,历届洞头县委、县政府都是十分看重的。近半个世纪来,洞头县委、县政府在自身资源极其有限的条件下,尽力而为,支持药厂的发展壮大。
>
> 洞头的客观条件是极其不利的,但主观条件——政府部门的支持,却又是十分有利、有力的。
>
> 这也是颜贻意的幸运之处。

1. 汪月霞"治工":誓言改变一穷二白

民兵英雄汪月霞走上领导岗位,是 1973 年的事情。

其时的洞头,可以说是"一穷二白",基础设施落后。

以地方财力为例。1973 年,洞头县财政总收入为 55.8 万元,支出就达 222.5 万元。收不抵支时,就需要省财政的补助。其时,金融机构各项支农贷款,不足 100 万元。工业企业更是屈指可数。唯一值得炫耀的是,当年水产品收购大丰收,全年有 13665 吨各类水产品被国家低价收购,被分配到全国各地,以"丰富城乡人民生活"。其中,有 153 吨优质水产品远销海外,为国家换来宝贵的外汇。

洞头百姓戏说洞头是"蜡烛电厂""拖拉机县";全县没有一辆公交车,没有一辆个人自备车。岛内仅以农用拖拉机在进行着载客和工农业运输。每到恶劣天气出现的时候,岛上与外界的交往只好告停。

这样的状况一直维持到 20 世纪 80 年代。

汪月霞担任洞头县委书记后,一心一意要改变洞头的落后面貌,积极利用个人影响,到市里省里,甚至到中央有关部委,讨政策、讨资金,到处化缘,求得家乡洞头的各项发展。

如本书第七章所叙,汪月霞在引进汞溴红项目中,是出了力气的。汞溴红成为洞头县的"县长工程",是一种必然的选择,也是一种无奈的选择。十多万人要吃饭、要发展,这是第一要务,顾不得其他。当时各地也基本上沿用先发展再治理环境这样的执政理念与思路。

一直以来,洞头作为海防前哨,国家在这里的各项投资,几乎就是零。洞头县要启动对台小额贸易,启动旅游经济,都要经过军方的批准。汪月霞书记带领着洞头的干部四处奔走,试图获得一些生机。但是,更多的时候是无功而返。

1983 年 4 月 13 日,汪月霞在温州市六届人大一次会议上,当选为温州市人大常委会副主任,从而离开了洞头,赴任温州。

2. 包哲东"上门":冷静调查化工污染

1987 年 3 月,浙江省委将乐清县柳市区("区"这种建制,设立于新中国成立之初,介于"县政府"和"乡镇政府"之间。1992 年 5 月,经国务院批准撤去)区委书记包哲东调任洞头,担任县委副书记、代县长。年轻的包哲东上任海岛洞头之后,就开始调查研究。

一天上午,洞头县政府办公室的一位秘书跑到颜贻意的办公室,告诉颜贻意说,包哲东副书记、代县长就在你办公楼的门口,请你出来接待一下。

颜贻意大为惊讶,县委副书记、代县长上门如此低调行事,难得难得。

秘书说,包副书记的工作习惯就是这样。

颜贻意赶紧出门,第一次见到了包哲东同志。

包哲东这次来就是为了调研汞溴红项目的生产情况。他认真地到车间看生产线;到出水口看排污情况;到仓库看出货情况;还与工人及技术人员作了详细的交流与了解。不久,洞头县"两会"召开,包哲东与洞头两会的代表就汞溴红项目,有了一次比较深入的意见交换。

包哲东说:"到目前为止,汞溴红还是不能离开洞头县。前几天,我去厂里看了,我也向省里的专家了解了一些情况,只要我们治理得好、处理得好,污染可以降低到最低程度。"

这以后,县里的人大代表和政协委员关于汞溴红的责难少了许多。

为了对得起洞头的环境,1989 年 12 月 18 日,洞头县计经委邀请省市县专家在洞头召开了一次"汞溴红生产研讨会",专门研讨环境保护。一些专家以过硬的数据证明,洞头海域尚无出现污染,汞溴红的生产是安全的。

当然,如果我们将洞头的海域环境与马尔代夫、巴厘岛、夏威夷对比,那最好是放弃所有的工业项目。但 1989 年，洞头尚未启动整体性的海岛旅游发展计划。厂长要考虑工人就业和依法纳税。县长要考虑财政收入和行政机器的正常运转。只有到了 2015 年的今天，企业、政府和民众对生态文明的诉求渐渐趋于一致。

几年来，汞溴红在洞头的总产量是 36 吨，全部出口到了海外，为国家创下了大量外汇。1992 年 10 月，药厂在找到利巴韦林这个产品时，还未正式投产，就迫不及待地向县政府打报告，要求放弃汞溴红生产。

3. 叶正猛"围海"：坚定支持药厂扩大

1986 年 8 月 22 日，毕业于温州师范专科学校中文系的叶正猛，在刚刚结束的共青团温州市第十次代表大会上，通过毛遂自荐，当选为团市委书记。此时的叶正猛，27 岁。

叶正猛在药厂成立 **25** 周年庆典上发言（后面坐着的是金余道副县长）

1988 年 12 月，浙江省委决定叶正猛到洞头县担任县委副书记、代县长。

与以往工农干部不同，知识分子出身的叶正猛视野比较开阔、思想比较解放。到洞头后，他清醒地看到洞头的短处与长处，在主抓工业上，也是想方设法、未雨绸缪。

叶正猛刚到洞头不久，就发生了一件让他有点紧张的事情。

在温州的一次县长工作会议上，温州市瓯海区的一位领导无意中透露了铜山制药厂准备搬迁到瓯海，正在做前期迎接工作的信息。得到这一"坏消息"，叶正猛第二天上午就赶回了洞头，与颜贻意讨论企业去留问题。

在代县长办公室里，颜贻意一五一十地把办厂的苦衷说了一遍。对此，叶正猛当然心知肚明。末了，颜贻意郑重提出，药厂当前的困难是阿昔洛韦项目要向省计经委申报，如果申报成功，土地紧缺是个问题。

随后，叶正猛代县长第一次到药厂作了调研。调研后他拍板决定，加紧后垄海湾围海造地工程进度。叶正猛又亲自出面，在洞头县渔农委的协助下，与渔民对话，妥善处理了后垄避风港问题，使得有可能激化的渔民与药厂争"海"矛盾，化为无形。

之后，才会有本书第八章所记录的动人一幕：1991 年 8 月 13 日，叶正猛县长协调温州军分区调派登陆艇，迎接被大风锁在温州市区的周振武到洞头考察；才会有 1991 年 10 月 1 日，亲自参加铜山制药厂改名为温州市第三制药厂的庆典活动。

到 1994 年，叶正猛全力扶工的结果显现：洞头县出现了产值超百万的工业企业 82 家；产值超千万元以上的企业 7 家；产值达亿元的企业 1 家。洞头县形成了鱼粉加工、医药化工、水产加工、建材机械四大版块的工业经济。在当年 3 月 23 日县"两会"《政府工作报告》中，叶正猛提出到 2000 年，洞头县全社会固定资产投资要突破 4 个亿；人均 GDP 要达到 3900 元；城镇居民人均收入要达到 4000 元。最让洞头人民欣喜，也最让整个温州震动的是，叶正猛在这次会议上第一次提出"要尽早立项、尽早实施温州（洞头）半岛工程"。

今天，温州洞头半岛工程早已成为现实。洞头也从孤悬海中的小岛变成了温州大陆的半岛，叶正猛是这一改天换地工程的"催生者"，是改变温州经济版图的"造梦者"，他在洞头八年的执政留下了一道道彩虹。

1994 年 12 月，叶正猛调离洞头，到温州市担任市政府办公室主任。

2000 年 12 月，叶正猛辞官下海，担任浙江新湖集团股份有限公司总裁。

担任总裁之后的叶正猛，也会常常来洞头看看，看到药厂已经壮大，洞头翻天覆地的巨变，他是欣慰的。

4. 陈宏峰"送官"：努力营造亲商环境

"陈宏峰同志担任洞头县委书记时，有一天上午，亲自给我打电话，说是征求我的意见。那一天，我正在北京出差。"颜贻意告诉如意君。

1995 年 1 月，陈宏峰从温州市交通局副局长的任上，被浙江省委调到洞头担任县委书记。

陈宏峰在电话里和颜贻意说了一些什么？

原来，陈宏峰在电话里说，根据上级指示精神，县里准备安排你到县政协任副主席，你有什么想法？颜贻意说，我是办企业的，我的心思都花在企业里，政协工作我一没有时间,二也不合适,还是考虑别的同志吧。陈宏峰说,你对洞头贡献很大,去政协也是大家对你的重视与希望。现在省里对民营企业家到人大、政协里任职十分重视。你到政协任职,估计不会占用你很多时间,只要每年有两会、政协有调研你参加外,其他时间你可以放心地去办你的企业。

后来,县委副书记、县委其他常委都分别给颜贻意打电话。

就这样,温州市第三制药厂厂长颜贻意又多了一个身份——洞头县政协副主席,进入了"县领导"序列。

实践证明,浙江省委调任陈宏峰担任洞头县委书记是极其英明的一次任命。在交通领域工作了大半辈子的陈宏峰,一上任就启动洞头"五岛相连"工程。他带领洞头人民以"小县办大事"的精神,克服资金短缺、工程复杂等困难,将叶正猛设想的"温州(洞头)半岛工程"的蓝图加以实施,实现了无数人梦寐以求的愿望。

洞头的干部不会忘记1997年5月21日,陈宏峰在全县干部会议上的那一次讲话,这可以算是洞头历史上最为深刻、最为全面的思想解放运动"预热"。

1997年4月16日到27日,陈宏峰带领洞头县四套班子、部分经济管理部门、三个镇党委书记和部分骨干企业的负责人一行18人,前往海南、广西考察开放型经济。回来之后,就有了这一次干部会议。

陈宏峰指出,洞头县的工业经济表现出的是低小散状态,原因是市场竞争的主动权发挥得不够、科学管理不够、经济增长方式的转变不够。一句话,那就是办企业的人,思想解放程度还不够。而从政府部门、从各级干部看,那就是抓经济建设的信心不足、动力不足、办法不多、没有目标、故步自封。洞头这样的小县,小有小的妙处,小有小的特色。根据洞头的现实情况,基础设施建设要适度超前,看准的项目甚至可以大胆地实行负债经营,政府部门要拓宽筹资渠道,抓好综合协调,千方百计跑项目、争资金,努力实现洞头基础设施建设再上一个新台阶。

对照陈宏峰书记的这个讲话,"千方百计地跑项目、争资金",温州市第三制药厂在洞头可以算得上是一个楷模、一个样板。可惜的是,企业里头的很多经验、很多做法,没有延续到政府机关中去;企业经营者的那种精神没有能够延续到政府部门、没有能够延续到吃皇粮的机关干部身上。

在一些过分强调洞头基础差的干部面前,同样是土生土长的颜贻意,几乎就是"艰苦创业的急先锋"。

1998年10月,陈宏峰同志调离洞头,到温州市担任交通局局长、党委书记。

他启动的"五岛连桥"工程,也接近尾声。

工程建设者在洞头大桥的连接处铸造了一头石牛。这头牛埋着头,鼓着劲,似有千钧之力,就要爆发。

洞头的人民都说,这头牛是为了记住五岛连桥工程的带头人陈宏峰的功绩而铸造的。

5. 冯志礼"发文"：再造工业发展优势

1998 年 10 月，陈宏峰离开洞头之后，县长冯志礼接任县委书记。

冯志礼任职期间，药厂得到了快速发展：首次引进国外大客户，产品直接出口；实施"十五规划"围海造地兴建工业园区，企业一举改制为民营。这些变化与县里的支持是分不开的。其时，药厂贡献的税收占全县财政收入的 1/3，县委书记给该企业"开一点小灶"，无可厚非。

1999 年 4 月 7 日，县委书记冯志礼来厂现场办公

1998 年，药厂接受澳大利亚 TGA（治疗商品管理局）的 GMP 审计，洞头县将迎来外宾，其时，县里连一家像样的宾馆都没有，困难反映到了县政府，书记拍板，改造"县府招待所"，解决外宾住宿难问题；洞头与温州隔着大海，外宾登岛时突然遭遇恶劣天气怎么办？也是书记拍板，由县里指派公安艇或者渔政船，随时待命，用于接送客人。

在冯志礼的亲自协调下，药厂分别于 1999 年 12 月和 2000 年 5 月收购了洞头县国营化工厂和星岛脱脂鱼粉有限公司，既解决了这些倒闭企业的社会难题，又梳理了药厂的周边环境，扩大了药厂生产规模，使之形成较为独立的花园式厂区。

随后，洞头县委、县政府出台了一系列有利于企业改制的优惠文件，使改制工作得以顺利进行。

2000 年 4 月，根据药厂上报的"十五"发展规划目标，县委、县政府特别颁发了"31号文件",组建"温州市第三制药厂发展规划工作领导小组",冯志礼亲任组长,主管工业的苏彩环副县长和颜贻意(时兼任县政协副主席)任副组长,组员分别来自县里各职能部门负责人,以指导、协调药厂实施该规划。

之后,更具体的政策红利又要出台了:

2001年4月17日,洞头县委以(2001)44号文件的形式,颁发了《关于支持温三药企业发展优惠政策的规定》,这是药厂创办35年来,第一次获得如此之丰厚的"激励"。

为了支持药厂的新产品开发,县政府从国有资本金中划拨500万元用于新产品开发研制,并在药厂设立专项户头,由县财政局予以监督,"该项资金的所有权归属转制后的温三药"。

在其后的规定中,对于转制后职工安置补助、经营者股权奖励、企业达到一定额度的销售额后的税收奖励、药厂外面道路建设等都有明文规定,县政府都作出了最大限度的"让利"与奖励。

值得说明的是,44号文件的第17条规定十分有趣:"如今后法定代表人颜贻意变更,以上优惠政策另行制定。"

这是什么意思呢?

很显然,一是洞头县政府担心颜贻意率领药厂搬迁到外地。一旦搬离洞头,意味着法定代表人的变更,上述优惠政策县里便要收回;二是温州市第三制药厂的领袖人物还是要颜贻意同志出来担当,这虽然是企业内部事务,但县里还是会有顾虑和担心。这有张有弛的政策举措,既给企业雪中送炭,又使县里的利益最大化。

实际上,冯志礼在担任县委书记期间,对于温三药是倾注了大量心血的。

其时,浙江省对政府职能转变,有了一些更"接地气"的目标。"不断优化政策环境""努力提高政府效能""真心实意为企业排忧解难"成为此时温州工业经济发展的"三大口号"。

与此同时,温州地区内部、各县(市区)之间,条件好的地区,不断从条件差的地区拉企业、拉税源,各县(市区)内部之间的竞争,也是暗流涌动。

在温州企业加速流向外地,温州资本加速流向国内外其他地区的严峻形势下,洞头县委、县政府"抓重点企业""重点服务重点企业"的政策举措顺势出台,也就没有什么疑义了。

2001年1月20日,离大年三十仅有几天,县委书记冯志礼就前往温州三药进行慰问。

这一年中,温州三药改制政策制订并落实;温州三药领导班子荣获市政府"集体功勋奖",颜贻意本人获得市政府"优秀厂长突出贡献奖";4月,迎接美国FDA

认证，县政府组织专门的领导班子全力支持、协调；10 月，国家 GMP 的认证通过，这些具体而细微的工作，都需要政府部门的支持与帮助。

正是有了县里的支持，2001 年，温州市第三制药厂在全省三十多家制药企业中，排名再度靠前，进入十强的第八名。

温州市第三制药厂开始"厚积薄发"，进入多元化发展的新阶段。

讲述人姓名	冯志礼
讲述时间	2015 年 8 月 28 日
讲述地点	浙江省委统战部办公室
原职务	洞头县委书记（1998—2001 年）
受访时职务	浙江省委统战部副部长、省民宗委主任

如意君拿出 2001 年 4 月 17 日洞头县委颁发的文件，请冯志礼同志回忆当时的情况，冯志礼说了如下一段话——

我们当时还是害怕颜贻意同志跑的，所以，这个文件里面强制规定，颜贻意要是跑了，政策就要收回了。听说，美国的那个先灵葆雅合同也有规定：公司法人颜贻意一旦变更，合作关系就要重新确定。就是这个道理。这个文件体现出"一企一策"的政策，是专门针对药厂而量身订造的。一个企业能否发展好，主要是看法人。一个单位能否搞好，也是要看一把手。

可见，当时到现在，我们县里对于颜贻意同志，是寄予厚望的。

2001 年 6 月的一天，在冯志礼调任温州市副市长前夕，特地将颜贻意叫到他的办公室，送他一件礼物。颜贻意打开一看，原来是一本畅销书：财经作家吴晓波编写的《大败局》。冯志礼希望颜贻意能够从书中讲述的中国几大民营企业兴衰的案例中，吸取经验教训，规避各种风险，使企业立于不败之地。

颜贻意当然能够理解冯志礼的一片用心。

6. 林东勇宣布：工业园区今天开工

在胡方松、陈春东、李亚媚三人合著的《半岛梦园》一书中，对林东勇在洞头任职期间全力投入"五岛相连"工程、为完善海岛设施建设做出的努力，有比较翔实的记载——

2001 年 6 月，冯志礼同志调任温州市副市长之后，林东勇由县长转任县委书记。他要继续将"五岛相连"工程的句号画完。

"五岛相连"工程一个个上马后，资金问题也跟着凸显。原来主体工程的预算是 1.4 亿元,如今要增加到 2.6 亿元。

怎么办?

幸亏林东勇有新思维。他在积极跑浙江省交通厅、财政厅争取资金支持的同时,盘算着新财源的开辟:如何把无人问津的一千多亩废盐滩,变成人人都抢着要的"聚宝盆"。

林东勇通过实地观察,提出了一个改变洞头县城版图的大胆决策,在城区与废盐滩相隔的最窄处把山炸开,将废盐滩和城区联结起来,作为洞头"新城区"来开发。这一下,新区的土地马上就会升值,"五岛连桥"工程的资金也就有了来源。

到 2004 年 9 月,林东勇离开洞头时,这里的地价已经上升到 150 万元一亩。林东勇还亲自出马招商,进一步提升新区的热度。通过新区开发一项,林东勇在自己的任内,为洞头集聚了 5 个亿的资金,解决了"五岛相连"工程资金的巨大缺口。

到林东勇离开洞头赴任浙江省海洋与渔业局副局长之前,洞头县初步形成了"有海洋经济特色的工业经济结构",海洋医药、机电汽配、化工石化、水产加工等工业体系逐步完备。"工业销售产值突破 20 亿元大关","杨文工业区""南塘工业区""科技工业区""小门石化基地"等从无到有、从小到大。

林东勇与诚意药业关联最大的,就是接任书记之后,为诚意药业工业园区的发展定了调子、安排了去路。

2003 年 2 月 14 日,"诚意药业工业园区"开工典礼在林东勇的一声令下,宣布进场施工。

遗憾的是,由于干部调换,以及政策连续性的影响,该工业园区并没有一鼓作气干下去,留下争端。

这是后话。

7. 风风火火十多年:奋勇前行,华丽转身

在洞头县委、县政府历届领导大力扶持海岛工业发展的背景下,药厂的"华丽转身"也在步步呈现。

2002 年至 2015 年,先后有任玉明、胡剑谨、姜长才、姜增尧、董智武、王蛟虎等同志担任县委、县政府主要领导。

根据有关记录,这一期间,洞头县主要领导以各种方式扶持海岛工业发展,体现在对药厂的关切上,更是无微不至——

2002 年 4 月 2 日,时任县长任玉明深入企业调研,解困帮扶。4 月 26 日,洞头县委、县政府主持召开"诚意药业通过五项认证"庆功会议,任玉明做报告,鼓励

与支持企业继续建功立业。

2011年2月24日，时任县委书记胡剑谨来企业做形势报告，并数次蹲点在企业"嘘寒问暖"，帮助企业解决建设用地难题。

后来的姜长才、董智武等领导，也都数次亲临企业考察、指导，想方设法帮助企业做强做大，并一再嘱咐企业："无论遇到什么事，都可以随时电话、信息联系，我们会做到通力协调、有求必应。"

2015年国庆节过后的一天，颜贻意翻看着一份总结报告，脸上露出欣慰的笑容。

一是产品结构调整宣告成功。"十二五"期间，受区域环境影响，公司加大制剂产品（即针剂、胶囊等成药）的生产与销售。"十一五"末，原料药产值占总产值达75%，到"十二五"末，原料药与制剂产品的占比各占一半。"结构调整"宣告成功。

二是海洋制药生产马不停蹄。公司生产的盐酸氨基葡萄糖制剂在全国市场占有率从2011年的9.97%上升到2015的26.11%，实现国内排名第一。目前，氨糖胶囊的规格有240 mg、480 mg、750 mg的板装与瓶装，同时还开发有氨糖的片剂与颗粒剂。海洋制药的研发与生产走在了全国同行的前列。

三是生物医药生产开始起步。公司的生化厂产品部署完备，即将启程。2014年，公司经过拍卖获得温州生化厂胆溢宁片剂等7个产品的文号，其中胆溢宁片剂还是全国独家品种，这意味着公司产品大家庭里有了新成员。

四是上海主板上市申报一帆风顺。2013年，公司整体变更为股份公司，2014年11月向国家证监会递交上市申报文件《招股说明书》获受理审核。按照正常程序，公司有望成为洞头本土第一家在上海主板上市的民营企业。

五是技术改进加大力度。目前，公司的胶囊生产采用自动化流水线，从原来的每分钟出品45盒，跃至国内最高产能水准的每分钟出品300盒。与此同时，公司对原料药生产进行了大幅度的革新，开始改变小而多的反应方式，变革为大而少的集约化生产模式。

六是环保政策全面落实，可持续生产成为共识。"十二五"期间，公司在环保方面相继投入三千多万元，提倡"三不危害"原则，即不危害自己、不危害周边、不危害子孙后代，全力推行无水车间建设，全面推修旧利废、变废为宝政策，环保意识在公司上下深入人心。

七是对"十三五"规划再上一个新台阶。为做好公司"十三五"规划布局，由省经信委主持，在杭州召开恳谈会，邀请省职能部门领导和行业专家与会，对公司下一个五年的发展献计献策。吸取专家意见，今后五年，公司将继续朝着研发海洋医药和生物医药的方向前进，努力开发中医药产品和海洋休闲食品，构筑大健康产业。预计到"十三五"末,制剂产值将占公司总产值达75%。

8.颜贻意的"十二五"报告

历届洞头县委、县政府在大力扶持海岛工业发展的背景下,药厂的"华丽转身"也在步步呈现。

2015年国庆过后的一天,颜贻意翻看着一份总结报告,脸上露出欣慰的笑容。

一是产品结构调整宣告成功。"十二五"期间,受区域环境影响,公司加大制剂产品(即针剂、胶囊等成药)的生产与销售。"十一五"末,原料药产值占总产值达75%,到"十二五"末,原料药与制剂产品各占一半,"结构调整"宣告成功。

二是海洋制药生产马不停蹄。公司生产的盐酸氨基葡萄糖制剂在全国市场占有率从2011年的9.97%上升到2015的26.11%,实现国内排名第一。目前,氨糖胶囊的规格有240 mg、480 mg、750 mg的板装与瓶装,同时还开发有氨糖的片剂与颗粒剂。海洋制药的研发与生产走在了全国同行的前列。

三是生物医药生产开始起步。公司的生化厂产品部署完备,即将启程。2014年,公司经过拍卖获得温州生化厂胆溢宁片剂等7个产品的文号,其中胆溢宁片剂还是全国独家品种,这意味着公司产品大家庭里有了新成员。

四是上海主板上市申报一帆风顺。2013年,公司整体变更为股份公司,2014年11月向国家证监会递交上市申报文件《招股说明书》获受理审核。按照正常程序,公司有望成为洞头本土第一家在上海主板上市的民营企业。

五是技术改进加大力度。目前,公司的胶囊生产采用自动化流水线,从原来的每分钟出品45盒,跃至国内最高产能水准的每分钟出品300盒。与此同时,公司对原料药生产进行了大幅度的革新,开始改变小而多的反应方式,变革为大而少的集约化生产模式。

六是环保政策全面落实,可持续生产成为共识。"十二五"期间,公司在环保方面相继投入3000多万元,提倡"三不危害"原则,即不危害自己、不危害周边,不危害子孙后代,全力推行无水车间建设,全面进行修旧利废、变废为宝,环保意识在公司上下深入人心。

七是对"十三五"规划再上一个新台阶。为做好公司"十三五"规划布局,由省经信委主持,在杭州召开恳谈会,邀请省职能部门领导和行业专家与会,对公司下一个五年的发展献计献策。吸取专家意见,今后五年,公司将继续朝着研发海洋医药和生物医药的方向前进,努力开发中医药产品和海洋休闲食品,构筑大健康产业。预计到"十三五"末,制剂产值将占公司总产值达75%。

延伸阅读：温州地市合并

　　1981 年 9 月 22 日，中共中央、国务院批准，温州地区和温州市合并，取消"地区行署"，设立"温州市"，实行市管县的新体制。袁芳烈任地市合并后的第一任市委书记。

（吴逢旭、陈文苞：《温州试验——两个人的改革开放史》，
浙江人民出版社 2008 年版）

第十一章
大浪淘沙领风骚

本章导读 《《

善于抓住机遇，善于利用好、使用好机遇，是成功者的禀赋之一。在上海这个"海"里，颜贻意把"游泳的技术"发挥到了极致。

"挑战与机遇"并存，"麻烦与新生"同在，药厂进入了人才、资金、信息快速汇集，麻烦和困难也快速汇集的"井喷时期"，如意君称这个时期为药厂的"多元时代"。

农行的一次调研，发现了企业存在的一些问题；颜贻意决定到江苏投资办厂，却又引发新的"不安"；当企业扬起风帆，走在快速创新、锐意创新之路上时，"科技园区"的落地还是不顺畅。

"多元时代"是不是就是这样一种"利益格局"？

何为"多元时代"？

对于温州三药来说，"多元时代"就是一个"复杂多变的时代"：以 2009 年为界线，此前，新产品的开发需要一定的偶然性，药厂要找到一个新产品十分艰难；此后，药厂的经济效益上升，各种软实力和硬实力增强，新产品开发趋于稳定，这是好的一面。

与此同时，企业发展过快，领导人的精力开始分散；企业决策有一定的随意性；企业中层干部的执行力如果没有及时跟上，企业就会出现这样那样的问题。

"每次发现问题都十分及时，每次处理问题都十分到位。"药厂既面临着转制的压力，又面临着市场打开后各种机遇的接踵而至，"挑战与机遇"并存，"麻烦与新生"同在。药厂进入了一个人才、资金、信息快速汇集，麻烦和困难也快速汇集的"井喷时期"，如意君称这个时期为药厂的"多元时代"。

这个"多元时代"从 1995 年 3 月中国农业银行洞头县支行的一次调研开始，到 2015 年企业上市之前，长达 20 年的"多元时代"，尚未结束。

1. "上海"是一个海

颜贻意用了大半生的努力，缩短了大上海与孤岛洞头的距离。这中间，体现出了他持之以恒的战略谋划。

本书在第三章中曾经卖了一个关子，没有把"上海"这座中国最大的工商业城市对狭小的洞头究竟意味着什么这一层关系给说透。此时，回到颜贻意的治厂"谋略"这一单元中，就不能不把底牌亮出来了。

如果有人单纯地问："上海是什么？"

如意君会给出同样简单地答案："上海是一个海。"亲爱的读者你可不要小看这个问题。说上海是一个"海"，至少有两重含义：无论是谁，容身于大上海之后，都会变成汪洋中的一滴水；无论是谁，来到大上海之后，只要奋力拼搏，都会在上海这个"海"里，划出一段属于自己的美好距离。

这样的回答，是否揭示了上海的城市属性？是否反映出上海对于大半个中国的辐射作用，从来都没有缺位？

最为关键的是，"上海"对于颜贻意本人、对于他的企业究竟发挥过怎样的孵化与培育的作用？听一听两位当事人的讲述，是否会更加具体、形象？

讲述人姓名	何家伦（女）
讲述时间	2015 年 12 月 30 日上午
讲述地点	上海市普陀区何家
原工作单位及职务	上海第二制药厂设备科长、总工程师
受访时状况	退休

"我今年 74 岁了。我与诚意药业的接触，已经有四十多年"。何家伦坐在沙发上，一谈起自己的峥嵘往事，脸上顿时放出异样的光彩。"四十多年是怎样一个概念？也就是说，这个企业是如何起步的，如何壮大的，我是十分关心也是十分了解的。"上海的退休女工程师何家伦笑着说。

最早的时候——大约是 20 世纪 70 年代初，在毛泽东"五七指示"精神指引下，铜山制药厂的负责人胡志群军医通过上海医药局的介绍，认识了上海制药一厂、二厂、六厂及黄河制药厂等制药企业的负责同志。这些负责人先后把胡志群军医介绍给厂里的技术骨干和相关领导认识，于是我们就纷纷成了铜山制药厂不

何家伦

拿报酬的"编外技术员"或"工程师"了。

　　每次胡志群同志历尽艰辛，在轮船上坐二十多个小时，一到上海，一时半会找不到部队招待所，就会来我家敲门。我们全家人都很欢迎他来"打扰"。因为他是解放军，孩子们都很喜欢他。每当胡志群同志来的时候，如果我们一家人碰上出门读书、上班，我们就把家里留给他，让他好好休息几小时再去办事。这样的例子是很多的。

　　大约是一九七几年前后，胡志群军医来上海出差，先后带上了他的"徒弟"——颜贻意等人，我就这样认识了今天的颜贻意董事长——当时我们称他为小颜。就这样，与这个小颜几十年交往下来，大家就像一家人一样，风雨同舟、取长补短。

　　20世纪六七十年代，那时还是计划经济，根据国家的生产计划，我们上海第二制药厂是原料药生产厂。胡志群来我们厂里办事，由我牵线，都是一路绿灯。基本上是他们需要什么，我们都会想方设法支持他们什么。我想，当时上海的其他药厂也是一样大力地支持他们艰苦创业。

比如说铜山制药厂需要少量的原材料，我们厂里有的，都会划拨出来，无偿提供给他们；调拨的设备要运输到上海民生路码头，我都会去找厂里的运输调度，用上大卡车，还会叫上厂里的小伙子协助他们装车，帮助他们把设备运到码头。有时候他们在上海购买了原料等物资，运输上有困难，也会来找我，我千方百计帮助他们调度车辆，把物资运到上海码头。

到了1978年前后，我又介绍了上海医药工业界的资深专家王尚林同志给他们认识。之后，铜山制药厂（包括后来的温州市第三制药厂）的原料采购甚至销售，有很长一段时间都仰仗王尚林同志。"温州市第三制药厂上海联络站"也开设在王尚林家边的一个小弄堂里，上海市卢湾区建国东路143弄45号，大概7平方米。

那时候有几个流行的说法，叫做"军民鱼水情""发扬深厚的无产阶级感情"。我觉得我们是怀着那样一种朴素的"感情"在帮助洞头岛上的这家部队药厂正常运转下来的。这么多年，上海的很多药企、专家确实对药厂的创办及壮大，做出了很多贡献。

我一直在上海第二制药厂从事设备管理工作，担任过车间主任和设备科长。那时候，铜山制药厂以及后来的温三药，与我的联系，还要依靠信件来往。当他们的设备出现故障，或有技术问题，往往都是来一封加急信件，我会当即画出草图，帮助他们分析，尽快邮寄给他们。总之，路途遥远，交通与通信极其不便，各种交流十分艰难。

到1996年，我为上海二药工作了35年，退休了。

当时上海有个内部规定，药厂退休的，不能到其他药企"发挥余热"，主要是怕你把技术泄露出去。那时准备聘请我的企业很多，也包括颜贻意的公司。后来，我去了印度尼西亚独资的福荣食品有限公司做总经理助理，算是服从了当时的形势。

不管是在上海二药还是福荣公司，我都会利用业余时间，帮助温州市第三制药厂在上海的联络站做采购设备等工作。从铜山制药厂到温州市第三制药厂再到诚意药业有限公司，我利用业余时间为他们发挥余热，也已有16个年头。

如今，看到诚意药业已经长成参天大树，看到海岛洞头发生了翻天覆地的变化，我和我们一家人，喜悦之情，难以言表。

我为洞头的发展做了一些力所能及的工作，也算是半个洞头人吧。

何家伦在讲述中，始终洋溢着欢快、热烈的情绪。这是那个时代，他们共有的青春记忆、创业记忆、奉献记忆。

颜贻意告诉如意君，何工是诚意的设备专家，诚意很多大的项目、大的技改、大的决策都有她的功劳。

另一位上海制药界资深工程师——黄志庆老人的讲述,同样充满着真挚的友情和浓浓的关怀之情——

讲述人姓名	黄志庆
讲述时间	2015 年 12 月 30 日上午
讲述地点	上海市普陀区黄家
原工作单位 及职务	上海第六制药厂总工程师、美国先灵葆雅公司上海项目经理
受访时状况	退休

黄志庆与幼年时的颜丽娜在小朴厂区留影

"我与诚意药业的接触，前后将近二十年。最多的一年，海岛洞头我去了23次，那时药厂正在申报美国FDA的认证，我一次次地去洞头，就是协助他们开展各项艰难烦琐的准备工作"。年近80的黄志庆老人，回忆起自己与海岛洞头、与诚意药业的渊源，记忆中的闸门迅速地打开了。

上海的"十六铺码头""大达码头"和"公平路码头"是上海最驰名的三大客运码头，其中的"十六铺码头"和"公平路码头"一直是"闯天下"的代名词。20世纪七八十年代，据说每天有来自全国的5万多旅客，从这两大码头上上下下。1988年国庆之后的一天，我第一次到洞头时，就是从公平路码头上的船。到了温州港，再从温州的望江路码头坐船到洞头。如此辗转，从上海到洞头，一般要3天时间。

上海制药六厂一项叫利巴韦林的制药技术要转让给铜山制药厂，我是六厂的总工程师，利巴韦林在六厂是全国独家研制成功的原料药，已投入生产，但产量很小，我们基本不看好，所以决定要转让给国内小厂。

受厂里指派，我们一行4人到洞头岛看一看。这一来，一看吓一跳：洞头各方面的情况比我们想象中还要落后。

但我对颜贻意这个人的好感，并没有因为洞头各方面条件的简陋而受影响。经上海第六制药厂厂长的介绍，我认识了颜贻意，而颜贻意却是上海市医药行业协会唯一一位来自浙江的会员。

后来我才知道，颜贻意在70年代末、80年代初就加入了上海市医药行业协会，作为上海医药行业协会唯一一位外地会员，他加入这个协会，我觉得是深谋远虑的。事实证明，他从这个协会中得到的启发与帮助，可谓"得来全不费功夫"：通过这个协会，他认识、结交了很多顶级专家，获得了各类信息，助推他的事业越做越大。

我们上海六厂一行4人到洞头考察一番之后，一致认为：铜山制药厂虽然先天不足，但如果用心去做，还是可以将利巴韦林做好的——整个80年代，中国的制药企业对于利巴韦林原料药的需求是很小的。

后来的发展有点让人难以想象：美国先灵葆雅公司研制成功一种治疗丙肝等肝病的干扰素，在全球风靡一时，但是，它的毒性却很大。后来美国的科学家发现，要是将利巴韦林与该干扰素一起服用，可以取得完美效果。这样一来，在中国一直默默无闻的利巴韦林，瞬间成了明日之星。从1988年到1997年，已经在利巴韦林原料药领域苦苦追了十年的颜贻意，他光芒四射的时代，就要到来。

1996年前后，我也办好了退休手续，离开了上海六厂，被先灵葆雅公司聘请为中国项目经理。

此时，美国先灵葆雅公司决定要向中国采购利巴韦林原料药，有三家国内公司提供了样品。最后，是洞头的颜贻意的企业以质优价低胜出。美国人说，我们去颜贻意的厂里看看。我说，好呀，我可以带路。

1996年1月26日，在农历除夕即将到来时，我们来到了洞头岛。美国的代表到洞头一看，相当失望。当时脸色就很难看，悄悄告诉我说，我们是一家跨国公司，怎么能够与海岛上的一家小厂建立业务关系呢？

当晚，我劝解道，凭我七八年来对这家企业的了解，他们对产品质量的追求是专心致志的，是完全可以信赖的。代表说，黄，你要对你自己的保证负完全的责任的。我说，没问题。

到洞头的第二天，会谈的气氛开始缓和。美国代表愿意帮助颜贻意的企业尽力改善生产条件和生产环境，以此作为基础，开展进一步的商贸合作。

到1998年12月8日，先灵葆雅公司的两位代表与澳大利亚TDA的官员一同考察了颜贻意的企业，发现他们的生产条件和生产环境有了重大改进。次年2月，利巴韦林的澳大利亚认证通过了。这也是颜贻意的企业第一次通过国际认证。

从1996年到1998年，特别是在得到先灵葆雅公司的最终认可后，我相信，颜贻意和他的企业，可以按照国际惯例，从澳大利亚开始一步步撬开欧美等发达国家的大门——通过各种国际认证，跨出国门，走向世界。这一步，居然领江浙沪诸多药企之先。

而我，仅仅是发挥了一些牵线搭桥的作用。

善于抓住机遇，是颜贻意成功的法宝之一。机遇来了，如何发挥好，又有更高的要求。比如，1996年澳大利亚认证的"机遇"，就是一个转折点。尽管美国的先灵葆雅公司答应帮忙，但是归根结底还是要靠他们自己。当时，在温州，从事这方面认证的专家团队几乎没有，企业里也一样缺少国际贸易人才。颜贻意便抓紧高端技术人才的引进。我说，引进高端人才不是长久之计，培养自己的核心人才更要紧。于是，企业决定让员工带薪出去学习、培训，由此培养了很多本土人才，这对于企业之后的可持续发展，发挥了很大的作用。

我知道的是，上海医药行业协会、上海医药工业研究院、中国科学院上海药物研究所，这是颜贻意同志几十年下来，密切追踪的三个"点"。和上海药物研究所一样，上海医药工业研究院也是开发新药的。不同的是，"医工院"与企业对接的比较多，擅长工艺技术和实践运用；而上海药物研究所擅长新药的理论性的研究与开发。

我认为，有了这三个"点"的特殊作用，远在海岛洞头的诚意药业，其实并不孤独、并不封闭、并不原始！

读了何家伦与黄志庆两位技术专家讲述的故事，上海对洞头意味着什么，应当十分清晰了吧。

2. 诚意十足

药厂第一次迎来了金融机构的全面调查。由于双方之间有利益关系，所以，这样的调查是不会"手下留情"的。

"如果你们不及时加以整改，银行将压缩现有的信贷规模，直至放弃贷款支持，以保证国家资金的安全运转。"

银行留下的话，言之凿凿。

落户于 1965 年 3 月的中国农业银行洞头县支行，是洞头最早的一家银行，也是药厂最主要的信贷支持者。药厂在每个关键时期，需要资金"把炉火烧得更旺"的时候，洞头支行总会及时站出来，伸出温暖的手。银企之间的关系，就应当是相互帮衬，而不是相互利用，更不能相互拆台。

1995 年 3 月初，根据洞头县政府的要求，为了全面了解温州三药贷款（资金）使用情况，农业银行洞头县支行的一支 3 人调查小组进驻药厂。

"公有民营"刚刚开始，药厂领导班子也希望旁观者清——希望借助外来力量，对自己来一次比较彻底的查漏补缺。所以，公司上上下下，也是全力支持。

查账目、看资金流向、听领导汇报、查会议记录、到车间去、到员工中间去、到领导班子的决策会议中去，甚至要找到药厂的合作伙伴。

经过两个星期紧锣密鼓的走访和调研，农业银行洞头县支行的调研报告就写出来了。报告除了呈送给洞头县政府分管领导，还上达市农行，当然还要给当事人——温州市第三制药厂交底、交心、交换意见。

银行调查小组是"拿着放大镜一一观察"。

他们要解决的第一个问题是：药厂在温州排名第三，是否名副其实；银行给药厂输血，是否正常合规。

调查小组证实：

一是药厂有针剂原料药和中试生产车间等 5 个生产车间，有符合国家 GMP 药品生产规范的流水线、厂房及外围设施，具备一定的硬件基础。

二是在温州、上海、苏州设有办事处和经营部 6 处，产品的销售渠道是稳定和牢固的。药厂的主导产品质量稳定，竞争能力很强，有 5 个产品实现了出口创汇，1994 年的出口额达 221 万元人民币。

三是新产品开发的档次不断提高，有国家级四类新药 2 只；还有国家级四类新药和二类新药各 2 只正在开发中，"生产一代，储存一代，研制一代"的良性循环已经建立。

调查小组也公布了一组数据：截至 1994 年底，企业的年生产能力是：原料药中间体为 10.70 吨,针剂 8545 万支,生产能够跟上销售的步伐。企业总资产为 2830 万元,固定资产为 736 万元,流动资产 1197 万元。企业长期借款 680 万元,短期借款 1319 万元,应付账款 97 万元。企业排名温州制药行业老三,是实事求是的;银行的贷款,是安全、合规的。

查证合规后,调查小组便放心了。

接着,就要揭示问题——这么一个企业,顶着许多光环,也许问题不少、危机很深。调查小组便开始"挑刺"和"专找麻烦了"。在他们的放大镜下,问题也一一暴露出来:

一是财务状况喜忧参半。调查小组把三药与温州一、二两大制药企业进行比较,发现:"资产的报酬率"和"销售利润率"比两大企业要高、要好,此为喜;忧的是,企业"应收账款周转率"比上述两家企业低,也就是说,该收回的账款,特别是"人情关系外借的款项"较多,回收不够及时、不够果断。另外,企业的"流动资产结构不合理,产生了资产虚胖现象","总体财务指标显示,在三家药企中,三药的财务风险是最高的"。

二是主要领导精力分散,不能专心抓重点工作,管理效率下降。原因是:企业发展过快,中层管理人员的素质没有跟上,主要领导的督促不到位,以致出现了管理断层,员工的积极性没有很好发挥。解决办法是:主要领导不能总是以亲临一线的方法开展工作,而应该抓住主要矛盾,抓好中层干部的主动性、积极性和创造性,让管理出效益。

三是重大决策上还缺少一种制约机制。集体资产的管理责任和监督检查的职责含糊不清,有待改进。

调查小组最后提出了向上(上级)、向下(药厂)总体意见。这个意见有整改意见,也有下一步的信贷措施。

从企业现有的财务状况看,银行信贷资产风险较大,下一步的贷款不宜支持。从企业走向看,产品有市场、有销路,如果贷款不继续加以支持,有悖于信贷扶持的初衷。

根据企业制定的方针,1995 年的销售指标是 4500 万元,资金缺口为 500 万元人民币。建议整编财务人员,加大力度收回欠款,清理呆账,加强审计。

药厂领导班子对这个整改意见,是欢迎的,是接受的。

当然,银行不是慈善机构,放出贷款,是要考虑资金安全的,对于药厂潜藏的隐患,他们不会无动于衷。

为何不会无动于衷?

调查报告最后一句话是很有杀伤力的。

报告最后强硬地说:

"如果你们不及时加以整改，银行将压缩现有的信贷规模，直至放弃贷款支持，以保证国家资金的安全运转。"

这话言之凿凿。

颜贻意是聪明人，自然要再来一次小小的革命。

每次药厂的革命都是先从他自己入手。对照洞头支行的整改意见，药厂一条条加以落实、惩处。一年后，"信贷资金风险系数较高"这一隐患，便得以消除。

进入 2009 年，药厂进入了一个"多元时代"——随着销售业绩的增长，企业的流动资金出现了较大幅度的宽余。此时，温州地区各路金融机构迫于自身经营的压力，无不垂青于信用好、业绩佳的企业。药厂自然也是各路金融机构争相抢夺的客户。

"我们暂时不需要贷款。"药厂的财务总监以温和的声音，拒绝了一个又一个说客。

但是对于农行，诚意的"诚意"是十足的。

1996 年前后，颜贻意代表药厂，为转型中处于困顿的邻居——洞头化工二厂向农行贷款 150 万元提供担保。到 2000 年初，银行要清还 150 万元的贷款，且药厂的公有民营也将到期。

洞头支行行长赵建国打电话给颜贻意，商讨对策。颜贻意二话没说，就坦承自己先来还清这笔贷款。

世界上还会有这样的担保人？洞头化工二厂还没有清算完毕，贷款担保人却主动将贷款及利息一分不差地主动偿还给银行。这是一种怎样的信用？

三天后，药厂将 180 万元的本金加利息还给农行，赵建国感动得非要亲自上门道谢不可。颜贻意婉言谢绝。

今天，颜贻意凭借个人签名可以贷到信用贷款 3000 万元，这是他多年来信用累积的结果。

2001 年 5 月 22 日，温州市第三制药厂改名的时候，温州里里外外的人们都觉得药厂的名字一定要带有"诚意"二字，一是诚心诚意的浓缩，二是"颜贻意精神"的化身。

"颜贻意精神"究竟该如何表述，如意君将在本书的最后做点文章。

其实，不仅仅是农业银行洞头县支行这位金融管家对颜贻意以及药厂的认定是"诚意"二字。

药厂一开始就想做良心药、做良心人。

这"诚意"二字，便是他们自己开拓出来的地盘——不是说"我的地盘我做主"嘛，办企业要做到"诚心诚意"，是何等艰难！

诚意十足。

"诚意"在路上。

信心十足也在路上。

3. 淮安不安

诚意投资淮安,符合企业扩张的根本利益,也符合政府部门大力招商引资的政策导向。

如意君分析,诚意投资淮安,有两手准备:一是洞头土地一直紧缺,企业"预谋"搬迁到淮安,也有可能。二是利用好江苏的各种资源,对企业后劲的提升,很有必要。

办企业不像吟诗作画。办企业一般也不会有风花雪月。办企业总是在烽火狼烟中度日。办企业总是要刀光剑影。

更名为浙江诚意药业有限公司之后的药厂,作出的第一个决策便是向外开疆拓域——到江苏省淮安市投资办厂一事,现在还很难下结论说"错了"——没有调查就没有发言权,没有实践就找不到真理之源头。这也是诚意加速进入多元化时代的一个标志性事件。

2001 年 7 月 5 日,公司召开临时董事会,研究利用江苏淮阴和平化工厂作为发酵生产基地的有关情况。牵线的是江苏无锡的一个研究所。该研究所向浙江诚意提供情报说,淮安和平化工厂能够生产比较成熟的核苷类产品——肌苷、腺苷。无锡这个研究所可以为浙江诚意在江苏易地建设生产基地提供各种协助与合作,酐类产品用的是发酵技术,这是浙江诚意所欠缺的。

鉴于酐类产品市场前景广阔,董事会决定到江苏进行易地技改,便看上了淮阴区和平化工厂。这个厂有肌苷生产文号和利巴韦林的生产文号。是这两个文号值钱,才吸引了浙江诚意前去收购这家化工厂。浙江诚意花了两百多万,买了一堆废铜烂铁,当然,两个文号也一并揽入怀中。

2002 年 3 月 20 日,浙江诚意药业有限公司淮安生物分公司成立了。邱克荣为经理,张高桥、邓崇亮、林加成为副经理,被总部派往和平镇,接收和平化工厂,希望以此作为"生物分公司"的生产基地。

淮安这个项目从一开始,就得到了当地党委和政府的高度重视。公司总部也是寄予了厚望。具体表现就是:三次庆典,喜气洋洋。

第一次庆典在 2001 年 4 月 20 日举行,是"分公司成立大会",在和平化工厂厂区举行。淮安市清浦区委书记陈家忠,区长韩海平,和平镇委书记陈智前等当地领导出席庆典仪式。浙江诚意药业有限公司董事长颜贻意、淮安生物分公司经理邱克荣、淮安市清浦区委书记陈家忠分别在庆典仪式上发表讲话。

浙江诚意接收的这个和平化工厂，仅占地 11 亩，从长远发展看，空间是不足的。于是，必须移地重建。

2003 年 1 月 19 日，淮安生物分公司易地技改工程指挥部成立，厉市生任总指挥，林子津、陈后进为成员。

第二次庆典在 2003 年 3 月 28 日举行，是"移地技改项目开工庆典"。这一次，淮安市委书记丁解民亲自参加，公司董事长颜贻意作了汇报发言。

到 2004 年 4 月 8 日，移地技改项目正式投产，第三次举行庆典仪式。这一次是淮安市长李继平出席，淮安市清浦区委书记陈家忠、和平镇委书记陈智前等当地领导前来祝贺，温州市医药局局长王小勇亲临现场祝贺，公司董事长颜贻意再次参加会议。

前后三次庆典，每次都有当地主要领导前来祝贺或者站场，可见，当地党委、政府还是十分看重浙江诚意前去投资办厂的。

7 月 15 日，淮安生物分公司更名为江苏诚意药业有限公司，总部一次性投入六千余万元，意在一展宏图。

既如此，还有什么理由不能把这个项目做好、做实？

江苏诚意的拓展情况如何，我们来听一听老员工陈后进的讲述。

讲述人姓名	陈后进
讲述时间	2015 年 2 月 5 日
讲述地点	公司专家楼
工作单位及职务	原诚意药业股份有限公司财务经理

我在 2002 年 3 月就到淮安参与组建新公司。前后我在淮安这个公司待了 12 年，对这个公司的情况，还是比较了解的。

江苏淮安和平化工厂建于 20 世纪 50 年代。当时生产一种化工产品叫肌苷。生产和销售的形势一直不错，成了淮安市和平镇的重点骨干企业。

我们的生物分公司位于淮安城乡接合部，到市里坐车只要半小时，因此，交通是很方便的。

从 2002 年 3 月到 2004 年 4 月新厂区建成投产时，我们先在老的和平厂区进行小试。不太顺利，主要问题是发酵过程中出现纰漏，自身技术水平不足，消化吸收不了所致。

公司上下并不灰心，决定在新厂区——条件更好的情况下，进行新的试验与冲刺。

2004 年 4 月，我们搬进了新厂区后，通过了国家 GMP 认证，有资格进行药品生产了。可以说是万事俱备了。

到了 2010 年,生物公司总算迎来了好机遇:市场上腺苷产品的价格一路上扬,达到了 350 元一公斤。年产量达四十多吨,这一年分公司盈利几十万元。

第二年,形势继续向好。分公司生产硝酸盐,年盈利达到三百多万元。

但是,到了 2012 年初,再回到肌苷生产线上却亏大了:工艺还是不成熟,耗能大,成本高,整个市场的价格不断在往下走。到了当年 8、9 月份,生产越多亏得越大,就决定停产了:肌苷产品只好放弃了。

次年,引入缬氨酸的生产,产品每公斤售价一百五十多元。当我们逐步摸索出生产工艺时,全国各地药厂纷纷上马此项目。于是出现产能过剩,价格猛跌。江苏诚意出现了较大面积的亏损,达四百多万。盈利与亏损就这样打起拉锯战,来来往往,造成让总部领导、让江苏诚意公司的员工都十分不安的局面。

我的建议是,将发酵产品停了,将公司其他成熟的产品嫁接到这里来。"淮安不安"的局面,一定会改变。

4. 颜贻意谈"化危为机"

应对多变的市场需要诚信经营

担任洞头县政协副主席的颜贻意,在两届十年的参与洞头政治、经济建设的"建言献策"中,承担了他作为一个企业家服务社会、报效社会所应有的责任。

2006 年 8 月 25 日上午,洞头县工商业联合会(总商会)召开第六次会员代表大会,颜贻意再次当选为会长。

2008 年 1 月,颜贻意当选为浙江省人大代表,在浙江省参政议政的大舞台上,展现了一位企业家的抱负、胸怀与责任。

他提出的议案,"要求洞头(温州)陆域引(供)水工程列入省水资源保障百亿工程的建议",获得省里的高度重视。温州市水利部门也加紧实施颜贻意代表的这一议案。

2009 年 6 月 26 日,海岛洞头彻底告别吃岛上水塘苦水的历史。靠天吃水,成为过去。这一天,文成珊溪水库的清泉,流进了洞头岛。

通水之后,接受媒体记者采访的浙江诚意药业有限公司副总经理张向荣告诉记者,由于限期、限时供水,我们企业每年都不得不限产停产,最长的一次因为缺水连续半个月停产。

缺水,给诚意药业以苦涩的回味——诚意药业曾经让每位员工从家里带来水源,让食堂做饭。

"缺水、缺电、缺资金、缺土地"曾经是诚意药业的四大紧箍咒,让颜贻意举步维艰地苦斗了 30 年。

进入 2009 年以后，诚意药业面临的各种挑战、危机和机会，可以说来自四面八方。

2009 年元旦过后，颜贻意在接受洞头新闻网采访时，回顾了全球金融危机对诚意的影响，也坦露了如何"化危为机"的谋划与思路。

颜贻意说：

这次危机全面波及全球各领域，比 1997 年那一次亚州金融危机更严重。我认为呀，面对这样的经济形势，要趋利避害，信心不动摇，干劲不松懈，就能使企业渡过难关。

我的具体想法有三点：

一是要严防资金链条过紧而断裂。

首先，我们的企业要积极争取政府和金融部门的支持，用足、用好政策，缓解资金困难。就我们诚意药业来说，要努力挖掘潜力，抓紧解决逾期货款，杜绝呆帐。要努力压缩库存产品，加快资金回拢，缓解资金瓶颈制约。同时呢，也要注意投资规模，要把有限的资金用在刀刃上。

二是要加快技术创新，走科技创新之路。

自主创新是民族的灵魂，是企业的生命，也是发展的根本动力。

在洞头县，我们诚意药业是唯一一家在 2008 年 12 月就获得省政府认定的省级高新技术企业，享受到国家税收优惠 10％ 的政策。这个就很不容易，对企业来说就有很多有利条件。

所以说呢，我希望各级政府，要制定一些鼓励政策，鼓励企业进行自主创新。企业要创新，迫切需要智力上的支持。一方面企业自己要注意发现人才、培养人才；另一方面政府部门要重奖为企业做出特殊贡献的优秀科技人才，推动企业成长升级，形成全社会都来讲科技创新的氛围。

三是要以诚信经营应对多变的市场。

这是一个企业的职业道德，也是一份社会的责任。无论是过去，还是今天，是内销还是外销，不论何时何地，大量事实证明，以诚信应对市场，将最终使我们赢得市场。

"信心不动摇，干劲不松懈，就能使企业渡过难关"，这是颜贻意对危机袭来时，最直接的反应与决断。

延伸阅读 1：洞头撤县设区

2015 年 7 月 28 日，在温州市委十一届九次全会上，浙江省委常委、温州市委书记陈一新率先在会上公布"洞头撤县设区"的消息。陈一新说："我想告诉大家一个好消息,历经三年多的申请,洞头撤县设区已获国务院批准。要知道,全国各地排队报批的很多,但获批的极少,温州很荣幸通过了。"

洞头撤县设区后,温州市区将向东延伸50公里(整个市区东西距离将达100公里),形成五区(四行政区(鹿城、瓯海、龙湾、洞头)+国家级经济技术开发区)的基本格局。

六十多年前,洞头以其独特的战略地位,成为"东海前哨"。那时候,国民党军队和共产党的军队,都看好这个拥有103个岛屿的列岛。

1952年1月5日,洞头全境最后解放之时,隶属浙江省玉环县。玉环籍干部大批派往洞头,对洞头进行革命化和正规化的管制。

1953年6月10日,中央人民政府批准洞头置县,1958年5月29日,国务院又将洞头县撤销,划归玉环县。一直到1964年10月31日,才恢复洞头县建制,隶属温州地区专员公署。

几经磨砺,2015年8月起,洞头再迎一次行政区域的重大变革。温州城市中心区推向海边100公里。以"港城"和"海上花园"的面目,出现在中国版图上,是洞头最好的归宿。

延伸阅读2:公平路码头:这里通向中国

1985年8月21日,烈日当空。

上海海运局所属的"长绣轮"由大连返回上海。在公平路码头,提着大包小包的旅客行走在狭窄的悬梯;接客的人群等候在岸边。许多肩扛扁担、抱着孩子的旅客走出码头时,已筋疲力尽。

1985年,我在上海港客运总站采访时了解到:十六铺码头、大达码头和公平路码头为上海三大客运码头;一张上海到大连的三等舱票价为人民币9.90元。十六铺码头拥有二十多条航线,每天四万多人次客运量,平均半小时就有一班轮船。

2008年3月,公平路客运码头即将停运的消息传出,牵动了无数上海海运干部、职员的心。一些人一辈子把自己的美好时光花费在此,怀念之情难以言表。

20日这一天,许多老人在码头边守候了整整一夜,向老码头告别。人群当中有位坐着轮椅前来的老人,用微颤的手抹去眼角的泪花。百年码头的风风雨雨,承载着人们的复杂情感,新时代的到来不应抹去往日的记忆。

(根据上海名记者谢伟民先生的《记忆中的公平路码头》改写)

第十二章
各项业绩破纪录（2010—2015）

本章导读 <<

　　这一章，围绕着科技创新而展开：进入 2010 年，颜贻意"有产品脱销的惊喜，也会有亏损面扩大的隐忧"。

　　诚意人抵御各种风险的能力在提升。

　　进入新的十年，诚意药业以只争朝夕的精神，不断超越自我、不断刷新自己创造的各项记录。

1. 千头万绪一主线，"技改""开发"挑双肩

　　国务院文件将"生物制药技术"提高到国家战略的高度，这对颜贻意触动很大。

　　2010 年 1 月 2 日，元旦休假后的第一个早班会上，颜贻意和他的高管团队照例举行 30 分钟左右的工作部署与情况汇总短会。这个早班会上，颜贻意提出了新年的工作思路，将着重在开发与技改上发力。

　　茆利平汇报了 208 车间生产情况；吕志东汇报了美国公司将来考察、审计的情况；江丕坚汇报了能耗情况；张志宏汇报了 208 车间设备问题；陈后强汇报了 207 车间生产情况；邱克荣汇报了"三废"治理方面的情况。各位老总言简意赅地汇报了自己分管领域的最新情况，大家都能够在第一时间了解全公司的运行情况，等候颜贻意发话。

　　颜贻意说，2010 年的工作计划已经制定，产品开发、三废治理、内外销售、安全验收、GMP 管理、技术改造、节能降耗、党建工作，千头万绪，要有一条主线，这

条主线就是:全力做好新品开发和技术改造。

早班会结束后,诚意药业的各个岗位上,又能够看到各位老总忙碌的身影。

一个月之后的诚意药业的股东大会,就没有那么"和和气气"了。

2月6日晚上,各位股东齐集会议室,开门见山地讲问题、提意见、谈思路。

厉市生首先表态说,我们没有做好现有产品的销售工作,销售业绩实在不能让人满意。邱克荣说,2010年还将处于温州内外的金融和实业危机中,我们的资金运转将会出现困难,特别是江苏诚意公司扭亏为盈是大事,要有明确的目标。吕孙战说,销售合同有时候存有纰漏,原料药管理有一定的混乱情况。曾焕群说,我们的技术力量还要充实,要紧紧抓住出现的各种教训,做好相关案例的解剖与学习工作。谢旭一说,我们在技术开发上的很多指标不够明细,有粗放经营的味道,这个要尽快改观,等等。各位股东都将自己看到的、体会到的诚意问题一针见血地指出来,等候董事长颜贻意作总结发言。

颜贻意说,温州内外的金融和实业危机确实还没有过去。2010年将会是诚意药业较为艰难的一年。我的想法是:危险与机遇同在,风险与成功共存。各位股东都提出了我们存在的、急需改进的各种问题,这说明,我们还是能够找到自身的不足之处和薄弱环节。有问题不可怕,可怕的是发现不了问题、找不到解决问题的思路与方法。

回过头去翻开2010年《中国制药行业分析报告》,你会看到,2010年以来,国内的医药制造行业,其行业规模和投资规模都在迅猛扩大中,全年投资额达到了1200亿元,工业增长率实现13%的高速增长,全行业实现的利润总额约为1200亿元。中国制药为中国制造在国内和国际两大市场频频"加分"。

如意君注意到,2010年出版的《中国药典》中增加了40%的新药品种,并对原来70%以上的品种进行了完善和提升。这意味着中国制药的质量标准正在不断提高。如此大背景下,药企只有通过不断的技术改造和技术创新,才能不会被洗牌、被淘汰出局。

于是,如意君关于诚意药业的技术改造和技术创新的报告,就必须站在更高的高度、更为广阔的维度,去探寻、探究。

从温州市、县政府层面看,科技部门扶持和激励企业推进技术改造和技术创新的自觉性也开始迫切起来。

先有诚意药业向洞头县科技局申报了《度洛西汀的中试研究与开发》一项课题,获得25万元的科研资助;又向浙江省经信委申报了"省企业技术中心研究项目",获得20万元的资助。这些资助虽然微薄,却将政府部门的业绩考核与企业的自主创新捆绑在一起,民营企业的技术进步迎来了一个良好的社会环境。

度洛西汀是如何通过专家答辩走进诚意药业创新产品目录的? 苏丽萍的讲

述，还原了当时一些情况——

讲述人姓名	苏丽萍
讲述时间	2016 年 5 月 20 日
讲述地点	公司专家楼
职务	诚意药业股份有限公司董事会办公室主任、职工监事

苏丽萍

至今回想起来，那一幕，有点惊心动魄。

2010 年 6 月，公司与苏州一研发单位合作开发度洛西汀产品拟申报国家"十二五重大新药创制"科技重大专项立项，需要我们几位核心骨干前去北京参加该项目的答辩会。

接到通知后,颜董让负责项目申报的茆利平副总经理牵头准备答辩会上的 PPT 资料,我和匡维兵两人做好协助工作。

为了让答辩的 PPT 内容能突出制药企业的特色,公司技术顾问向我们推荐了一款含有药品元素的模板,供参照。

计划中,并没有安排我前去北京参加答辩会。中午在餐厅吃饭时,茆总突然通知能熟练操作电脑并对 PPT 内容十分熟悉的我,让我一同前往。也许是颜董希望这次出行在各个环节都能够做到滴水不漏,所以,那天我们一行信心满满,在颜董的带领下,飞往首都北京。

颜董向来追求完美,即使在机场候机空档,还与我们不断地讨论修改、完善 PPT 内容,希望能够突出特色,一炮打响。我一直开着手提电脑,不断修改,可以说是马不停蹄。

到了北京的酒店登记好后已是晚上 10 点多,大家匆匆安置好行李,又到颜董房间集合,做第二天的模拟讲解。不久之后,合作单位凯瑞斯德生化(苏州)有限公司的董事长张绪穆(世界著名手性技术专家,美国新泽西州立大学化学系终身教授)和办公室主任何国宾两人到酒店会合后,继续对 PPT 内容提出完善意见,一直进行到凌晨 2 点,大家觉得准备得比较充分了,才各自回房休息。

第二天,我们早早地等候在答辩会现场外。终于轮到我们入场了,按照会议规定,只能由一人操作电脑一人负责项目讲解。茆总作为该项目的负责人,自然是报告人,而颜董及合作单位的专家只能坐在后面旁听,不得随意发言。

每个项目答辩只有 15 分钟,其中项目介绍要在 10 分钟内完成,5 分钟用于解答专家组提出的各种询问。专家组成员都是相关领域的顶尖人士,所提的问题也都非常专业,但由于我们之前准备充分,所以还是能够圆满完成项目答辩。

一出会议室门,茆总脱下西服外套,我们惊讶地发现他的衬衫都已是湿淋淋的。茆总开玩笑说,主要是颜董等人坐在后面给他压力太大,因此汗湿衣衫了。

2011 年的最后一天,喜讯传来,度洛西汀原料药子课题经批准获国家立项支持,中央财政给予 150 万元的资助,我们终于不虚此行。

通过技术进步不断降低产品的各种成本,是所有制造类企业的共同梦想,"工艺技术的提高"是 2010 年诚意技改的最大特色:

新建成的 208 车间正式投用。对灌封工序的联动机进行技改,提高了工艺水平;完成了托吡酯精制、腺嘌呤合成、美沙拉嗪高松密度制备等产品的工艺完善和改造;完成雷沙吉兰原料药合成工艺研究与制备、度洛西汀原料药制备工艺。这些技改所产生的效益,是显而易见的。

更加令人振奋的是,两种新产品的研发也在有条不紊地推进中:羊栖菜的药效研究和阿托伐他汀钙工艺研究,一直马不停蹄。

这一年，负责向董事会作年度工作总结汇报的是颜孙传。

颜孙传在他三千多字的报告中仅用一句话就带过以下一行文字："新产品的开发费用占年销售收入比重达到 4% 以上。"董事会的每个成员当然明白这里的"4% 以上"代表着多少真金白银。诚意年度总结会议总是安排在旧历春节之前，有"辞旧迎新"，更有"辞旧布新"之意。新产品开发的费用年年在攀升，一如诚意药业的纳税总额年年涨个不停。看到室外正是寒风凛冽，而简陋的董事会的会议室内，玻璃窗上结下的一层热气凝成了水滴，正一滴一滴往下掉，颜贻意的心情，是愉悦的。

这是 2010 年 12 月的一天。几次翻阅 10 月颁布的国务院文件《关于加快培育和发展战略性新兴产业的决定》，颜贻意看得比别人仔细，也想的比较复杂。他发现，文件把"生物医药产业"的经济性质和地位提高到了国家战略的高度。后来的"生物医药产业十二五规划"中，中央政府也提出我国生物医药产业的发展重点，即大力发展基因药物、抗体药物、治疗性疫苗以及小分子化学物等医药领域。想到在洞头海岸线上生生不息了几十年的羊栖菜药用研究已投入巨资仍然未能打开一个缺口，他也觉得释然了。

2."五年规划"来恳谈，专家把脉定方向

诚意将做好两个转型：由原料药向制剂转型，销售平台由中小城市向中心城市转型。

2011 年 3 月 18 日。

这一天，工业和信息化部、卫生部、国家食品药品监督管理局联合颁发《关于加快医药行业结构调整的通知》。"两部一局"在该《通知》中说：

进入 21 世纪以来，我国已成为世界医药生产大国。

但是，我国医药行业发展中结构不合理的问题长期存在，自主创新能力弱、技术水平不高、产品同质化严重、生产集中度低等问题十分突出。加快结构调整既是医药行业转变发展方式、培育战略性新兴产业的紧迫任务，也是适应人民群众日益增长的医药需求，提高全民健康水平的迫切需要。

"两部一局"的这份《通知》尤其重视科技创新工作。提出：要提高企业自主创新能力，重点推进生物医药技术创新与产业化，推动企业按照《药品生产质量管理规范（2010 年修订）》（GMP）进行改造，淘汰高耗能、高耗水、污染大、效率低的落后工艺和设备，严格控制新增产能。

在鼓励技术创新方面，《通知》指出：

鼓励技术创新。继续加大对医药研发的投入,对具有我国自主知识产权的新药研制,在科研立项、经费补助、新药审批、进入医保目录和技术改造投资上给予支持。鼓励开展基础性研究和开发共性、关键性以及前沿性重大医药研发课题。支持企业加强技术中心建设,通过产学研整合技术资源,推动企业成为技术创新的主体。

至此,医药行业的创新工作,有了一个阶段性的指导意见,有了一个比较明确的政策导向。

在如此"利好政策"推动下,诚意药业"第十二个五年规划"就要谋划更高更远的创新大局。

2011年5月31日,在省城杭州,诚意药业召开了有史以来规模最大、层次最高的一次会议——《诚意药业第十二个五年规划》恳谈会。浙江省政府部门的领导、省内外医药行业的专家与会恳谈,为诚意药业今后五年发展,望闻问切、建言献策。浙江省经济和信息化委员会医药石化行业管理办公室主任周士法主持了会议。

如何将制剂做大,如何做好下一步的转型工作,如何找到特色产品,是这次会议各位专家和领导议论的焦点话题。

浙江大学药学院教授胡永洲说,诚意的规划很全面,但是,主线不够明显、重点不够突出。重点产品要做好产业化。今后还要继续做好市场调研,梳理一下现有产品之后,再做新的谋划。

上海医药工业研究院岑均达的看法是,制剂与原料药同步发展比较适宜,不能为了做大制剂,放弃已经成熟的原料药的研发与生产。

原浙江省医药管理局局长赵博文说,诚意药业下一个五年,还是要在个性化、差异化经营上下功夫,继续走"产学研"相结合的发展道路。在转型这一点上,可以作这样的部署:洞头母公司重点发展制剂,江苏淮安公司布局原料药生产。

省经信委医化办的周士法主任说,省经委为一家企业开一个研讨会这样的情况不多。诚意药业的规模不大,但是一直都是很稳健地走下来。一个企业编制"五年规划"的出发点很好,有向上的意识。他建议诚意药业做好两个转型:第一个转型是:洞头母公司做好由原料药向制剂方面的转型,江苏淮安基地向规模化转型;第二个转型是:销售平台由中小城市向中心城市转型。

其他省市专家和领导则在国家环境保护政策收紧这一点上,建议诚意药业多上一些污染少、市场定位准确、充分考虑环境因素的产品。

关于特色产品的开发,大家纷纷谈到了"洞头一宝"羊栖菜如何尽快上市这个问题。

中科院上海药物研究所研究员黄成钢说,洞头羊栖菜的开发要转换思路,短期内可以将原先的药品开发的思路转到保健饮品的开发上来。原浙江省医药工业公司技改处长童建新赞同黄研究员的看法，他提出，诚意药业要与洞头县政府取得一致的步调，支持羊栖菜养殖政策的深化与落实。上海医药工业研究院的岑均达研究员也赞同将羊栖菜开发趋向保健饮品之路比较合适。

颜贻意十分感谢省经信委出面主持召开这次恳谈会，感谢各位专家和领导的亲临指导和智慧支持。这是浙江省、温州市和洞头县三级政府协力助工、协力发展实体经济的一次创举、一个暖心行动。诚意药业决心编制好、实施好"五年规划"，以良好的经营业绩和优良的社会效益，感谢社会各界对诚意药业的支持与帮助。

2011 年 8 月 1 日，任秉钧正式加盟诚意药业，担任公司总经理，就要走马上任了。

上午，颜贻意主持召开了一个欢迎短会，交代了一些问题，布置了一些任务。任秉钧本人发表了自己的就职感言。诚意团队又一次迎来了"空降兵"。

现在，坐在 2011 年年度工作总结汇报会报告席上的，不再是颜孙传，换成了诚意药业的老总任秉钧。

任秉钧是浙江绍兴人。他在略带绍兴口音的报告中，语速平稳地总结了这一年新药开发和技术改造的累累成果：

新产品开发方面，完成了以雷沙吉兰酒石酸盐为代表的 7 个原料药中试阶段，还有 8 个产品在研制中。同时，向国家药监局申报了 100 mg 硫唑嘌呤片、50 mg 巯嘌呤片、720 mg 盐酸氨基葡萄糖胶囊等产品。

技术改造方面的进展也是硕果累累，完成了甲类仓库、甲类储罐区、甲醇、乙醇回收装置的设计、安评，取得了危化品设置许可证；完成了冷冻车间新冷冻池的设计及地面加固；完成了三废水处理增加的高浓度废水处理的土建部分；完成了制剂大楼、科研楼的规划调整等。

任秉钧的报告还在继续。

3. 新品研发迈大步，各项业绩"破天荒"

过去几年、十几年仅有一两个品种上市，如今的诚意，每年申报的新药都有五六种。

进入 2012 年，诚意药业新产品开发势头更猛，先后完成了门冬氨酸鸟氨酸原料药及制剂等七八个产品的中试和研制。工艺技术的改进和提高也在按部就班地进行中。甲类仓库、甲类储罐区开工建设，101 车间技术改造如期完工。

值得惊喜的是，这一年，高新技术产品的销售将近两亿元，同比上升了

41.8％,占总销售收入的 80.7％,开创这样的业绩,可以说是"史无前例"、"破了天荒"。

2013 年 3 月 8 日,浙江诚意药业有限公司申报的"度洛西汀化学药大品种创新研究"项目,成功列入"国家重大新药创制科技重大专项"子课题,"获得中央财政科技经费资助",这也是温州这家药厂有史以来的第一次。

度洛西汀这款新产品,于 2004 年 8 月在美国首次上市,随后在欧盟批准上市,该药用于治疗成人抑郁、妇女应激性尿失禁或神经病性疼痛。目前,国内外厂家均使用传统工艺,有生产周期长、原料浪费大、效率低、能耗高、三废排放多等缺点。诚意药业与苏州一家高新企业合作,采用具有自主知识产权的手性催化剂和不对称氢化技术,直接合成得到 99％光学纯度的高品质度洛西汀产品,成功试制国际领先水平的新药。

为了迎接上市,诚意药业再一次需要"脱胎换骨"。这一回,公司的名称也将别有新意:诚意药业有限公司更名为诚意药业股份有限公司。多了"股份"两字,市场地位显著不同。

2013 年 6 月 1 日,颜贻意将各位高管召集在一起,请来专家开了一次"公司名称变更培训短会"。今后,公司文件与合同等规范性文件如何发布、与银行如何做好沟通、董事会和监事会如何建立与规范化等等一系列问题,高管们要做到心中有数。

9 月 28 日,更名之后的诚意药业迎来了浙江海洋学院教授丁国芳带队的考察指导团来企业调研和指导。

浙江海洋学院创建于 1958 年,由原来的浙江水产学院更名、合并其他院校而来(2015 年又更名为浙江海洋大学)。丁国芳这次率队而来,重点调研的是"海洋生物制药的前景与诚意药业的转型升级"这样一个宏大课题。

丁国芳说,在浙江乃至整个长三角,诚意药业在海洋生物制药方面走得较远、走得稳健扎实,也取得了不小的成绩。从目前现有的全球生物制药研发水平看,从绵长而深邃的海岸线上提取的海洋生物,可以制成抗癫痫、安神、美容等保健品和药物。当然,这个发展水平还是远远不够的,还会有极其广阔的空间。

考察后,颜贻意表态,愿意与浙江海洋学院结成战略合作伙伴关系。丁国芳等人表示,海洋学院愿意拿出地皮或者项目,为诚意药业谋得更大的发展空间。

2013 年是诚意药业科技创新之路步子最大的一年。在科技方面的投入首次突破千万元;首次获得国家级科研经费资助;高新技术产品的销售近两亿元,同比上升 5.7％,占销售收入的 82.2％。

新药申报方面,上报了托拉塞米针等七八个品种。江苏诚意公司也逐渐走出困境,取得了江苏省高新技术企业证书和江苏省科技型中小企业证书,3 个品种被江苏省科技厅认定为省级高新产品。

技术改造方面也是脚步未停：101车间顺利通过2010年版GMP改造和认证；甲类仓库、罐区、甲乙醇回收装置完成安装并申报验收；制氮设备完成前期调研和设计，完成安装；完成募投项目年产500吨氨糖和制剂大楼的建设工作。

2013年颜贻意召集的最后一次会议还是安全生产汇报总结会。这次会上，颜贻意的心情不错。他布置给全体员工的任务只有："自查"与"公司再检查"。时时刻刻不敢放松安全生产这根弦，是中国制药企业得以顺利发展的命脉之所在。

4. 大喜过后有大忧，冷静处理定"乾坤"

诚意的发展从来就没有风平浪静过，一向是在坎坷中取得胜利。

"氨基葡萄糖等产品，在国内一些市场全面脱销。不少客户追着诚意供应商责问，难道你们也像苹果公司一样在搞饥饿营销？"

2014年新年的第一天，得到如上情况汇报后，颜贻意开心地笑了。

是的，多少个新年的第一天，他没有如此开心地笑过。

1月2日的早班会上，他布置要实施两个全面战略：全面提高产品开发与市场营销共同整合的力度；全面提升质量安全与环保管理共同整合的力度。

两个"共同整合"提出伊始，大家还有一点疑惑。经颜贻意点题，大家豁然开朗：产品开发与营销战略同步推进，产品质量与环保管理同步推进，实现这样"两个同步"，即是诚意药业2014年"两大全面战略"的核心之所在。

大家都会意地笑了。

可是到了这一年的3月底，江苏公司的报表出来之后，巨大的亏损面震惊了领导班子所有成员。4月12日、14日公司高层连续召开两次会议，分析亏损的原因，讨论扭亏对策，寻找解救的方法。

林宝贵说，江苏公司管理人员偏多。颜怡怡说，不要追求规模效应，要走"小、精、尖"之路。张高桥说，要坚持走"发酵加合成产品之路"。洪少华说，腺苷质量不好，要清理门户。谢旭一说，要看到目前公司还有4只产品是盈利的，这就要加强一线管理，树立信心，严抓质量标准，优化管理队伍。颜丽娜说，采购上临时性和随意性较大，要克服。茆利平说，还是质量有问题，质量不好，客户自然跑掉。柯泽慧说，要严控"三项费用"（销售费用、管理费用和财务费用），监控流动资金。吕孙战说，近三年江苏公司的技改投入过大，投了1500万元，这样的投入势必加剧负担。厉市生说，库存大是亏损的主要原因。如果只有产量没有质量地生产，不如不生产。现在的情况是，产品销售信息不明、方向不清、定位不准，如何不打败仗？王亚玉说，说来说去，还是"人"的问题。总经理任秉钧总结说，问题还是出在我们自己内部、出在我们自己的身上。我们不能自己欺骗自己,要做到公私分明,要顾全企业的整体利益和长远利益。

第一次分析会上,颜贻意没有发表长篇讲话。上述各位中层和高管都已经深入解剖了江苏公司存在的致命问题及解决之道,正如王亚玉所说的,说来说去,还是"人"的问题,还是企业自己内部的问题!

他的心里在酝酿什么呢?

事实上,江苏这个公司从投入以来,一直不景气、不争气,让他左右为难,经常寝食不安,而又一直找不到解决之策。

4月23日下午,颜贻意强力出手:一是重新作了人事安排;二是全力处理库存问题;三是对厂区布局做了调整;四是在提高现有产品的质量上,作出两条硬性规定。

一切安排妥当,已是深夜11点多。

他长长地舒了一口气。

5月12日,颜贻意再次来到江苏淮安,提出三大棘手问题要注意:技术转移怎么转;环保整治如何整;技术改造如何一改见效。

5月28日、6月10日、7月26日,他又先后三次听取江苏公司的汇报,并抵达淮安,协调、把脉各种现实困难。

8月5日,颜贻意再次召集高管召开"江苏公司帮扶会议"。从过去的务虚会到这次的落实会,多项有针对性的举措一一出台:

——从管理上找差距:江苏公司高管要带头,下车间与工人同甘共苦;

——从管理中找效益:要抓好规范化管理,经常性查找问题,努力提高产品质量;

——加快技术创新步伐:全力推进国家GMP认证,继续抓好技术改造项目。

江苏公司的领导曹华杰也作了深入细致的自我解剖。他说:归纳起来,江苏公司存在几大困难。一是生产上的困难。一些设备与生产要求不配套,检验仪器缺乏,人才不足。二是母公司要上市,江苏公司这边的环保检查压力很大。三是销售不景气。仅有一个月完成母公司的考核任务。

问题逐渐归结到了销售业绩上来。如果销售局面能够打开,江苏公司的困难将会得到很大程度上的缓解。

一直在江苏淮安负责各项工作的厉市生说,销售业绩上不去,自己有责任。建议今后要将销售任务落实到人,主管到位,全力做好销售资金回笼工作。

"我相信,只要措施得力,库存的大部分货物一定能够尽快出厂。"厉市生说。

2014年,尽管有过多的精力牵扯着颜贻意在江苏公司上的投入,但公司整体效益的快速提升,也提振了全体员工与董事会的信心。仅从科研投入看,继续突破千万元。各项认定战绩辉煌：申报并通过了国家高新技术企业的新认定，继续享受所得税税率15％的优惠政策；通过了省级企业技术中心的认定；通过了温州市专利示范企业认定；荣获了温州市科技百强企业称号。

在上市之路越走越近的情势下，颜贻意身上的担子，是越来越轻还是越来越重呢？浙江乃至全国医药行业的人们，都在密切关注着这家浙江小巨人企业的一举一动。

5. 温州经济"独行侠"，科技创新无止境

诚意药业与"科技创新"之间的距离是最近的，近到经常要肉搏。

今天，我们说到"创新"这个词汇，已经索然无味。"创新"与"开发""发展""搞好"等词汇一样，成为当代汉语中最无新意的四个热词之一。

但是，如意君还是要弹起"创新"这个老调。

这是因为，世界上的制药企业天天都在创新。除了"创新"，他们就不会干其他事情。

从铜山制药厂一路走来的诚意药业，每上一个台阶，都是由"创新"来实现驱动的——

1987年，氯霉素注射液在浙江省同类品种质量评比中，荣获省医药管理局颁发的第一名。

1990年，2毫升盐酸林可霉素注射液荣获省医药管理局颁发的"省优产品"。

1997年，三氮唑核苷被浙江省科学技术委员会推荐为"浙江省优秀高新技术产品"。

1998年，利巴韦林原料药以其精湛的制造工艺、过硬的质量而成为浙江省名牌产品和浙江省高质量医药产品。

1999年，克林霉素磷酸酯注射液荣获浙江省人民政府颁发的"浙江科学技术进步三等奖"。

大约在1999年之前，诚意的创新成果，是"三到五年才出现一个"，而进入新世纪之后，创新成果年年有，甚至每个月都会冒出。

如今，诚意药业有了抗病毒类药阿昔洛韦原料药、阿米卡星注射液、盐酸林可霉素注射液。这些都是药厂的"当家产品"。

制药企业的创新之路，伴随着无数的风险与失利，稍有不慎，将会带来人仰马翻。从这个意义上看，诚意药业与温州的产业集群——服装、鞋革、打火机、包箱、剃须刀等轻工产业有点格格不入。与国有的温州第一制药厂、第二制药厂的发展路径，也是大相径庭。

在温州经济版图上,从铜山制药厂一路走来的诚意药业,几乎没有同伴、没有带路人,几乎就是"独行侠"。

颜贻意大半生中最主要的精力,都是跑步前进在温州之外的中国大地之上,以至于他和温州很多企业界的老板并无交集。

但政府部门对诚意药业几十年来专注于科技创新的追求,却一直是肯定的。

——2007年1月19日,中共温州市委、市政府隆重表彰了电器、服装、鞋革、化工等行业的"名师名家",颜贻意荣列十位化工名师名家之内。这十位名师名家中,只有颜贻意一人既是老板,也是名师、名家。

——2010年3月,浙江诚意药业有限公司进入温州市"企业技术创新"名录。这是温州历史上第一次评选出来的企业在"技术赶超项目、技术创新重点项目、应对技术性贸易壁垒技术攻关项目、产学研合作项目、企业信息化项目"等五大项目中,走在全国同行前列的27个样板。

——2013年,中共温州市委、市政府隆重表彰了全市32位"优秀企业家",颜贻意榜上有名。市政府给颜贻意的颁奖词是:

他以实干型企业家特有的"踏实本分、负责善行"的品性,带领公司三次改制,发展成为集生产医药原料药、针剂、胶囊、片剂的现代化股份制制药企业。2013年公司入选中国医药工业法人企业利润500强,成为全国六千多家医药企业中的佼佼者。

颜贻意获得这个奖励是名副其实的。

这是他几十年来在创新之路上留下的功勋与美德。

他又是不安分的。

血管中流淌着海水一样的血液,注定他生命不息,将奋斗不停、创新不止。

延伸阅读:中国药企赶上欧美只是时间问题

2016年2月,一篇外国人看中国药企创新的文章,在当月的网上很热门。文章经"环球网"转发后,不少国内医药网站纷纷加以引用。文章写道——

在医药科研上投入巨大,中国药企可以利用的人才库越来越大,而在西方受过教育的科研人员也纷纷回国,就是所谓的"海归"。

《自然》(Nature)杂志数据显示,以学术论文发表数量和其他因素来衡量,2012年至2014年,中国的生命科学研究成果增加了30%。在化学方面,中国已超过德国、日本、英国和法国,成为仅次于美国的世界第二科研强国。

"中国有明确的前进方向:它决心成为创新者。"英国制药集团葛兰素史克

（GSK）上海研发中心的全球神经科学研究负责人 Min Li 说。

GSK 是在中国设立研发中心的数家跨国制药企业之一，旨在利用中国日益增强的科研基础，并针对中国市场研发药物——不断增长的中国市场，已经是仅次于美国的全球第二大医药市场。

外国药企也纷纷在研发领域与中国企业建立合作，这些合作协议既有助于它们深入中国市场，也能帮助中国制药行业发展。比如，和黄中国医药科技正在跟阿斯利康（AstraZeneca）与礼来（Eli Lilly）合作，而百济神州与德国的默克（Merck）进行合作。

最有名的中国年轻药企之一并没有自己研制药物，而是为国内外药企提供研发和制造方面的外包服务。无锡药明康德（WuXi AppTec）去年从纽约证交所（NYSE）退市，被管理层以 33 亿美元收购，由此完成了私有化。该公司计划投资1.2 亿美元，在上海兴建可容纳 800 名科学家的新研发和制造设施。

有很多怀疑人士指出，中国要追赶美欧还有很长的路要走。诺华大中国区主席尹旭东称，"我们将看到一些'me-too 药物'作为中国特有药品被研发出来。但是我们何时才能看到突破性药品问世？这要求科研能力、财力以及战略性思维。具备这些需要时间。"

（资料来源：《中国加大投资医药创新，英媒：早晚会赶超欧美》，
载北京参考消息网，2016 年 2 月 22 日）

假如这篇文章的推断正确的话，那么，假以时日，中国药企在科技创新领域赶上甚至超越欧美并非非分之想。

不管怎么说，脱离仿制药的窠臼，研制出"突破性药品"，是中国所有药企的梦想。

脚踏实地，梦想总会圆的。

第十三章
闯荡江湖天地宽

本章导读 《《

药厂最先走出洞头，靠的是营销工作。当原始的"两条腿营销"退离江湖后，"扁平化营销"呼之欲出。

"我们对销售队伍进行了扁平化重组与考核变革，让资源的有效性得以充分发挥。"诚意药业股份有限公司总经理任秉钧说。

"突围"，是2010年以来全国工业企业的一个热词。

如何从"销售突围"中实现"转型升级"，诚意的案例有独到之处。

1. 一个人的"江湖"

市场向来就是江湖：胜者为王、不同情弱者。江湖屡有才人出，各领风骚几百天。

诚意公司早期的营销策略，基本上靠的是"两条腿走路"，靠的是子弟兵建立"井冈山根据地"，靠的是"星星之火可以燎原"的战略。

药品在中国作为一种特殊商品，在长期管制结束，市场大门慢慢打开之时，由生产企业自行获取市场，始于20世纪90年代初。

药厂第一批销售人员，基本上与供销员没有多大的区别，靠的是"两条路走路"，把祖国的"大好河山"走遍，把客户资源一点点建立起来。这与其他企业攻打市场差别不大。

市场向来就是"江湖"，在占地为王的初级阶段，谁能够吃苦，谁就有饭吃。

诚意公司也一样。靠着"两条腿走路"，靠着"星星之火可以燎原"的策略，诚意走出海岛洞头之后，慢慢在浙南、闽北站稳了脚跟，建立了自己的"井冈山根据地"，分到了药品管制放开之后的第一杯羹。

孔剑毅、庄小萍、郑华铭三位员工先后做过公司的销售员。他们的"第一次出门"于谨小慎微之间，构成了他们自己酸甜苦辣的"一个人的江湖"。

讲述人姓名	孔剑毅
讲述时间	2015 年 1 月 11 日下午
讲述地点	公司专家楼
当时职务	业务员
受访时职务	诚意药业股份有限公司制剂车间主任

孔剑毅

我于 1992 年 7 月进入温州市第三制药厂。颜厂长看到我文化程度不错，就叫我去销售科工作。

上班的第二天——1992 年 7 月的一天，厂里给我一个任务，到湖北潜江制药厂送 100 公斤的利巴韦林原料药。派我去潜江，一是送货，二是回笼资金。货物是托运，很快就到了目的地，而拿钱的人，却要坐船、坐车，一路辗转到湖北。

第一次坐长途车，一坐就是三十几个小时。对方收到货物后，没有说要给钱也没有说不给钱，就让我在旅馆里耗着，这一耗居然是一个月。

一个月后，我带着现金支票准备返回。

在武汉长江码头,我想坐船到上海再从上海回温州。遇到的一幕,心惊肉跳。

三个男子在码头上"唱三簧"。我坐在旁边,一边等轮船一边颇有兴趣地看着他们——那时候,脑子还是太简单,不知道这一看有多危险:他们说是用人民币兑换台币,据称可以让客人"赚很多钱"。当时,已经有人上钩了,不久三个男子就瞄上了我,用各种手段引诱我"兑换"。

我的立场很坚定,看看可以,和你们一起"做游戏",不行。

三个男子眼看无计可施,冲了上来,试图要打我。我一看不好,赶紧逃跑。

幸亏要开船了,我便立刻往轮船上跑,逃过一劫。

此后,我走了上海、湖北、湖南、福建等省市,慢慢积累了经验。也为企业生产的原料药销售,做了一些基础性工作。

孔剑毅说,1995年之前的销售工作比较简单,就是"点对点"的服务,一般客户对象都是药厂,只要能够准确找到对方的需求,销售工作便告完成。

但对于女性销售员来说,恐怕没有男同志那么自在、那么安然。

讲述人姓名	庄小萍
讲述时间	2015 年 5 月 6 日
讲述地点	公司专家楼
当时职务	业务员
受访时职务	诚意药业股份有限公司董事

我是铜山制药厂改名为温州市第三制药厂的第一天,进厂成为公司一员的。

为了纪念庆典活动,公司给我一个任务,排练一台节目,迎接四海宾朋。

之后,我在针剂车间当工人。每天做的是灯检,当时靠人的眼睛来灯检,一天下来,回到家里,眼睛闭上后,眼前还有灯苗在闪动。

之后,我成了光荣的销售员。

第一项任务是到福建厦门,带着二十多万元的现金支票去提货——胞二磷原料药,用来做水针。

当时我的妹妹在福州军区当兵,再说温州市政府驻厦门办事处的潘主任是洞头人,我以为要是有困难可以找他帮忙,所以,对此行还是有信心的。这趟车上,只有我一个人是女同志,我连水都不敢喝,生怕上厕所,就这样熬着到了福州。

到福州已是深夜两点。

我在车站找了一个小旅馆的三人房。那一晚,我整夜抱着支票,不敢睡觉,等到天明。

天亮后,我打电话给潘主任,他说他不在厦门在温州。这一下,我慌了。

连忙给对方企业打电话。对方告诉我怎么走，我又上了长途车往厦门赶。

又是一路不敢吃喝，生怕上厕所麻烦。到了对方公司，他们很热情地招待我，又是安排住、安排吃，我又害怕了。心想：你们是不是会骗我？我说，你们能否让我去仓库看看？

不急、不急。支票带来了吗？

我说带了。

但是我不能现在给你，我要你们给我装车之后才能给你们。

对方表示理解。

苦苦等了两天之后，还是没有等到货物。原来胞二磷是进口货，还没到他们的仓库。对方就派了一个小姑娘，陪着我，在厦门东游游、西逛逛。我哪有心思？

第三天终于到货了，去仓库看了，再把产品报告书也看了，这时我才放心。对方公司帮我买好大巴车票，几桶药物和旅客一起上了温州车。此时，我才把支票给了对方。

大功告成。

回到公司之后，领导很满意：不错，你通过考验了。

领导问我："你会唱歌、跳舞、会喝酒吗？"

我说："不会喝酒难道就不能去做营销？"

于是，我被公司派到了丽水，开启我之后二十多年的营销生涯。

与孔剑毅、庄小萍有着相同感受的还有郑华铭。她也是二十岁刚出头就开始"跑江湖"，历练个人胆量，也为市场拓展洒下汗水。

"这批资格比我老的销售人员，他们确实很辛苦。"

1997年6月，通过考试，进入公司，成为一名销售员的郑华铭，这样开始她的讲述——

讲述人姓名	郑华铭
讲述时间	2015年8月1日
讲述地点	公司专家楼
当时职务	业务员
受访时职务	诚意药业股份有限公司原料药部工作

进公司后，我接受的第一件事，是跟着公司销售前辈去北京参加全国药品交易会。公司在那布置了一个展位，是一个重要的窗口，所以，我们去了五六个人。

从洞头坐船到温州，从温州坐汽车到上海，再从上海买硬座火车票一直坐到

郑华铭

北京,下火车的时候,脚都肿胀了。有个老销售员拿出预备的几张报纸,铺在座位下面,躺在别人的屁股下面休息、睡觉。原来销售是这样做出来的。

我大悟。

药厂出品后,药品便到了医药公司。如果医院没有拿货的话,一段时间后,医药公司会将药品退返给厂家,那么,我们就会很被动。所以,需要主动出击。

第二年,我独自在福建泉州做新药销售。

在泉州,八一酒店后楼的三人房,有医药代表集中居住的房间,我与来自全国的销售代表交流后得知,医院住院部才是药品销售的"大头"。当时,我推广的是我们公司的利巴韦林胶囊和阿昔洛韦胶囊。

那时我还是一个二十岁出头的小姑娘,冲劲很大。

有一天下午,我听说泉州某医院有个领导是浙江人,便很开心地去拜访他。从医院出来之后,路灯已经亮起来了。我一个人往前走,准备回到居住的地方八一酒店。可是方向搞错了,走了半个小时,居然还没有到达。

我又急又怕。

正好有一个小姑娘骑着自行车过来,我连忙问她。小姑娘说:"大姐,你的方向搞错了。你坐在我的自行车后面,我带你一程吧。"

我好感动。泉州人真好。我整个人放松了。

这件事给我的教训就是:今后出门,一定要辨清方向,认准标志物,这样才不会迷失方向。

之后,我连续跑了泉州、福清、福安、厦门,福建各地一路跑过来,掌握了不少一线信息,也积累了不少经验,拓展了福建市场。

2. 农村包围城市

积少成多,蚂蚁搬家。到1993年的时候,诚意公司的营销员终于把温州市区这个最肥的市场收入囊中。

从海岛洞头出发,逐渐扩散到全国各地,诚意公司营销的手段不算灵活、动作不算迅速,仅是"笨鸟先飞"而已。

未来的他们,还将继续"笨鸟先飞"吗?

营销猛将庄小萍建立的前两个根据地,分别在浙江丽水和金华。

去丽水、金华这样人生地不熟的城市开拓市场,庄小萍实施的就是"农村包围城市"的步骤。

拿到医药公司的名单,先在温州市第三制药厂总部洞头一个个电话联系好陌生拜访的时间,安置好刚刚五岁的儿子,她就从铜山岛启程了。一个个预案先做好,到了丽水之后,再去龙泉、缙云等县市,心里就不会忙乱了。

丽水这些人很会欠钱,这条路又特别堵,要从上午坐车到晚上。

怎么办? 弱女子庄小萍不想轻易放弃这个市场。

好人总是有的。一次次上门之后,她的诚心和毅力感动了医药公司的那些"大老爷们",货款基本上都能讨回来,但也有一家由个人承包的销售公司老是躲避庄小萍的追讨,最后,她看着一些厂家的代表前去这家公司搬取货物抵债,自己也上门扛了两箱,算是弥补一点损失。

国内药品早期销售的这种"草根行为",让庄小萍学到很多东西:怎样发货,怎样取得客户的认可,怎样讨钱,甚至怎样在男人成堆的酒宴上保护好自己作为一个女性的尊严,这些都是学问。

好在她滴酒不沾,总是在众人一醉方休中,保持着清醒的头脑,不仅没有在"男人堆"里迷失,反而一点点从温州市第三制药厂营销棋盘上最基层、最草根的市场上胜出。庄小萍在公司中的威信,也慢慢建立了起来。

她的地盘扩大了。公司把温州的近邻台州地区交到了她的手上。此时,关于台州,她心中没有半点知识。

从温州市区望江码头坐轮船到乐清翁垟镇或者七里港;从七里港坐船到玉环的大麦屿;从大麦屿坐车到玉环县城;从玉环县城坐车到台州各地,这条路线是温州到台州的最佳路径。如今,这条路线已在她的心中模糊。印象深刻的就是:在车上不吃不喝,因为内急时,根本无法在众目睽睽之下解除麻烦。

与丽水相比较,台州简直就是一个"富翁"——经济繁荣,同样是海边人家的台州人,有股爽气。此时,各种"点对点的营销业务",在国内还是很新鲜的销售办法。一个能歌善舞、能说会道、从"男人堆"里果敢冲杀出来的温州市第三制药厂营销员庄小萍,一旦发力,便可以做到"以小博大""大小通吃"。

如果说在台州大大小小的医药公司领域,掀起一股"庄小萍旋风",你可不要大惊小怪。

台州最富裕的地方是椒江区。这也是温州市第三制药厂的市场空白点。以椒江为主阵地,黄岩、温岭、玉环——台州的角角落落,都让庄小萍跑了一个遍。

"庄小萍旋风"何以刮起?

若干年后的今天,在总结自己开辟"台州革命根据地"的宝贵经验时,已经功成名就的庄小萍告诉如意君:

跟在大的医药公司医药代表的后面,他们去哪里,我也去哪里;

请那些人脉广的销售代表或者是医药公司的老总介绍新的客户,迅速建立起自己的人脉;

那些难以攻克的堡垒,那就主动吃苦,发动"两条腿跑路"的长处,一次不行,就两次;两次不行,就三次。没有攻不破的堡垒,只有放不下的懈怠。

除此之外,没有奥秘可言。

就这样,一年时间里,台州对于庄小萍来说,已经没有一点点陌生感。市场的空白点也在她的脚下一一消失。

"小萍来了!"

每当这个着装时尚的温州女子出现在医药公司的时候,自然会有人唤着她的名字,为她一路大开绿灯。

"不会喝酒的庄小萍把销售工作做得很好",这在温州市第三制药厂引起了轰动。所谓的轰动就是:当很会喝酒的销售员糊涂的时候,她却是清醒的。这一理念转变了大家对于销售工作的一些误会,也消除了刚走进销售员队伍的年轻人的恐惧情绪,更是提升了销售员队伍在药厂上下的威望与影响,更提升了销售员在医药公司领导心目中的地位和品位。

"公司上下,就我一个人不会喝酒。"庄小萍说,"我的遗憾怎么去弥补呢"?

机会来了。

鉴于温州市第三制药厂的销售底盘总是做不大,药厂领导与销售员共商大计的时候,庄小萍提出:竞标。

新鲜!

于是,就把浙江省各个地市的标盘做出来。这个标盘的依据是:各地现有的销售额是多少，竞标中适当地加以提高。

有点"心计"的庄小萍心中的肥肉还是温州市区。她给自己定的标盘是一年销售额 50 万元，而她的"竞争对手"定的只有 20 万，庄小萍自然胜出。

压力随即而来。

温州市区对她来说还是一片空白。

她从在福州军区退役、分配到解放军 118 医院工作的妹妹那里借来一辆自行车，骑着这辆"自备车"在温州的大街小巷上疯跑。落脚点就在市区——温州饭店药厂办事处。办事处主任是从市医药局退休下来、对药厂有过知遇之恩的谢镇中。

温州饭店是温州市人民政府的招待所，曾经是温州市档次最高的星级饭店。办事处设在这里，确实起到办事方便、客商云集的效应。每次遇到麻烦，庄小萍总是要去找办事处谢主任，讨点智慧、讨点能量。

骑着自行车到渡口，然后抬着自行车上了温瑞塘河的渡船到达梧田，下了船再骑车，梧田这个市场就做起来了。

骑着自行车一两个小时到温州的山区藤桥，然后摸黑骑车回来，吃过不少苦头之后，藤桥这个市场也打开局面了。

积少成多，蚂蚁搬家。到 1993 年的时候，庄小萍终于把温州市区这个"最肥的市场"收入囊中。

3. 沧海横流

"医药经营部"迎来了中国制药的"销售黄金期""营销蜜月期"。这个时期却也是"沧海横流"。

谁能够在盘根错节、你中有我、争先恐后的"盛世嘉年华"中胜出，谁就是"营销英雄"。

应该是"南方谈话"之后，中国的药品市场又有了一次根本性的大开放。改革的春风吹来：为了"深化改革，转换机制，搞活流通，促进生产"，国家允许制药厂在合适的地区开设"医药经营部"。

温州市第三制药厂向温州市、浙江省医药管理局申报设立自己的"医药经营部"，拿到红头文件的那一天是 1993 年 4 月 25 日——两天前，浙江省医药管理局批准温州市第三制药厂在温州市柴桥巷 13 号设立医药经营部，营销本厂医药产品，实行批发、零售经营。

所谓的"医药经营部"，相当于药厂在外地开了一家医药公司，负责药厂产品的拓展。对于当时已经很有市场经验的庄小萍来说，这样的机遇让她内心扬起

"营销的激情"。

庄小萍拿出方案,欲联合温州某地"下海"的医药公司经理一起运作经营部,得到了药厂领导班子的认可。

拿下温州"医药经营部"后,庄小萍的视野大开,利用乐清、洞头、温州的各种人脉关系,迅速覆盖整个温州地区,并由温州地区,走向全国市场。

只要产品出来,市场马上就加以消化,很快就没货了。一断货,医药公司马上就涨价,可涨价之后,还是断货。一种叫做阿米卡星的注射液,成为各地医药公司疯抢的产品,庄小萍将药厂滞销产品和社会效益高但是药厂不赚钱的产品加以搭配,企业的整体利益得到了很好的维护。就这样,中国的医药产品迎来了长达五年左右的"销售黄金期""营销蜜月期"。这对于今天已是严重供过于求的国内制药市场已是天方夜谭。

"蜜月期"让庄小萍整天忙得不可开交。她再不"发达",也说不过去了。

一年内,她个人的销售额几乎占了全厂的三分之二。数据显示,1992 年,温州市第三制药厂的年销售额是 2156.9 万元,1993 年就达到了 3715.9 万元。此后年年增长,到了 1999 年,温州市第三制药厂的销售额终于开始突破亿元大关,达到 1.2783 亿元。

当然,经营部也要经营药厂之外的其他产品。

这就形成了沧海横流的局面:药厂与药厂之间,医药代表与医药代表之间,畅销货与滞销货之间,地区与地区之间,老板与老板之间,盘根错节、你中有我,医疗卫生战线全面市场化。在这场"嘉年华"中,该"发展"的都"发展"了。

一放就乱,一收就死,这就是医疗卫生市场的"中国现象",或者叫做"沧海横流现象"。

五年之后,到了 2000 年年初的时候,各地的"医药经营部"被省局悄悄撤销,回归治病救人的公益本位。而到了这个时候,温州市第三制药厂借助营销之力,已经在浙江省稳稳占领了阵地。

4. 营销突围

不同的产品交给不同的专业营销公司,从小城市到大城市,从大城市到中心城市,诚意的"营销棋盘"渐渐成型。

"年销售额 3000 万元怎么会完不成,还需要和公司讨价还价?"2011 年 2 月 6 日,在公司董事会上,厉市生禁不住要发表意见。

当晚九点钟,颜贻意给厉市生打电话,问他有何高见。厉市生在电话中讲了两点意见。一是市场还要细分,不能有空白;二是销售管理的理念和办法都要有所突破,谁有能力谁就可以去消灭市场的空白点,而不应该保护落后。

颜贻意同意厉市生的看法。

"突围战略"由此启动。

2012 年 1 月 10 日,公司任命厉市生负责销售工作。厉市生负责销售的指导思想是:销售工作要和生产紧密结合起来,应该是市场急需什么,我们就抓紧生产什么,生产不能和销售脱节。当然,我们还要讲社会效益,一些不赚钱的针剂还是要继续生产的。说起突围战略,厉市生这位老医药,似有说不完的话——

讲述人姓名	厉市生
讲述时间	2015 年 1 月 17 日
讲述地点	温州市区某茶楼
原工作单位及职务	瑞邦大药厂(温州二药)党支部书记
受访时职务	诚意药业股份有限公司常务副总经理

厉市生

发生在瑞邦与娃哈哈之间的一个经典案例,对于营销管理,也许很有借鉴的价值。

那是 1988 年,杭州娃哈哈营养食品厂厂长宗庆后研制了一种儿童饮料——娃哈哈儿童营养口服液。看准儿童口服液空白点的宗庆后,在浙江大学医学营养系一位教授的帮助下,以桂圆肉、红枣、山楂、莲子等天然食品为原料,提炼精制而成的口服液,起名为"娃哈哈"。其中的添加剂葡萄糖酸钙就来自瑞邦药业公司。

一开始的时候，宗庆后到瑞邦提货，每个月仅要 20 公斤的葡萄糖酸钙，几个月之后，居然需要 120 吨——他们就是采用当时非常规的销售方法——中央电视台和各省市电视台"狂轰滥炸"；各省市经销代理突飞猛进，所以，能够在很快的时间里，将"娃哈哈儿童营养口服液"打造成中国最畅销的儿童饮料。

这就是营销带来的巨大变化。

瑞邦的老总说，月产 120 吨就是全部给宗庆后，我们也无法生产出那么多。

宗庆后动用了一切手段试图感动瑞邦药厂：你们外贸出口是什么价钱，我给你什么价钱；你们提高产能需要多少资金，我不要利息借钱给你们。通过各种攻关手段，宗庆后说服了瑞邦领导班子开动马力、挖掘潜力，实现了月产近 150 吨的破天荒纪录。

宗庆后的需求满足了。日后，宗庆后被人们誉为营销大师、管理大师。

瑞邦的产能也得到了发挥。

两家企业都挖到了自己的金矿。

"娃哈哈"终于成了中国第一饮料品牌。当然，成全他的还有葡萄糖酸钙。

这就是销售与生产紧密结合的经典案例。这也是娃哈哈的阶段性突围。更是瑞邦公司有意无意之间实施的一次全面突破。

带着这样的深刻记忆，厉市生向诚意公司领导班子提出了"销售与生产一体化"的建议，中心思想就是要实现诚意营销战略的大突围。

厉市生的"突围思想"获得公司批准。

"交给不同的专业营销公司来打天下，迅速做到覆盖全国。从基层开始突破，从中小城市开始突破，进而主攻中心城市，这样的营销革命，既是农村包围城市的战略实践，也是实现突围的必要途径。"此举在诚意拉开了序幕。

值得对比的战果出来了：比如，盐酸氨基葡萄糖这种产品，一开始诚意公司自己做的时候，胶囊一年售出 200 万粒，交给专业营销公司代理之后，2014 年售出 6 亿粒。

惊人的裂变！

这里有天时地利，更有人的因素在发挥作用。人的因素就是"专业团队、专业平台、专业网络"的作用，实现阶段性突围。

诚意的盐酸氨基葡萄糖为什么能够做到中国第一？

除了上述因素外，在生产工艺上，诚意公司也有自己的独到之处。诚意生产的盐酸氨基葡萄糖原料来自虾壳、蟹壳这些海洋下脚料，而浙江沿海到处都有。它是从虾壳、蟹壳中提取甲壳素生成，是很天然、没有化学反应的一种非处方药，对于中老年人关节磨损引发的疼痛很有效果。随着国家提倡现代健康理念的深入和全国老年化时代的到来，这个产品的市场潜力还有待更多的挖掘。

目前，诚意公司还有两个新产品——托拉塞米胶囊和托拉塞米针剂。这两个产品的特征是：能够在排尿的过程中不让钠流失，从而能够广泛运用于器官移植、肝肾手术等重大疾病的辅助治疗。诚意也将这两个产品交给不同的营销公司，诚意的"营销棋盘"渐渐成型。

诚意目前的四大系列产品分别找了四个不同的团队，更是与有外资背景的营销公司在洽谈合作，尝试建立诚意全新的"江湖"。

"如意君，我很欣赏你的'销售突围'这个说法。"说到诚意的"销售突围"，总经理任秉钧告诉如意君，最近几年来，诚意在销售方面，已经成功地实现了"突围"的具体表现是，他们在找到了合适的产品后，在销售策略上做了重大的调整。

中国的不少药厂在最早开拓市场时，用的都是"子弟兵"。例如，扬子江药业就是十个营销闯将攻打市场。这十大闯将其实也就是十个家庭——十位员工，夫妻双双，拖家带口，背井离乡，走南闯北，打下江山。有的药厂甚至还是两代人一起在做营销。但到了一定阶段，这种模式就会受到限制，仅仅靠"子弟兵"，市场的覆盖面不够，资源有限，效益也不够显著。

所以，几年前，诚意药业就选择了国内一家专业的药品营销公司，请专业人才、专业团队、专业平台、专业网络来做，实践证明，效果是显著的。

2011年，诚意药业的销售额是2.1亿元；2012年是2.5亿元；2013年是2.6亿元；2014年就达到了3.2亿元，实现年均增长12%。利润增长更是明显。以2014年为例，这一年，国内市场的销售额同比上升了50.68%，而国际市场却下降了近半。其中，受牵累最大的是江苏公司的销售业绩没有明显上升。

任秉钧说："今后，我们将通过对制剂重点品种加强学术推广、进一步规范招商代理制、增加重点品种新规格和新包装等措施，加大对制剂产品的销售力度，拉动企业整体效益持续上升，以抗击国际市场可能随时出现的'看不见的风险'。"

这就是如意君所看到的"销售突围"。

"总结起来说，我认为，我们的销售策略是：顺应宏观变局、明确市场定位、充分利用渠道、优化人力资源、做大特色品种。在经过市场充分调研的基础上，整合了公司原有的营销队伍，引进了适用的营销人才，对销售队伍进行了扁平化重组与考核变革，让资源的有效性得以充分发挥。特别是引入了部分产品的总代模式，为公司的进一步扩大销售拓展了思路，使产品的市场占有率和盈利水平得到了显著的提升。"任秉钧告诉如意君。

第十四章
鹰击长空竞风流（上）

本章导读 《《

人才，是 21 世纪最宝贵的资源。

多年来，颜贻意通过"请进来""走出去""出政策"等多元化举措，始终把引进、培养高素质人才作为企业发展的第一要务。

在他的企业里，"空降兵"与本土精英相互促进，取长补短，共同培育了诚意药业这棵参天大树。

1. 任秉钧：我们敢公开承诺"三不危害"

如意君评语：他一直奋战在多种所有制类型的制药企业，身经研发、生产、质量管理和销售管理各种战线，加入诚意药业之后，个人和集体的事业舞台，更加绚烂。

他的成长史，也是浙江制药企业进入快车道之后，万马奔腾、百舸争流状况的集中体现。

听了他的讲述，我们对于"百舸争流""鹰击长空"也许会有深切的体会——

"我高中毕业时，进入国有企业绍兴制药厂，从来没有想过有一天，我会当上总经理。"儒雅、谦逊的任秉钧这样开始他的讲述。

讲述人姓名	任秉钧
讲述时间	2015 年 3 月 28 日
讲述地点	温州市区某茶楼
受访时职务	诚意药业股份有限公司总经理

任秉钧

写下"奇迹"：多岗位历练

到 1995 年，我在绍兴制药厂的工作已近十三年，担任过一线操作员工、课题组长、车间主任、研究所长。此时，绍兴制药厂的罗红霉素是国内第一个自主研制、上市的药品。上市第一年，就创下两千多万元的利润，写下"奇迹"二字。

我是该项目的课题负责人。

之后，我成为总工，带领大家完成国家 GMP 认证，2001 年被任命为绍兴制药厂的总经理。

4 年后，风生水起之时我选择了离开。

为什么呢？第一，我不是党员；第二，我信仰基督教。这在国有企业当中，已经是属于"破格重用"了，是破例了。

2005 年 3 月，绍兴一家民营药厂开始筹建，请我过去担任老总，我答应了。

从国有企业的员工，到职业经理人，我的身份转变了。

我在绍兴这家药厂担任老总 4 年，为公司获得了 18 个药品批准文号，由于与投资人的理念不同，我又想跳槽。

从研发、生产、质量管理和销售管理，这一路过来，也算是胸有成竹了。

又到了厦门的一家药厂担任老总。不好意思的是，局面刚打开，浙江诚意药业的颜贻意董事长找到了我，恳切地说，希望我回到浙江和他共事。

选择诚意：深思熟虑

我和颜董第一次见面是在十几年前。有一次我们都去参加德国法兰克福的药品交易会，在上海下飞机等行李的时候碰到了，他给了我一张名片。我一看，诚意药业，颜贻意董事长，大名鼎鼎呀。

在浙江医药行业,颜贻意这个名字是如雷贯耳。他是改革开放之后成长起来的第一代企业家,他经历和见证了中国制药的光辉历程:从无到有、从小到大、从弱到强、从国内到国外,可以说,他本人就是中国制药的一部历史。

我选择诚意、选择颜董,是有深思熟虑的:

首先,颜董本人不同于其他投资者。我所了解的一些药厂投资人,有的是房地产老板,有的是搞其他投资项目的,都是半路出家。我之前的经历教会了我,和什么样的团队、什么样的老板共事,才会有共同的理想与事业平台。

其次,我了解到,浙江诚意在海岛上居然能够在全国第一批获得国外质量认证。而且所通过的认证,范围这么广——有澳大利亚、欧盟和美国的,这说明,这家企业的管理办法、质量控制体系等是非常健全的。

我在其他药厂也经历过认证,但是,规模、数量比诚意都要小、少。

最后,我的经历和诚意的现状有些互补。诚意在原料药方面下了不少功夫,而成品药方面比较薄弱,这与它的声望有点不相称。

我也提出要求:

第一,我和你们的信仰不一样,能否接受?

第二,我从国有企业的员工转换成职业经理人,如果没有股份的话,那就没有发言权,也没有决策权。

第三,我在不同的企业之间来来去去,我从不把这家企业的产品拿到另外一家去,这是我的做人准则。

颜董事长接受了。

适应水土:承上启下

到诚意药业工作以来,我还是很顺心的。

企业都有自己的文化。实际上,企业文化就是老板文化。老板有什么样的胸怀,企业就有怎样的追求和境界。

浙江诚意药业有限公司更名为诚意药业股份有限公司之后,人才更多了。大家来自不同的公司,有不同的背景,融进这个企业,对于"空降兵"来说,首先要适应这个企业,若水土不服,有再大的本领也不行。

企业搞得好不好,关键要看带头人。颜董事长视野非常开阔,也很包容。温州的有些企业,人才一大把,但是,在老板的心里,人才是分成三六九等的。颜董深刻了解到,洞头的企业要引进一个人才,是太难太难了。所以,他能够容纳不同意见,听取不同意见。在诚意的 4 年里,我没有感觉受到排挤。

诚意上市之后,将会加紧培养年轻人。现在诚意高管里的一些年轻人,能吃苦、学习力也很强,这让我们很欣慰。

而我,只要公司有需要,愿意继续承担承上启下的作用。

新品开发：可以走捷径

温州市有个现代集团，现代集团下面有个菜篮子集团，菜篮子集团下面有个肉联厂，肉联厂下面有个温州生化厂，就是这个没几个技术员、没几个销售人员的温州生化厂，却开发了一个全国独家、治疗肝胆疾病疗效显著的中成药——胆益宁。该厂甚至没有跨出浙江，没有盈利，岌岌可危。即使找到了市场苗头好的产品，也很难推向市场。

2014年1月，我们通过拍卖，以728万元的价格买下了生化厂所有产品，包括胆益宁。接下来的几年中，我们还要花费很大的力气、很高的成本，才能把这个好产品真正推向全国市场。

所以说，开发新产品有时候也可以走捷径。

营销大有学问，大有文章。

目前，诚意药业的明星产品——氨基葡萄糖，是全国产业链最完整、剂型规格最多、质量标准最严格、全国销量排在第一的产品。这个产品的成功开发，吹响了诚意药业向海洋药品进军的冲锋号。

绿色企业：公开承诺"三不危害"

赢利是企业存在的必不可少的基础。没有赢利的企业，是社会的包袱。在赢利的条件下，企业才能把质量、安全、环保摆在十分重要的位置上，这也是打造百年企业的"三驾马车"。

在这里，我就讲讲诚意药业的社会责任。

一是在环保事业上，诚意药业公开承诺"三不危害"。

2014年，诚意药业在环保上是零投诉。这得益于颜董事长率先提出的"三不危害"举措：不危害员工、不危害周边、不危害子孙后代。温州有几个企业敢于亮出这个旗帜？

我们现在是洞头县唯一一家"绿色环保"企业。我们在和全球顶尖的一家公司在合作，在环保和产品结构调整方面，还要做得更好。

"绿色是中国企业的发展方向，也是中国工业经济的发展方向。"对此，有责任心的企业家，诚意人，一定会"咬定青山不放松"。

二是在依法纳税方面，诚意可以说是温州的模范企业。

作为本土企业家，颜董一直强调诚意要尽心尽责，为家乡多做贡献，明确告诫我们不提倡"合理避税"，更不用说偷税漏税了。

他是讲信誉的人。

诚意是讲诚意的企业。

这就是我们的老板文化。

这就是诚意企业文化的精髓。

2. 厉市生:医药业同仁"抱团"很要紧

如意君评语:在温州市区国有背景的制药企业奉献了30年,最后还是希望再来一次华丽转身——加盟诚意药业之后,在生产、销售上,他都拿出了自己的看家本领,践行着"金子就会发光"的古老格言。

"二药二药,也就两个药",厉市生一开始就这样的幽默。

他讲的"二药",指的是长期以来在温州市排行老二的温州第二制药厂,现在的瑞邦药业有限公司。这家老字号的国企,改制前,产品单一,靠两只药物打江山;改制后,终于焕发出了新的活力。

讲述人姓名	厉市生
讲述时间	2015 年 1 月 17 日
讲述地点	温州市区某茶楼
原来工作单位及职务	温州瑞邦制药有限公司党委书记、副总经理
受访时职务	诚意药业股份有限公司常务副总经理

2001 年 6 月 30 日下午,我和瑞邦公司郑总带领六十多位党员同志到洞头大门岛马岙潭开展党员活动。当晚,我和郑总住在一个房间。放我离开瑞邦的郑总,和我聊了整整一夜。

从 1971 年到 2001 年,正好 30 年的共事,大家对瑞邦的问题看得比较深入。比如,产品结构单一,新产品开发力度不大,销售制度比较滞后,我们都进行了深入的意见交换。

2001 年 7 月 2 日上午,我从温州瑞邦制药有限公司党委书记、副总经理的位置上退出,一大早坐着海船,前往洞头县,到浙江诚意药业有限公司开启新的人生里程。

温州医药行业的同仁,还是很抱团的。这与其他行业同行之间你死我活的恶性竞争大不一样。

我们之间,每隔一个季度,都会有一个聚会,互通有无。所以,我在瑞邦的时候,对诚意还是很了解的。

浙江诚意的长足之处,值得同行借鉴、学习。

比如说,浙江诚意是温州第一家通过国家药品 GMP 认证的企业。20 年前就引入"标准的操作程序",杜绝一切随意性。整洁的厂房和车间,透露出的是管理有序。我在瑞邦的时候,也来洞头参观过诚意药业。

不足之处是，当时的品种还是比较单一，仅有利巴韦林原料药。就在利巴韦林外贸出口最红火的时候，颜董多次强调，"要是利巴韦林不行了，那我们怎么办？"

深怀危机意识的诚意人，以热情和坦诚，迎接我这个空降兵前来负责各项生产工作。

2003年初，我奉命到江苏淮安，组建江苏诚意药业有限公司，负责各项工作。

此时，江苏有一个研究所正在试验用发酵的方法制成腺苷产品。江苏诚意公司将它的菌种专利及还没有成熟的工艺技术拿过来，经过多次改造，获得成功。腺苷这种产品国内一直从日本进口，我们研制成功后，日本这家公司也便退出了中国市场。用化学合成方法制造腺苷的国内十多家公司也相继退出市场。应该说，这个产品的市场前景是很好的。

问题是，它在市场上的容量很小。

2015年9月，我又被公司派往江苏诚意药业有限公司，主持公司的全面工作。总部给我的任务是：通过五年一次的国家药典GMP认证。

"抱团很要紧。"——在制药行业工作了30多年的老将厉市生最后告诉如意君，"不仅是一个企业的团队要紧紧抱成团、同舟共济，就是一个区域，甚至一个省的行业同仁，也要互通有无、取长补短，过去这方面的教训很多。面对国外大药企的进攻，大家都在同一条战线上。"厉市生说出了自己的肺腑之言。

3. 茹利平：研发无止境

如意君评语：他是一个内向型的研发专家。三十多年来，矢志不移地奋战在制药研发第一线，使他能够保持着高度的职业敏感性和创新积极性。

研发无止境，茹专家的追求当然也不会停歇。

"2006年10月8日上午，我自己一个人开车从温州到洞头，向诚意药业报到，开启我在诚意药业的职业生涯。你问我为什么能够准确记住这一天，我想告诉你的是，为什么不呢？这是我在医药行业开始的第三段工作历程——也是最有滋有味的人生里程。"

讲述人姓名	茹利平
讲述时间	2015年1月11日
讲述地点	温州市区某茶楼
原来职务	温州制药厂总工程师
受访时职务	诚意药业股份有限公司副总经理

茆利平

　　我是江苏南通人。

　　回想我大学毕业后,受国家分配来温州工作已有三十多年。现在,我成了地地道道的温州人。

　　那是 1983 年的 9 月,我怀揣 20 元人民币,在上海公平路码头买张 10 元的船票,向温州出发。

　　这是我平生第一次去温州。从温州望江码头下来,遍地是温州方言,我仿佛来到了另外一个国度。

　　向温州市人事局报到后,我被分配在温州第二制药厂。先在小南街道参加社会治安综合治理工作,作为大学毕业生参与社会实践的第一课。半年时间过去了,我基本学会了一项本领——那就是能讲一口不太流利的温州话,如今,我的温州话可顺溜了。一般人听不出我是外地人。这对我在温州工作和生活,帮助很大。

　　到温州第二制药厂,我从车间干起,与普通工人没有什么两样。

　　我在温州二药工作了 5 年,因为要结婚,分不到房子,我就索性跳槽,来到了温州最大的制药厂——温州制药厂。

　　此时的温州制药厂,在浙江排名第三——第一是杭州的民生制药厂,第二是宁波制药厂。基本上就是"杭甬温"这样的排序。

1996 年，我 34 岁那年，成了温州制药厂的总工程师。2001 年，温州制药厂改名为浙江康乐药业有限公司，开启国有、集体企业改制的高潮。

你问我为什么选择诚意？

原因有三：

一是与董事长颜贻意很早就认识了。大家都在温州医药行业，彼此相知。对他的吃苦耐劳精神、敬业精神，我是很敬佩的。

二是洞头与温州通车了，各方面的条件与温州市区没有什么区别。所以，外地的人才都愿意到洞头来。

说到海上交通，有一件事我印象很深。那时，我孩子一周岁，我带他到老家南通。回来时，走上海到温州的海路。那是 8 月，船在海上航行，突遇台风，只好停在舟山的一个避风港里。停了三天三夜，船上什么东西都吃光了。这件事加重了我对海岛交通的恐惧与不安。

三是到诚意药业后，我能够负责产品开发、技术改造和技术进步，这也是我十分中意的岗位。我相信，我能发挥更大的作用。

你问我在诚意药业公司工作得开心吗，我可以向你透露一些情况。

以康乐药业为例。

我离开十年了，现在的康乐药业与十年前的生产设备、产品结构没有什么大的变化。基本上也就是在原地踏步。2014 年，我们诚意公司的利润六千九百多万元，而它只有一千多万元。在全国制药企业排名中，诚意药业大概能排在 300 位左右，而康乐排名已跌至 700 位左右。在浙江制药行业的排名也一样。诚意大概在前 20 位，而康乐大概在 50 位。——过去，它可是浙江的老三呀。

你说这是为什么——制药企业是人才集聚的行业，需要核心人才，才能提高企业的核心竞争力。不进则退，没有商量的余地。

当然，最近这 20 年，温州市政府对医药行业是不够重视的，没有将它列入支柱产业并出台辅佐产业发展的各项激励政策，以至于温州医药行业整体发育不良、后劲不足。这个说起来，我们都感到很惋惜。

比如，20 年前，台州那些做药的小作坊，如今都已长成大企业了。台州的海翔、仙居等药企，现在在业内，影响都很大。而温州的瑞安、龙湾等地做药机的企业，由于各种原因，纷纷搬迁到上海，如今他们在上海都发展得很好。再如瑞邦药业、康乐药业，他们在温州得不到重视，享受不到政策利好，都在江苏、福建开了分厂。工人比本地多、投入比本地大、纳税比本地多。这对于温州来说，是损失呀。

4．对话颜丽娜：我很有危机意识

颜丽娜

如意君评语：她是董事长的女儿，却也是一步步从基层干出来的高管。
"今后很有挑战性，未来更有吸引力"，这是所谓的经营大师写在黑板上的一句话。

今后——就看她如何能够团结人的力量、凝聚人的力量。

未来——就看她如何从父亲的经营哲学和为人哲学中汲取营养，实现新的飞跃。

在这个意义上，公司上下包括社会各界，有理由看好她——颜丽娜。

2003 年 9 月，我回到公司的温州办事处，算是公司的一名正式成员。

我入公司这一年，喜事连连：一是淮安江苏诚意药业有限公司技改工程开工动建，二是 5 月 9 日，时任浙江省委书记的习近平同志到浙江诚意视察指导。

正是"非典"肆虐期间，公司开动马力正在生产抗非典药物。

2008 年，我开始管理原料药销售部，担任营销公司副总经理，再到公司的副总经理，我也是一步步上来的。

我的体会是：制度的建立和传承，我们做得很好。在严峻的环保压力之下，原料药的供应经常可能会出现断货，这对于制药企业来说，是致命的打击。断货一次，可能就会丢失一批客户。好在我们很努力，与客户保持紧密的联系，不断地沟通，"每个月拜访一次国内的客户"成为硬性的制度。到目前为止，公司的原料药销售还在按部就班的增长中。从主打原料药到转型为制剂生产，我们的转型算是比较成功的。

从基层干起的颜丽娜，将会承担着更加重要的工作。

如意君：企业上市之前，内部外部应该是可控的。上市之后，诱惑与风险增多。你们有过考虑吗？

颜丽娜：到目前为止，我们还在扩展产能上下功夫。我们的一个募投项目——制剂大楼，也在筹划中。公司 50 年的成功经验其实也就是两个字："质量"。公司也一直不断地围绕着"质量"而展开个性工作。这也是我父亲的毕生追求：要做良心药，要做良心人。

关于诚意公司未来的接班人究竟会安排谁，这个问题相信社会各界都十分关注。如意君与颜丽娜的这次对话，涉及了这个问题。不过，颜家上下，至今都很淡定——

与颜丽娜讨论接班人问题

如意君：你父亲有没有和你探讨过接班人问题？

颜丽娜：这个话题很有意思，我最近在浙江大学读 EMBA，正在准备一个课题：《家庭关系对家族企业传承的影响》。

我作为第二代，与父亲感情的交流主要是在工作中达成的。

他对我们几个孩子的教育，属于"苛责式的教育"，负面影响就是会使沟通受限。他的个人英雄时代可能不会再现，今天，到了我们的时代，需要的是团队协作、共同担当的精神。

如意君：第一代企业家，他们的发展环境相对简单、朴素、纯洁，现在这样的社会大气候，还有吗？

颜丽娜：现在是多元化时代。任何事情都需要专业的团队、专业的网络与专业的平台来操作。我父亲是一个全才，我们很难突破。

一代与二代交接，可能会出现问题，那么怎么办？开个玩笑吧——那就等第三代出现。我们所做的工作,就是保护好第一代企业家建立的规章制度、管理办法与人格脉络,沿着既定的方针前进。传承也是有很多种方式的,不一定是从第一代过渡到第二代。传承是企业的第二次创业,既有理念的传承,也有感情的传承。

如意君:你也接近不惑之年了?

颜丽娜:是的。你说我该怎么办? 我也很有危机感。我们企业的创新,和温州、浙江绝大多数企业的创新是不一样的。我们的每一个产品都有生命周期,有它的成长期、成熟期和衰老期,做得好会有十多年的时间。这就要求我们的创新处在一种马不停蹄的状态之中。

如意君:你个人的职业规划如何?

颜丽娜:之前,我们公司在新产品开发上,还是比较缓慢的。我将会更注重新产品开发,更注重营销队伍的建设。到目前为止,我们主要产品的营销,都是外包出去的。这说明我们的自营队伍能力不够。

我想我与我父亲的区别是:他是靠摸索出来的,而我更注重外部学习。我去浙大学习,就是把自己的一套房子卖了之后,才筹齐了几十万元的学费。我还是考进去的,这也体现了我的决心。

第十五章
鹰击长空竞风流（下）

本章导读 <<

一个企业，什么精神尤为可贵？

忠诚。

在诚意公司，就是有那么一群人，一生奋斗在诚意、奉献给诚意，谱写了"诚心诚意"之歌。

邱克荣、张孚甫、颜孙传、颜怡怡、张向荣、庄小萍、柯泽慧——这些新老员工，他们的故事，刚刚开讲。

团队协作精神，是一个企业立于不败之地的必要条件。50年来，诚意公司通过"请进来""走出去"的方法，建立起了自己的管理团队、研发团队、生产团队、销售团队、服务团队，这些团队中的人才团结在颜贻意的周围，发挥了他们各自的作用。

如意君准备择要介绍其中的一些主要成员，没有厚此薄彼的意思，仅是抛砖引玉而已。

1. 元老邱克荣：他是多面手

如意君评语：他在公司里，很有凝聚力。几十年来，他任劳任怨的工作作风，是年轻员工学习的榜样。

1986年8月入厂的老将邱克荣是一位多面手。用颜贻意的话来说是以"肯干、苦干"出名,"在公司里,很有凝聚力","社会活动能力特别强",公司上下,各种疑难杂事,他一出面,基本上都能摆平。

他对自己的评价却十分简略,甚至有些吝啬——

讲述人姓名	邱克荣
讲述时间	2015 年 2 月 1 日
讲述地点	公司专家楼
受访时职务	诚意药业股份有限公司监事会主席、党委副书记、工会主席

邱克荣

我在药厂工作 30 年,深切地认识到,一个企业,如果领导班子不团结,那么,这个企业必定会走向没落甚至死亡。

1970 年部队撤离药厂之后,一些"有本事的人",看到班子不团结,就往县里一些效益好的企业调动,离开了药厂。我们老大颜贻意同志有一点很值得大家学习,他不是那种"哪个单位效益好,就想往哪里钻的人",他是一门心思要把药厂搞好。

之后,老总叫我去小朴负责天麻素原料药工艺攻关。我带了五六个人一起攻关。最后,成功了,但出于三废治理的考虑,还是撤了这块。

那时,厂里是租用部队的营房,租金很低。但是部队为了宣示这是军产,所以还是要象征性地收一点。为了解决海岛与温州临时应急交通,我们主动与洞头边防部队搞好关系,迫不得已时,就请边防派出快艇,方便交通。

我们在小朴办厂期间,对当地经济社会贡献很大:一是小朴村有几十人在厂里工作,二是村里的集体经济也受益。

临走的时候,是1993年8月的一个夜晚。我和颜孙传等几位同志在村部与村干部喝告别酒,那晚喝酒到十点。

第二天,村里送来了一块匾,上书八个字:

"远大前程为国利民。"

这么多年来,药厂的很多人事要调整,很多岗位要设置,领导班子总会想到首先派我先去试验一下,缓冲一下。

说到工作上的事情,他头头是道。但是说到自己,他却言语谨慎。"我是党的人,有什么评价,还是留给同志们去说吧。"邱书记最后说。

同志们的评价是:他这个人人缘好,资历深,是多面手,车间生产、质量管理、新品研发和日常管理,他都行。

这么多年来,他一直像是一颗螺丝钉,在生产与日常管理中,担任着颜贻意的主要助手,发挥不同的作用。

2002年3月22日,邱克荣光荣当选为浙江诚意药业有限公司党委委员。之后,又被选为公司党委副书记。

2. 元老张孚甫:40年"三不换"

如意君评语:40年"三个不换"的老张,是一位优秀的共产党员,是企业发展的见证人与实践者。

1976年11月之前,张孚甫同志是人民解放军海军南海舰队航空兵战士,在部队里就光荣入党。

1976年11月复员后,他被分配到了铜山制药厂工作,是一位工龄超过40年的"开厂元勋"。

40年来,他坦言有"三个不换":一是工作单位未曾换过;二是老婆未曾换过;三是手机号码未曾换过。他给自己的定义是"老频道"。

这个"老频道"几十年协助颜贻意主抓新产品开发和质量管理,在20世纪90年代之前技术人才紧缺、技术力量单薄的情况下,发扬"连续作战,不怕牺牲"的顽强精神,在一张张白纸上,描绘出一幅幅最新、最美的图画。

"原则性强""社会活动能力强",他拥有的这两个"强",是他的老伙计、老战友、老领导颜贻意对他的中肯评价。

90 年代的张孚甫

3. 元勋颜孙传:贵朋好友遍天下

如意君评语:他虽然已经倒在了马不停蹄的奔波中,他和他的同仁们栽下的小树,如今已成参天大树。

"我上面有三个姐姐,我最小,属马。"颜茂林这样开始他的讲述。

颜茂林是颜孙传先生最小的儿子,也是诚意药业的大股东之一。他继承了父亲的股份,也继承了父亲踏实肯干、善于思考、不怕困难的"垦荒牛精神"。

现在,颜茂林的讲述,还在继续。

2011 年 6 月 25 日,父亲刚刚出差回来。当晚,一个亲戚叫他去喝了满月酒。

他仅仅坐了一会儿，就觉得不舒服，回家了。

当晚八点不到，他还是觉得不舒服。母亲说，你洗澡吧，早点休息，我帮你推拿一下。父亲洗了澡之后，便感觉到严重的不舒服。母亲打我电话，我赶紧赶到，立刻叫120救护车。救护车在半小时后才赶到，急急忙忙将父亲送到洞头县医院，当时，他已经不省人事。经县人民医院紧急抢救，到凌晨1点5分，还是走了，享年63岁。

父亲死于突发性脑溢血。

平时，他是有点高血压，加上出差劳累过度，回来后，就急病发作。说起他的去世，我们都深感痛心。其实，那一次出差前他就预感到自己身体有问题，可是生性闲不住的他，任务一到，顾不得自己身体的异样，还是出发了。

我父亲也是一个孝子。

在家里，他很听爷爷的话。父亲1966年初中毕业之后，在商业部门工作。1984年5月，农村供销社改制的时候，他加入了铜山制药厂，成为一名技术员。我爷爷74岁去世。去世前，家里的农活，基本上是爷爷干的。父亲在晚上下班的时候，无论再忙再累也会主动去挑肥、挑水，挑了很多担子，为爷爷分忧。

他对我们四个姐弟一向是严格要求，从不溺爱。

我们姐弟都是先到外面的企业锻炼一段时间之后，再到药厂工作。比如我大姐，17岁就到温州打工，做车床。做了很多年，才回到老家小朴，入药厂当工人。而我，是先到乐清德力西集团工作了一年多。姐姐到乐清看我的时候，看见我全身被蚊子叮咬得很厉害，很心疼。回去和我父亲一说，父亲说，这算什么，男孩就要吃点苦。不吃苦，怎能够成长起来？

我记住父亲的教诲，再苦也要坚持下去。

1991年，我们全家在洞头县城物资局后面造了一个平房。当时，厂子已经搬到后垄了。那时，父亲经常出差在外。

我们一家七八口人住在小平房里，冬天的时候，我们小孩都睡得很早。有一个晚上，我们家用煤球炉烧水，一开始将煤球炉闷着烧。到了第二天上午，我们几个姐弟都中毒了。幸亏一个亲戚很早来开门，叫醒了我们，送我们到医院救治后，才避免了一场灾难的发生。

这样的艰难困苦没有吓倒父亲，他依然全神贯注地投入到工作中去。

2011年1月24日，他参加了洞头县十二届人大五次会议，在主席台就座，完成了他作为一个优秀企业领导人的政治职责。在担任洞头县人大常委的十年间，他"认真履职，联系选民，参政议政，建言献策"。

颜茂林对父亲的认识是十分肤浅的。由于颜孙传的去世，更多的人生传奇，被一一封存。

"精明。理解能力好。执行力强。以身作则。总是马不停蹄地到处奔波。他不但能干,也很会说,更会写。他是我最得力的助手。"这是颜贻意对他的评价。颜贻意与他同宗,都是小朴村人。可惜的是,颜孙传先生再也听不到老伙计对他的任何评价了。

2011年7月4日,诚意药业为颜孙传举办了追悼会。悼词中说——

颜孙传同志是新中国成立初期成长起来的现代企业管理优秀人才。他于2001年被洞头县委授予"优秀共产党员称号"。当年4月企业改制后,他先后担任浙江诚意药业有限公司董事、副总经理、第一党支部书记直至去世。

改制期间,万象更新。他执笔制定了转制方案和实施细则;在历次国内外认证中,他善于协调、工作速度惊人。主管营销工作之后,他主持编制了大区营销方案,使得销售网络覆盖全国各省区。在三废治理、立项、验收与工艺改进中,他发挥的作用巨大。

特别是在企业担任QC小组长时,荣获温州市经委授予的优秀QC小组称号。他所在的领导班子,曾连续五年被温州市政府记了集体功。

追悼会上,当主持人颜贻意念到"颜孙传同志给企业留下了大量珍贵的文件资料,他的贵朋好友遍天下。他毕生献给了诚意药业,他的音容笑貌、谈吐举止好像还在我们眼前"时,许多人禁不住流下了热泪。

4. 岑均达:诚意的研发大门,已经打开

讲述人姓名	岑均达
讲述时间	2015年12月30日晚上
讲述地点	上海市浦东新区某酒店
工作单位及职务	上海医药工业研究院研究员 硕士生导师

"20年前,我在浙江省药物研究所工作,经一个同学的介绍,认识了铜山制药厂厂长颜贻意,由此开始在业余时间为药厂做些力所能及的事情。那时,我刚从上海医药工业研究院研究生毕业,二十七八岁的样子。"岑均达先生平和、缓慢的叙述,为我们的访问,开启了一扇温馨之门。

这是2015年的最后一天。

在上海浦东新区的一个五星级大酒店的大堂里,室外寒风凛冽,室内的客人频频举杯,迎接2016年的到来。我们与岑均达先生的对话,就在欢乐祥和的气氛中开始。

"有必要向你介绍一下上海医药工业研究院。"岑先生说。

岑均达

上海医药工业研究院（以下简称医工院）创建于1957年，隶属于国务院国资委，是全国国有系统的重要骨干企业，在国内医药行业久负盛名。作为从这里成长起来的一名科技人员，有幸参与各种新药开发，我们都有一份责任感和使命感。

我记得第一次从上海到洞头的奇特经历。那是1991年的夏天，还是在铜山制药厂阶段，我从上海坐车到宁波，准备从宁波转车到温州。可是，车子到了台州黄岩之后抛锚了，全体乘客只好在车上过夜。直到蒙蒙亮，车子才修好。于是，继续赶路，到了温州乐清。那时候，温州大桥还没有开通，我们在轮渡旁等候摆渡过温州的瓯江。终于到了市区温州饭店药厂的办事处过夜，等候第二天买到船票到洞头岛。总之是历尽艰辛，到洞头后大家一见如故。这也许是旅途艰难反而能够拉近主客双方感情距离的一种神奇效应。

我告诉颜厂长，从1990年开始，"医工院"推行新的管理制度，实施项目负责制，全体科研人员自找项目、自寻科研经费、自找科研成果的出路，于是，我有条件为你们药厂提供一些服务。颜厂长听了之后，十分欢喜，认为还是这样好，大家都能够开诚布公地做一些光明正大的事情。

我说，不过你不要寄予太大的希望，我只能做一些实验室里的事情，也就是为你们提供一些方向性、带有骨架的最新成果。这些成果是否适合你们、你们如何吸收和消化，就是你们自己的事情了。

颜厂长说，这就可以了！

于是，他和他的高管们十分激动，在满桌都是洞头海鲜的酒席上，一轮又一轮地劝我饮酒。我依旧滴酒不沾,这是我一贯的做法。如今想起来,他们的这种盛情,应该是四面被海水包围的制药企业管理层,对科技人员求贤若渴的本能反应。

我一直深切地理解这种心愿,也一直敬仰这种淳朴的精气神。

二十多年合作下来,我没有将诚意药业的成果拿到其他企业去,也不会将其他企业的研究成果拿到诚意来,这是任何一个有良心的科技人员的道德底线。

过去,我与诚意药业的关系,纯粹就是朋友之间相互帮忙。我明白自己作为一个科研人员的局限性。我们的任何研究成果,如果没有能够在工厂的车间里复活,那就只是研究而已。所以,任何一位从事研究的科学家,都希望与工厂结合、与实际结合。

二十多年来,我专注于做原料药的"某一点"。所幸的是,我的这"一点"长处,被诚意药业发现并发挥到了极致。

颜贻意和他的伙伴们清楚地认识到,国内一线、二线城市的科研人员是不会来海岛洞头工作的。"借脑""借力",是他们唯一能够端起来的一碗水。

企业是一个面,每个人是一个点,所以,企业的当家人就要照应到每个点,将点连成线,他才能成功。

事实上,颜董做到了。比如硫唑嘌呤、硫嘌呤这类原料药,一开始是我们在实验室里做出来交给他们的。至于最后是如何成功的,我也没有过多地追踪和关注下去。

诚意药业今后的战略调整是不可避免的。浙江的很多药企,都起步于原料药,随着环保政策的紧缩,药企转型升级无可回避。附加值高的、环境污染少的原料药,不能放弃,还是要继续保持、创新,毕竟针剂和片剂不能一蹴而就,还是要两条腿走路。

一家药企要永葆青春,研发上还是要依靠人。很多大企业的研发团队多的有上千人,每一套工艺都有很多人在操作。所以说,诚意药业今后的挑战,归根结底,还是"人"的问题。

今后,制药企业对研发的要求越来越高,技术难度也越来越大,"体系建设"仍然是一门高精深的学问。以国内药企为例,研发体系建设得比较好的在江苏省和山东省,上海市也不怎样,浙江做得好的是海正药业。当然,经费的投入很重要。国内很多企业都很重视研发投入,高的达到了产值的8%,投入甚至也有超过利润的。比如,2015年国内药企排名前20位的厂家中,不相上下的浙江海正和江苏恒瑞两家药企,海正在研发方面的投入可能要比恒瑞多,而恒瑞的产值远远超过海正。

诚意药业多年来能够沉淀下来的好产品,如利巴韦林、阿昔洛韦、硫唑嘌呤、盐酸氨基葡萄糖等,都离不开在研发工作上的努力。与国内其他药企相比较,诚意的研发体系大门，仅仅是刚刚打开而已。

5. 谢旭一：取胜之道，唯有"特色"

讲述人姓名	谢旭一
讲述时间	2016 年 1 月 16 日晚上
讲述地点	公司专家楼
原工作单位及职务	原浙江省药品检验所研究员　浙江省新药评审委员会委员
受访时职务	诚意药业股份有限公司副总经理

谢旭一

我 1968 年从浙江大学化学系毕业后，被分配到了大西北工作。1980 年从浙江大学硕士研究生毕业后，被分配到了浙江省药品检验所，开始与铜山制药厂有了工作上的联系。

第一次来洞头是 1992 年前后，铜山制药厂刚搬到后垄海湾不久。我的任务是协助药厂提高汞溴红的品质。尽管这一次没有碰到厂长颜贻意，但我算是知道这家企业了，颜贻意也得知我来过厂里了。

再一次来洞头，是为了解决新药克林霉素膦酸脂在温州市第三制药厂的落户问题。此时，我已是浙江省新药审批委员会的委员，卫生部专家库的专家（国家规定，专家到 65 岁之后，便要退出"专家库"），药厂就把一些业务委托我的单位——浙江省药检所来承担。一做两年，审批通过了，大家彼此之间的信任也加深了。

国内任何一种新药，小试一般都是由科研人员在自己的实验室里做成样品，再把工艺路线打通后,交给药企进行中试。中试成功后,先做原料,再做稳定性试验:参考国外标准,定出国内标准。原料药做成了,还会做成小针剂。这样一个过程下来,两年就悄悄地过去了。

诚意药业的拳头产品利巴韦林是要出口的。其检验方法十分奇特:它需要一根三十多厘米长的检测设备叫做"高效液相色谱仪"。我经过一番了解后,向浙江一家药企借来了这根神奇的"柱子",代为测试一下。后来我就向颜贻意建议:不管怎样,要想办法去买来合乎规范的检测设备。老颜立马同意,很快就从国外买来了这样的"柱子"。可见,他在设备上的投入,一点也不"抠"。

我告诉颜厂长和他的同事,国内药企在药品生产上有《中国药典》作为依据,但国外在他们的"药典"后面,还附上了软件方面的各种硬性要求,这是国内药企所欠缺的,也是国内化学药品与国外化学药品有着差距的源头。

颜厂长听了之后立马表态:我们要出口的产品,要毫不含糊地向国外质量标准看齐。

我开始暗暗佩服他。后来,他们在进行各种认证中对于企业软件方面的各种艰苦的改造与提升,证明了我是没有看错人的。

2001年3月,我因在大西北工作过十年,在55岁便可以提前退休了。

颜贻意便向我抛出了橄榄枝。

我和老颜约法三章。我说,我有自己的一套做法,你要最大限度地放手让我去干。他同意了。

我再说,我就是做业务的,其他的事情你不要为难我。他也同意了。

我又说,我参加过那么多的评审会,知道那么多企业的核心机密,但是,我是不能拿过来的。他还是同意。

如今,在诚意16年了,我从没有利用自己过去的关系,找过省里的、部里的什么领导,也绝无泄露其他药企的任何资料给诚意,这是我的底线。

来到洞头工作后,正是温州市第三制药厂改制之机,我遇到了国家推行药品GMP认证这样的大好时机,我与马启明等同志一起,群策群力、发愤图强,不断将药厂的科研水平和生产条件,提升到了一个崭新的高度。

2002年3月,原料药203车间、205车间通过了国家GMP认证。至此,公司所有车间产品全面通过了国家GMP认证。

为庆祝公司通过澳大利亚TGA、中国GMP(制剂及原料药)等五项认证,2002年4月26日晚,公司举办"庆功酒会",县委书记林东勇、洞头县长任玉明到会祝贺,颜董向全体宾客致谢。

全厂欢呼!

必须看到,在当前医疗改革的大背景下,国内药企的生存环境是极其艰难的。

为什么这么说？因为我们改革的矛头纷纷指向药品降价，须知道，一些疗效很好的药品一旦降价到企业无利可图，最后的结局就是停产、退市，让位于价格昂贵的进口药。比如，诚意药业的原料药硫唑嘌呤，每年出口量都很大，但是，国内几乎没有多少制剂生产出来，在器官移植等领域，用的都是国内药企出口的硫唑嘌呤生产出来的进口药物。我的建议是：国内药品绝大多数是仿制药，在审批的时候，为什么不能放宽、缩短流程，以利于广大药企又好又快地进入生产领域？

你要问颜贻意的成功秘诀，我的判断是：紧紧抓住有特色的产品，走特色之路。比如，硫唑嘌呤就是很有特色的产品——小厂做不来，大厂不愿意做，特色就在这里。

抓海洋生物制药，也是特色之路。比如，甲壳素就是一个成功的海洋药物。再如，羊栖菜也是我在主抓的。20 年前我们就委托浙江大学药学系开展研究，结果发现"成分不明确"，告败。后来移师到了上海某研究所，继续攻克难关。

50 年来，地处孤岛的诚意药业不被时代淘汰，它的取胜之道，就在"特色"两个字。

6. 颜怡怡：只有实业才能创造真正的财富

讲述人姓名	颜怡怡
讲述时间	2016 年 1 月 22 日
讲述地点	公司专家楼
受访时职务	诚意药业股份有限公司新药研究所所长

"我进厂的时间是 1999 年元旦，时间不算长。原先我也是办企业的，因为政策的原因，企业倒闭了，所以，我有切身感受，在中国要办好一个企业，实在太艰难！"受访一开头，老颜就说出了自己的一番体会。

90 年代后期，随着国家对科技人才为经济建设提供服务的各项政策举措逐步宽松和放开，上海、南京等地的专家以各种方式不断进入诚意团队，对诚意药业的腾飞，作用更加突出：岑均达先生和姚其正先生等人协助技术开发，提供一些技术"骨架"和路线性、方向性的成果，由本厂加以完善和消化；黄志庆先生提供国际贸易信息，协助诚意药业进行最早的国外认证；谢旭一先生经常亲自来厂驻守，协助进行技术检验。于是，诚意药业的核心力量由此进一步完备起来。这为我们的研究所走上正规化、科学化道路，提供了必要的基础与条件。

我的企业原先是生物助剂厂，是为诚意药业生产利巴韦林的一个中间体，所以，与药厂之间的联系十分紧密。当我的企业被清算后，我就索性一条心来到药厂，成为诚意药业的一分子，在研究所里就职。于是，我也与技术专家岑均达先生

颜怡怡

有了更多的接触。

我一直在研究所工作。化学新药研究与开发,客户关于技术上的需求,车间技术难题的化解等等,都是我们的工作方向。幸运的是,自1999年加盟诚意之后,研究所的各项工作开始规范起来。

新药开发走上了快车道。

我们的研究所主要做四方面工作:一是解决车间中出现的问题:质量稳定性问题、杂质问题;二是解决客户新的特殊要求,同一个产品,每个客户的要求都是不一样的,客户要做针剂、片剂、冲剂等,其要求是不一样的(堆积密度、杂质标准、晶型等);三是对引进的项目,研究所起着"二传手"的作用,专家拿出小试样本,进入生产后,还有很多事情需要完善、解决,这就是我们研究所要干的事;四是新产品研发,比如最近与国内某科研院所合作开发的一种新药,专注于癌症治疗,预计将于 2017 年进入生产领域。

最近，省科技厅周国辉厅长来我公司视察，提出：一个企业不利用自身独有的优势、独有的条件进行创新，那是走不远的。此番话对我们启发很大。我们决心在海洋生物药物的开发上，快马加鞭、再接再厉。比如，洞头独有的羊栖菜资源，如果我们在保健饮料上进行开发，而不再纠结于高端的生物药物开发，也许会另辟蹊径。

不是制造业、不是实业，是不能够创造真正的财富的。过去我们有一句话叫做"实业救国"，今天大家的理解是"实业兴国"，这就需要有一大批像颜贻意同志那样耗费毕生精力，去兴办实业、去振兴我们国家的各种实业的企业家，发挥中流砥柱的作用。所以，善于学习、善于抓住机遇，保持和发扬艰苦奋斗、开拓创新的精神，是永远都不会过时的。这是我在企业里工作了一辈子后得出来的结论。

7. 张向荣：小额贷款公司的效益是不错的

讲述人姓名	张向荣
讲述时间	2015 年 3 月 29 日
讲述地点	温州市区某茶楼
原工作单位	洞头县财政局干部
受访时职务	诚意药业股份有限公司股东，诚意小贷公司总经理

2001 年 4 月 20 日，是药厂改制最关键的节点。此时，我由洞头县财政局的一名下派干部，脱离公务员编制跳下"海里"，正式成为药厂的一名员工。当时，我在药厂的身份是副厂长。

彻底放下公务员的铁饭碗，张向荣的职业生涯开始了巨大的转变。他的故事，也开场了。

4 月 20 日上午召开创立大会，宣告原县属大集体企业——温州市第三制药厂退出舞台，民营企业浙江诚意药业有限公司正式登场。

你问我为什么被县里下派到药厂？

背景很简单。我原先在县财政局的时候，是企业科干部，对于药厂的各项技术改造十分了解，这也是我的工作职责范围。

90 年代末，根据省里指示精神，温州市第三制药厂属于全省医药行业拟上市公司，其排名还是很靠前的。从财务规范化管理这个角度出发，县里要协助药厂高起点地做好这方面的工作，于是，我就成了下派对象。所以说，我们公司的财务管理，一直是过硬的。

我们是从县属企业改制过来的,不像温州其他家族企业,各项基础还是很好的,特别是企业制度建设这一块,是很健全的。

尽管县里催着我们抓紧上市,但是,上市的目的究竟是什么,加上当时的股市不太令人满意,公司领导层的认识也不一致,所以就拖了下来。颜董认为,什么时候成熟,什么时候再考虑上市。

转眼就到了2009年。

全省各地要求优质企业发起建立小额贷款公司,以服务实体经济和小微企业,市县对我们很重视,一再要求我们带头,于是,我就把财务工作交给吕孙战同志,转战小额贷款公司的组建和拓展。

小额贷款公司成立的时候,温州媒体都作了报道。如意君找到了当时温州的一篇报道:

洞头县首家小额贷款股份有限公司定于今天(7月16日)正式开业,至此全市共有18家小额贷款公司开业,实现温州市全覆盖。

洞头县诚意小额贷款股份有限公司主发起人为浙江诚意药业有限公司,是我市唯一一家由拟上市公司联合其他4家企业及7个自然人共同组建的小额贷款公司,其中县外股东出资额占43%,注册资本金人民币0.6亿元。

小额贷款公司"支小扶农"效应明显,创税能力也不弱。截至6月底,我市17家小额贷款公司总收入3.99亿元,缴纳营业税2111万元,缴纳所得税6849万元,净利润2.06亿元。预计今年小额贷款公司将缴纳不低于1.9亿元的税收,成为地方金融体系创利创税的一支新生力量。

市金融办有关负责人称,小额贷款公司对改善农村金融服务、促进"三农"和中小企业发展,发挥了重要作用,成为完善我市农村金融体系的有益补充,对民间资本借贷利率有着引导作用。(周俊朗:《洞头首家小额贷款公司今开业,全市现已有18家》,载《温州都市报》,2010年7月17日)

小额贷款公司成立以来,效益还是不错的,张向荣最后说。

关于他自己的工作业绩以及自我评价,他不肯多说。

看来,诚意人都有"低调做人,高调做事"的企业文化,张向荣也不例外。

8. 庄小萍:不断拓展市场空间

如意君评语:资深营销员庄小萍的奋斗史,几乎就是诚意药业的一部销售史。她二十多年南征北战的营销故事,既拓展了诚意药业的市场空间,也让"诚意品牌"大步走向中国各地。

对庄小萍奋斗史有兴趣的看官，请见本书第十二章。

9. 柯泽慧：经历多岗位锻炼成长

讲述人姓名	柯泽慧
讲述时间	2015 年 3 月 29 日
讲述地点	温州市区某茶楼
受访时职务	诚意药业股份有限公司董事会秘书

柯泽慧

> **如意君评语：** "天将降大任于斯人也，必先苦其心志，劳其筋骨……"这句话可以送给像小柯这样年轻的诚意新生代。

"我的目标与公司的文化是吻合的。"当你读到小柯这样的独白时，也许会晤出一些什么。

1986 年出生,毕业于浙江工业大学国际贸易系,2009 年 2 月到诚意药业有限公司工作,第一个岗位是外贸部。这是柯泽慧的全部资历。

与张孚甫、邱克荣等老前辈比起来,30 岁还未到的柯泽慧简直就是乳臭未干的后生。然后,后生可畏却是谁都知晓的一个道理。

听一听她的讲述,了解一下她的工作轨迹,也进入她的内心世界——

我到公司工作的时候,正是全球金融危机最严重的时候,一些药企的海外订单在减少,我们能够稳中有升,主要是诚意的品质以及未雨绸缪的营销策略。

常规的客户拜访是必不可少的。

我到外贸部接受的第一个任务,就是陪同领导到香港拜访客户。

从签证、网上订酒店、安排出行路线、安排与客户见面等事务,我都能独立完成。这是公司给我的一个考验,也是我自己给自己的一次能力检验。还好,这次陪同领导的香港之行,很顺利、很圆满。

从香港回来之后,我被安排到了 QC 做产品检测。之后又被安排到了 206、207 车间,成为流水线上的工人。为了提升自己的业务素质,做一个合格的制药人,我参加了浙江大学远程药学专业第二本科的学习。

有一天,颜董事长叫我和另外一位同事到他办公室,准备给我们安排新的任务。

董事长问:"如果让你到 102 车间当副职,你能胜任吗?"

我说:"试试吧。"

董事长又问:"会不会出现质量上的问题?"

我回答:"我只要保证灌装的时候是合格的,就不会出现质量问题。"

董事长说:"填充机一天 8 小时要填充 30 万粒胶囊,你能确保每一粒胶囊的药物含量都是均匀的吗? 什么时候加辅料,加了辅料之后又如何确保药物含量的均匀,也是要很在意的。"

我回答:"我会很注意你提到的这些环节,适时投料,确保含量均匀,还有生产批号的包装打字准确无误,这些工作我都会认真去完成。"

董事长说:"你去吧。车间这几年出现的质量问题通报好好看一下,理一下自己的思路。"

我明白了董事长的用意。

到 102 车间就任副主任之后,我找来原始档案,理出了"十大案例",发现:居然有八个案例与批号印刷错误有关。

我就做了两个 SOP(标准化的操作程序),规定:每半小时抽检一次批号的打印情况,以有效化解可能出现的失误。

后来，我又被调派到销售部做销售助理，负责国内销售工作。我看到，我们公司的几个大客户，占了销售指标的半壁江山，把这些大客户维护好、服务好，是重中之重的工作。经过一段时间的努力，我发现，原料药的检测费用太高，一次检测要上千元人民币的支出。于是，我想，是否可以统筹兼顾，节省不必要的开支？

因为产能有限，订单任务十分紧迫，我们只好把一些订单交给外地药企来完成。

有一次，临到过年的时候，该厂的外地工人纷纷回家了，厂里只剩下一些当地员工，而我们催着要成品。不想意外的事情发生了：硫酸阿米卡星针剂在灌装后发现变黄。我自己开车，从总部到生产基地，几百公里，往返多次，请来总部的技术专家，才把问题解决了。

成品出来的那一天，已经是大年二十九了，厂里非要用酒宴表示庆贺不可。我带着二十多位诚意公司的"洞头娘子军"，在晚会上又唱又跳，大展风采。

为了迎接公司上市，2013年3月公司任命我为董事会秘书，我走上了十分重要的工作岗位。

浙江诚意药业有限公司要成功上市，必须进行股份制改造。

成为公司董事的每一位成员，身份都是透明的。我牵头做好董事的身份关联调查，在全体董事的配合和支持下，在规定的时间里完成此项工作。

浙江诚意药业有限公司完成了它的历史使命，转变为浙江诚意药业股份有限公司，离上市近了一步。

从深圳培训回来拿到上岗证书之后，我接手的第一件十分重要也是十分烦琐的工作，就是要做好上市前的环保评估。

根据环保部门的规定，在公司总部这边，我们要请洞头县环保局组织人员到公司现场进行检查，然后出整改意见；接着，请来温州市环保部门的官员和专家来现场做检查，出整改意见。最后，还要去杭州请来浙江省环保厅的官员与专家来做检查，出整改意见。

江苏淮安的江苏诚意药业有限公司也要经历从县、市、省这样的"车轮战"，最后才能拿到江苏省环保厅出示的环评文件。

将浙江省与江苏省两地的环评文件汇总完毕，再送达北京，交到国家环保部官员的手中，等候他们的审核、验证，最后核发证书。拿到证书，才算过了"企业上市环保核查"这一关。

一年的焦虑、辛苦和等待，等来的结果却是十分的戏剧化：就在我们公司即将拿到核查合格证书的时候，2014年10月20日，国家环保部正式通知，各级环保部门不再负责上市环保核查，由原本的政府主导全部交由市场主体负责。这意味着企业上市不再必须拿到环保部门的批文，"环境保护从行政手段转为市场监督"。得知这一消息,我是五味杂陈:一年的辛苦白费了。

"环境保护从行政手段转为市场监督","企业上市不应该仅仅为了应对环保部门的检查而做好应对文章,应该把环保工作当成日常工作,年年抓、月月抓、天天抓"。我对这些说法深表同意。

环评这一关突然叫停,我这个董事会秘书紧接着进入下一环:筹备招股说明书的编写。

于是,公司分成四组,带着券商、会计师事务所的会计师和律师事务所的律师,兵分四路,到国内外,找到我们的客户,做客户访谈,取得"交易和资金的真实性"文件,确认一些数据和各种交易的真实情况。

紧接着,我们要在公司所在地取得政府机关的合规性证明。我又跑遍了工商、质监、安监、劳动、公积金、公安、法院、检察院、仲裁等所有有可能与我们公司发生关系的职能部门和公检法司机关,取得他们的"诚意公司三年内没有出现违法、违规事件"的证明。

我从 2009 年成为公司的一员,到目前就任董事会秘书,我深知领导对我的器重和信任,把我当成了一段钢坯进行艰苦的锻造和磨炼。我深知我的长处与短处,离董事会对我的要求还有很长的路要走。好在我能吃苦、能坚持、能创新,这与诚意公司的企业文化是吻合的。

第五部分

成功谋略篇·要抓就抓
最先进

第十六章
诚意，为什么会赢（上）

本章导读 <<

> 千万里，我追寻着你，追寻着那一个远大的梦想，它终于成真、终于落地。
>
> 关于颜贻意，他一定有着独具魅力的人格、闪闪发光的精神。
>
> 他有什么谋略？他有什么制胜之道？读了这本书之后，你能够领略到的只有两个字：诚意。
>
> 不管是家人对他的解读，还是各路专家对他的解密，都是围绕着这两个字而展开的。

"五十年励精图治铸铜山，半世纪风起云涌造诚意。"这是如意君对诚意公司50年成长史的一个总结。

诚意公司在海岛洞头，能够走到50年，而且还将健康活泼地走下去，必有它的制胜之道。

家人对颜贻意的评价应该是比较准确的。他们虽然讲的都是日常生活中的点滴小事，但这一滴"水"中，可以照见沧海。

1. 大女儿颜丽玲访谈：母亲的付出与奉献是巨大的

讲述人姓名	颜丽玲（颜贻意大女儿）
讲述时间	2015 年 6 月 20 日
讲述地点	江苏省苏州市某宾馆
受访时职务	诚意药业股份有限公司上海分公司事务部经理

2001 年 8 月 9 日,浙江诚意药业有限公司成立庆典大会

2015 年 6 月 20 日,在苏州的一家宾馆里,我们与颜董事长的大女儿——颜丽玲,有了如下的访谈。

从我记事的时候起,我就知道,我们家的父母都是忙得不可开交的:父亲忙着工厂里的事情,从早到晚,不是出差见不到他,就是上班去看不到他;而母亲,除了要上班当工人,还要在家里当主妇,里里外外、山上厨房,她每天总要忙到差不多要累弯了腰才肯休息。

我到十来岁的时候,就是爹妈的帮手了。谁叫我是老大呢。

那时候,小朴村的海滩上涨潮时,一片苍茫;退潮的时候,便是整个村子的老百姓从事副业的主战场:家家户户养着鸭子,靠鸭子下蛋,换几个钱,贴补家用;不少人家还在滩涂上养殖蛏子、泥蚶等贝类——小朴的蛏子是洞头最出名的特产。

当然,养殖贝类是大人们的事情,管养鸭子就是孩子们的功课。成百上千只鸭子放养在沙滩上,每到傍晚时分,家家户户的小孩都要出来把自家的鸭子领回家。如何从成百上千只"呱呱叫"的鸭子中一眼就认出?几年下来,我还真的练就了一身本领:当我来到沙滩上,我家的鸭子就会伸长脖子对我仰天鸣叫。我一抓就准,再对照一下我给他们系上的"特别标志",鸭子就特别乖的跟我回家了。

老大要照顾好老二、老三,这是我的职责。等我把他们安排得差不多了,母亲也匆匆回来了。水缸里没有水,我要和母亲一起去抬水;买个酱油醋呀什么的,母亲总是叫我出门。

也习惯了,怎么好意思和妹妹他们计较呢?

最开心的是家里来客人。父亲要是不出差,家里几乎天天都会有不同的客人登门拜访:大多是父亲工厂里的同事和一些部门的负责人。他们来的时候,父亲总是要关照我,叫我去某某人家里买一斤蛏子,再去山上拔几棵蔬菜。母亲常常会很大方地将准备给妹妹们补身子的鸭蛋拿出来。这样,家里就有了几个小菜,父亲再拿出一点烧酒,就可以招待客人了。

酒越喝,人越多;酒越喝,话越多。常常是喝到我们揉着惺忪的睡眼睁开一看时,他们还在谈论工厂里的事情。

一天下午,天气还好。母亲一回来,就叫住我,说:"丽玲,你别出去,我去厕所那边舀肥水,等等你和我一起抬上山去。"

哎,又叫住我了。

山路弯弯,我们家的承包地在很远的山上,个子不高的我,总是看不到山头。所以,我会一边抬着,一边在心里骂。骂谁,不知道。总之,怨气冲天。

看着我怨气冲天,母亲却不安慰我。可能她也急着要干活吧,没心思和一个小姑娘啰嗦。回来的路上,我止不住委屈的泪水,居然一边走,一边哭。轻轻地哭,那哭声就像蚊子在叫。回到家后,母亲背着妹妹,蒸了一个鸭蛋给我吃,算是犒劳我。我就笑了。

第二天我才知道——昨天是我的生日。在哭声中度过,吃了一个鸭蛋后,笑了。

从此之后,每次母亲叫我上山和她一起干活,我就会流泪,那泪水就是止不住地往外流。这也许是一个十多岁小姑娘的青春期所体现出来的一点叛逆和反抗心理吧。

所以,有段时间,我总是想不通,别人的父亲,也是在机关、工厂里上班,为什么能够不辞辛苦地帮助家里的妇女干农活,而我的父亲总是将一切家务和农活丢给我的母亲、奶奶以及长大后的我,他连影子也看不到?

这样的问题,我是不敢问父亲的。

我就问母亲。母亲回答说:"他是厂长。"

我再问:"厂长就要这样当?"

母亲反问:"那你说怎么当,问你爸去。"

我才不敢问呢。算了,就算是吧。

20岁之后,我豁然开朗,知道父亲的不容易,知道铜山制药厂的不容易,知道父亲身边的那些战友们、同事们一个个都不容易。

我为父亲的忙碌而高兴。我为上山干农活没有父亲参与而庆幸。

我是长大了,开窍了。

现在,我和我的先生在诚意药业股份有限公司上海分公司工作。父亲每到上海，都会抽空来看望我们，让我们深深地沉浸在天伦之乐中。父亲说，这也算是对我这个牺牲最多的大女儿，感情上的一点补偿。

工作了十多年，我算是彻底理解了父亲的精神追求。他在海岛洞头，凭着一种"特别能吃苦、特别能战斗"的精神，把诚意公司做到了洞头第一工业名企、温州最有实力的药企、国内有位置的出口创汇知名药企。他的成功，有我母亲的功劳，也有我小小的一份成绩，那就是，从十来岁开始，他的大女儿颜丽玲不是在父母的怀里撒娇、伸手讨钱、要父母做牛做马，而是力所能及地帮助他们，做了一些别人家的孩子做不到的事情。

我为自己成长过程中受过的一点点委屈而自豪；我为父亲的事业心而自豪。当然，也为我的母亲，那个一生中只有付出、不断奉献、极少索取的女性，而感到骄傲。没有母亲的付出与成全，父亲的事业，也许会打个折扣。

这是我朴实的想法。

2. 二女儿颜晓玲访谈：父亲是一流的实业家

讲述人姓名	颜晓玲
讲述时间	2015 年 5 月 30 日
讲述地点	温州市区某茶楼
工作单位	温州市某机关单位公务员

2003 年 3 月，公司员工参加县第八届妇女运动会

父亲的秉性总结起来有两点很显著:一是诚信;二是坚持。

我记得一件事。

浙江诚意药业有限公司要进行股改的时候,实际上他可以通过个人信用贷款,向银行多借贷一些款项投进去,这样获得的回报可能会多一些。可是,他还是按照老规矩操作。我们都笑他:你签一个字就可以借到 3000 万元,为什么不肯为自己的借贷也签个字?

所以说,我父亲就是一位一流的实业家,三流的生意人。他一生最大的特点就是脚踏实地做实业、老老实实做实业。在温州乃至浙江,像他这样一心一意做实业的企业家,实在不多。

他不管做什么事情,都很认真、很细心。像公司里设备安装这样的小事,按道理说,不用他来操心,但他也要过问一下,感觉自己不在现场,还是有点不放心。这是他长期以来形成的一种职业习惯。制药厂也是化工企业,"安全"这根弦,丝毫不能松,他是这样理解的。

有一次,我的一位至亲希望要到厂里上班。一开始的时候,他和我爸爸在我家里喝酒到很晚,我们就要准备睡觉的时候,突然,楼下发生激烈争吵。几乎连东西都要摔坏了。后来我才知道,是这位亲戚希望介绍一位朋友到公司里工作,爸爸一口回绝了他。

在江苏,有个诚意全资的子公司。一开始,他去过淮安十多次,可是从来没有功夫去旅游。

我们问他:"你不是周恩来总理的粉丝吗?"

他说:"粉丝管粉丝,可是总理的故居确实没空去看。等我以后退休了再好好去玩。"

我们又问:"江苏你这么熟悉,几十年前就去过。苏州、无锡、南京、周庄的景区,你去过吗?"

他回答:"知道某某地方很有名,但还是没空去游览。"

逢年过节也一样,公司难得放假一次,我们邀请他出去放松两天,他总是说:越是放假,越要注意安全生产,还是去公司看一看吧。

说他是"实业家",我想可以分拆为:实干家和创业家。

为洞头化工二厂贷款担保之事件发生之后,他一方面主动担责,为银行一次性还清了本金和利息;同时立马出台文件,公司之后再也不为其他企业提供担保了。这也化解了温州很多企业因为"贷款担保链"出现问题引发的企业连锁倒闭的风险。

诚意也曾经做过"碧海云天"这样的房产项目,但是,由于时间拖得太长,结果很多人都一致看好的房产项目居然没有赚钱。公司很快脱身,之后决定:再也不涉足房开项目，再也不涉足旧城改造之类的政府建设项目。

他的心还是很能收得回来的。

他对金钱的欲望，还是比较淡然和淡定的。

3. 三女儿颜丽娜访谈：父亲教育我们要"公私分明"

讲述人姓名	颜丽娜
讲述时间	2015 年 5 月 30 日
讲述地点	温州市区某茶楼
受访时职务	诚意药业股份有限公司副总经理

"我们作为他的女儿，作为董事长的女儿，其实是左右为难。"颜丽娜这样开始她的讲述。

从小到大，他对我们的关心是很少的。常常是，我们睡着的时候，他还没有回家；我们醒来的时候，他已经出门。

那么，他什么时候会出现？

我们做错了什么事，要挨打了，要受惩罚了，这个时候，他就会出现。

他对我们要求的严格是从生活延伸到了工作。实际上，我们虽然看不到他，他却是处处存在，时时就在我们的眼前，拿眼睛在鞭策着我们。

他就是用这样的方式在管教着他的三个女儿。

"公与私要分明"，是他教给我们的一个人生准则。

实际上，从我记事的时候开始一直到我工作之前，我对他的认识是很肤浅的、很有限的。原因有三：一是他太忙；二是他与我们深入的交流很少；三是我们三个姐妹从小就很听话，很少惹事，所以，需要他来惩罚的机会，少之又少。

我是什么时候对他的苦心、对他的事业心、责任心有了根本性的认识的呢？

当然是工作以后，成为他的部下之后。

我是从基层做起的。

一直到现在成为公司的高管，他从不指指点点。说得更白一点，他从不帮一手、从不托一下。

他仅仅提供一些平台，提供一些规章制度，能不能做好，你自己看着办。

我是从做业务开始的。

在做业务的过程中，我从来不说自己是董事长的女儿。生怕别人搅乱了公司的规章制度。我们在企业里工作实际上压力很大：我生怕被别人这样说——我做不好，那是我的能力和责任心有问题；我做得好那是应该的，因为你是董事长的女儿。这就是左右为难的困扰。我要破除这些困扰,破除这些误区。

父亲的一生,是学习的一生

一是他做事很专注。他一生专注于制药,可以说是心无旁骛。很多温州老板都曾经提示过他,只要他参与,不要他出什么力气,可以一起去赚更多的钱、更省力的钱,他不答应。

我的父亲,是作为技术人员而非一般的行政干部出身,走上管理之路的。他对任何一件事,都非常认真。他做事很注重细节,很细微的方面他都会考虑到。一直到现在为止,车间里的问题、技术上的问题,解决不了的,去问他,他都能给出一个满意的答案。

我工作之后才了解到,他对于生产工艺、对于新进的设备,有一种近乎苛刻的理解:他可以把引进的设备和工艺流程结合自己几十年摸索出来的经验教训,再做改造,既能节约成本,又能提高效益,还能大面积推广,这样的例子,比比皆是。

机器设备、工艺流程、质量管理等硬件和软件,就像他的孩子,他了如指掌,又充满热情地喜欢着它们、热爱着它们、关注着它们。他对公司这个孩子比对我们还亲。

这就是他至今还无法被人替代的根本原因。

二是他的一生是学习的一生。我都觉得自己跟不上他学习的步伐。这源于他旺盛的精力。他的爱好只有一个,就是工作。所以,公司的元老和年轻的员工都会这样说:颜董没有周末、没有节假日。连大年三十晚上在家里吃过年夜饭后,都要到厂里看看、坐坐、巡视一下。工作就是他的生活,生活就是他的工作。

三是他总有一种永不停歇的创业激情和工作激情。如今,我们每位高管每周一的手机上,都会收到他发过来的《一周工作计划与安排》。这是他个人的"周记"。收到这样的周记,你没有办法懒惰与懈怠。

当然,我也看到公司存在着一些问题。比如说一言堂:开会的时候,没有人敢提不同意见;他在的时候,大家都感到很有压力。事无巨细,大大小小的事情都要问他,这有没有解决之道?

4. 夫人林阿花访谈:他把所有精力都投入到公司里

讲述人姓名	林阿花
讲述时间	2015 年 5 月 9 日
讲述地点	洞头县城林阿花家里
工作单位及职务	原温州市第三制药厂职工
现状	2001 年 4 月,公司改制买断后,提前退休

90 年代初,颜贻意(左一)率家人到苏州看望胡志群(右一)及家人

我和老颜是 1973 年 1 月 27 日结婚的。婚后我们生了三个女儿。说起药厂的工龄,我比他还要早半年。

他这个人,几乎把所有精力都投入到工厂里了,几十年如一日地把工作当成头等大事。家里的事情——教育孩子、家务活、地里的农活等,一概不管。当然,他不是不管,是他确实没有精力也没有耐心管这些婆婆妈妈的事情。

还好,三个孩子小的时候,有我婆婆帮着带他们。我呢,白天在工厂里当工人,晚上一下班就心急火燎地赶回家里,做饭、洗衣服、帮孩子洗洗涮涮,每天都要到深夜才能休息。后来,婆婆病重去世,家里的重担全部落到我一个人身上。好在此时,孩子都大了一点,也上学了。

说起婆婆的去世,至今颜贻意还感到十分对不起自己母亲。

颜贻意出生于 1949 年,与共和国同龄。他生下来还不到一周岁,他的父亲就因病去世。是他的母亲含辛茹苦地将他以及一个姐姐、一个哥哥抚养长大。他母亲这一生吃过的苦,三天三夜都述说不尽。

他是最小的儿子,又很早失去父亲,所以,他上面的哥哥和姐姐对他是百般疼爱。好强的他,从小就懂事、孝顺、听话,不给家里惹事,读书格外刻苦。在小朴村里,他的孝顺与好强,是出了名的。

后来,我的婆婆开始患病,连路都走不动了。他去药店买来一些药水,自己就给母亲做一些治疗。治疗效果挺好的,母亲也下地走路了。在这样的情况下,他急着出差,去昆明制药厂,为天麻素原料药生产的事去了。

他前脚刚走，母亲的病情急转直下，第三天就断气了。断气前，一直叫着他的名字。我们只好一边哄她说，要坚持住，明天他就回来看你了，无论如何要坚持住，一边送她到县医院。可老人最终还是走了。

我们马上打长途电话到昆明制药厂，得知她的儿子、我的丈夫——颜贻意还在路上，还没有到达昆明，我们只好留言："等他到了，请他立马返回：他的母亲病故了。"

昆明制药厂的领导十分同情，也十分感动地说："你们有这样的好厂长，真了不起，母亲去世了，他还在出差的路上。他到了，我们一定马上通知他，请你们节哀。"

还好，厂里的一些同事轮流到家里来帮忙料理老人的后事。那几天，我整个人也病得不轻，无法干活，真的很累。

到达昆明制药厂得知母亲病亡之后，颜贻意立刻返回。可是，没有飞机，他选择了从昆明坐火车到达浙江金华，再从金华坐汽车回到温州市区。我们尽量将母亲出殡的日子往后推。可是推到不能再推的一个吉日，他才到温州市区，准备去买船票回洞头。不巧的是，偏偏遇到大风，轮船停开。他就被关在温州市区一天，下不来了。

我们这边只好按照吉日既定的时辰，把老人送上山了。

后来听他说起，被大风关在温州市区的那一个晚上，他被一个路遇的朋友拉到排挡上喝啤酒。喝着喝着，他就醉了，哭了，连连责骂自己的不孝。朋友知道他母亲去世不能回来尽孝，也不再劝他喝酒了。

第二天一早，温州到洞头的轮船终于开了。他急匆匆地赶了回来。一回到小朴村，连家门也没有进，直扑母亲的坟地，在母亲的坟头，跪了好几个钟头。

婆婆去世之后，我们家里还有责任田分过来，还要下地干农活。这时候，大女儿也十来岁了。于是，从厂里下班或者是没有上班的时候，我只好拉上她，让她和我一起，抬着一桶的水或者肥料，到山上去浇菜或者浇番薯。山路蜿蜒而陡峭，看着正在长身体的孩子要干这样繁重的农活，我的心里常常如刀割一样难受。每次我都想，等他下班回家了，要么不给他吃饭，好好惩罚他一下；要么和他大吵一次，让他不得安宁。可是，真的等到他回家了，我的心又平静了。

有时候他也看不下去，说"明天我帮你们去锄地，或者帮你们去挑肥"。奇怪的是，就在他做好准备要上山干活的时候，不是厂里有紧急事情叫走了他，就是天下了雨。下了雨，那就很难干农活了。

他就这样一次次与繁重的农活、繁杂的家务擦肩而过。

1990年1月，铜山制药厂搬到后垄村了，第一年，我们的家还安在小朴村。每天下午四五点我下班的时候，总要从菜市场带点小菜回家，烧给一家人吃。这样走路上下班,在路上来回就要2个多小时。

那一年,我走破了一双解放鞋。

到第二年,我们把老房子卖掉,又筹了钱,才在县城小区买了一个房子,总算是距离新厂区只有15分钟的路程了,轻松了许多。

一直到1992年,从他当技术员到当老总,二十多年过去了,他没有给家里带来经济的宽余。

五位新老女员工,2015年6月相会在苏州(从左至右:林阿花、常美玉、颜丽玲、柴淑华、庄小萍)

你问我会不会埋怨?

不会,我们一家从不贪图什么富贵,我们只要平平安安、遵纪守法就好。

我作为一个企业工人,同时又是一个妻子、母亲、一个家庭妇女,这么多年下来,我看到企业一帆风顺,看到他在大家的支持与帮助下,把企业越做越大,我所有的付出,受过的种种委屈、艰苦、磨难、压力,都觉得值了。

第十七章
诚意，为什么会赢（中）

本章导读 <<

> 这一章里，众多人物纷纷亮相，揭示颜贻意成功之道，也展示了诚意药业独有的"经营秘方"。

诚意公司朝夕相处的员工，几十年来，对企业带头人有着深厚的感情，也看得真真切切。他们的感悟，绝不是雾里看花——

1. 林子津看诚意：颜董不搞特殊化

讲述人姓名	林子津
讲述时间	2015 年 5 月 10 日
讲述地点	洞头县城林子津家里
现状	受访人于 1974 年入厂，现退休

我是 1974 年 2 月从洞头县第一中学毕业的第一届高中生。毕业后两个月，我就到药厂工作了。这是我一生中最大的幸运。

一开始，厂里只有三种产品。

很多人都在询问，为什么铜山制药厂一开始会选择氢氧化铝凝胶作为开山鼻祖，我要说的是，道理很简单：温州沿海的人们习惯以番薯为主食。番薯吃多了，很容易胃酸。所以，选择生产氢氧化铝凝胶来治疗胃酸，是很有必要的。氢氧化铝凝胶的原料是明矾和苏打。将这两种原料分别溶解后，再放到两口大缸里搅拌，就有了"两口大缸闹革命"的传统。药厂就是这样发家的。

我一上班就在氢氧化铝凝胶车间工作。上班后，领到的工资有 27.5 元，不用再上交给大队了。

每天上午五点半部队钟声敲响，药厂的员工都要出操。操练完毕，排班去洗厕所，然后回家吃饭，七点半正式上班。

在计划经济的时代里，我们铜山制药厂也没有资金去购买新的设备，一般都是去采购大厂淘汰下来的旧设备。比如，锅炉、灌封机、印字机，都是大企业退役下来给我们的。实际上，这些旧设备还是不错的。

钢材要凭计划指标供应，煤炭要凭计划，所有生产资料都要凭计划指标供应。我经常去上海、苏州、杭州买材料，有了很多切身体会。我们带着 6415 部队的介绍信，方便了许多，也能够得到地方企业和各地政府机关的关照。

你问我颜贻意成功有何奥秘？我的看法是：他不搞特殊化。

他这个人从不搞家族型企业，不搞小圈子，谁有能力，谁就上。药企不同于其他企业，规章制度特别多。谁违反了规章制度，谁就要承担责任，不搞"下不为例"。

如今，他都这样的年纪了，当董事长也已多年了，每天还与员工一起参与考勤打卡。假如两三天没去打卡，他照样自我罚款。

有一次，他的一个亲戚在上夜班时，熬不住睡着了。结果，出了一点小情况。第二天被查出是该员工失职，上报到他案头。他当即指示发文件，勒令该员工自动离厂。

林子津

林宝贵

当董事长多年,他一直没有自己的私人司机。有空的话,上下班都是走路,不管刮风下雨,天天如此。大家都奉劝他:公司为你请一个专职司机,又不是请不起,何必呢? 一直到 2014 年,他才同意,公司有了专职司机。

这是他与其他老板,姿态不一样的地方。

办企业就是要这样干。不这样干,成功不了。他没得选择。

2. 林宝贵看诚意:新品开发,总不停步

讲述人姓名	林宝贵
讲述时间	2015 年 1 月 24 日
讲述地点	公司专家楼
原职务	温州市第三制药厂办公室主任、财务部经理

大约 1988 年年底,我们开始选址。

为什么要搬到远离小朴的后垄村,也是出于企业远景规划的需要。

当汞溴红项目落户后垄之后,大家都觉得后垄这里最合适:两个厂区,合二为一;工作生活,不离不弃。

厂子搬过来之后,我们提出要围海造地。提出整体方案,上报县政府。县里同意,才开始第一期围垦。

围垦完成之后,厂区大了,企业终于摆脱"硬件不硬"的窘境,走上了"硬件强,

软件硬"的快车道。

驾驶企业这辆快车走上快车道的，是颜贻意同志。

像氨基葡萄糖这个产品，我们也搞了很多年。起先都是平平淡淡，到了 2014 年才风生水起。对于新产品开发，我们就是要有预见性，要耐得住寂寞。

像我们这样的药企，每年都要有新产品出来；每年都要投入新产品研究；每年要发现几个新产品准备投入研究。形象地说就是：眼睛看着一个，嘴里含着一个，手里拿着一个，袋子里还得预备着一个。

这也是颜董办企业的指导思想之一。

3. 沈爱兰看诚意：建好制度，打好基础

讲述人姓名	沈爱兰
讲述时间	2015 年 1 月 14 日
讲述地点	公司专家楼
现状	诚意药业股份有限公司董事，已退休

沈爱兰

1977 年入厂的老员工沈爱兰至今还记得自己入厂时的第一个岗位是"灯检"。每天要有三个小时,在日光灯下,对着成品针剂,用肉眼观察是否合格。"灯检我做了三年。"沈爱兰坦言:"设备老旧、技术欠缺,合格率不到 50%,不像今天,我们成品的合格率达 99%。"

"公有民营"的开始,也意味着沈爱兰进入了企业的高管,成为领导班子成员之一。

"公有民营"的时候,几个带头人都把家里的房产证拿出来抵押。每个人负责一块,职责清晰,积极性也很高:张孚甫负责质量,颜孙传负责生产与销售,林明义负责人事和后勤,我负责财务和资金管理,颜贻意负责全面工作。后来还有邱克荣、林子津等人参与进了"公有民营"的领导班子。

这七年的"公有民营",对企业的发展,作用很大。我的体会是:一个企业要有好的机制体制。把机制体制理顺了,企业的发展障碍也就少了,甚至被清扫干净了。

2008 年 12 月 30 日,沈爱兰退休离开了企业,但继续担任着企业的董事职务。

4. 吕孙战看诚意:公司只有一本账

讲述人姓名	吕孙战
讲述时间	2015 年 2 月 1 日
讲述地点	公司专家楼
受访时职务	诚意药业股份有限公司副总经理

吕孙战

2000 年 7 月 6 日——我是这一天进入公司的。

我毕业于浙江财经学院会计系。毕业之前，就已经找好工作，拟在杭州一家国有企业里上班，也与他们签好了劳动合同。最后，考虑到自己在杭城可能人脉资源不足、各种压力太大，就决定回到老家洞头。就这样，我选择了温州市第三制药厂。

经历多个岗位，2001 年公司转制之后，我被提拔为财务部副经理，一直到今天，都奋战在这一岗位上。

一开始，公司的仓库也划归财务管理。国家在 2001 年才开始搞 GMP 认证，而我们早在 1998 年就已经开始做国际认证。因此，仓库危化品的安全管理、财务管理成为我们的重中之重。

你要问公司上市后，对财务这块有什么影响？我负责任地告诉你，不会有。

诚意公司只有一本账，规范管理从上到下

大家都知道，很多企业有两本账、三本账甚至四本账。我们就一本账，确实是一本账。作为洞头县（区）的龙头企业，到 2000 年前后，洞头县财政收入的三分之一来自我们公司。洞头是个小县，两项税目相加就已经到达三千多万元。改制前后县里给了我们很多支持，在企业所得税这块返回比较多，董事长颜贻意认为没有必要去偷税漏税，也就没有必要去搞两本账了。

县领导五年一届，但是颜总总是在的。所以，县里就给了很多荣誉，包括让他进县领导班子。这也给了我们公司很多正能量的东西。一直到 2015 年 9 月，董事长时常提醒我们：纳税是企业应尽的义务与责任，企业必须为地方做贡献。

既然是一本账，对上市的冲击就不大，只要按照上市的要求，规范一下就可以了。

比如，股东会议，从会议通知——短信或者电话通知、开会的文件资料准备、会议的内容等，要求非常规范、翔实、准确。我深刻记得，有段时间，颜贻意同志既担任总经理又担任董事长，在股东会议上他要向董事会汇报工作，那个报告是我写的。最多的时候，报告的修改多达十次。

他看问题的角度不一样。要求更不一样。每次股东会，质量、安全、环保问题，他都要一一讲清楚。问题不回避，解决方法要阐述清楚，就是他对报告的基本要求。

所以，你看到的我们公司的档案是很齐全的，其中财务方面的档案，20 世纪 70 年代的都还保存着。

他用"批评"代替"表扬"，在批评中提拔重用你

我到公司上班后，各方面都很努力，所以，也比较能够得到领导的器重。有一次，颜董事长打电话叫我到他办公室。进去之后，他把门关好。我发现，他的脸色就不好看了，开始严厉地批评我，写稿子不够用心。我虚心接受了他的批评。

后来我才知道，公司上下，没有一个人没有受过他的批评。一些中高层被批评得当面流泪的也有很多。他基本上不会当面表扬人——你有缺点他会帮你指出来，有优点，就继续去发扬。

一些经常受到批评的同志便产生了想法：是不是我的工作太差了？奇怪的是，他一边批评你，一边又会把你的职位提上来。到 2006 年，我被提拔为公司副总经理，直接跨过总经理助理这个位子。

他的工作方式有条不紊

一年 365 天，他有 300 天在公司里。大年初一他也跑到公司。

颜孙传副总去世之后，有一次我无意之中说了一句要他注意休息这样的话，没想到他批评了我说，"工作就是我的乐趣，你们这些年轻人是无法理解我的思想境界的。"

我说："你工作的节奏那么紧，我们有些同志反映都跟不上。"

他严厉地说："哪几个人跟不上，你把名字报过来。"

我吓坏了。连忙说："我是玩笑话，你别在意。"

他笑了，说："我就知道你在哄我。"

2012 年元旦前后，有一次，我和他一起去淮安江苏诚意公司调研，准备返回温州时，由于飞机晚点，他就通知淮安的老总直接到机场开会，解决问题。

他自己手机 24 小时开机，也要求高管要 24 小时开机，经常深更半夜打电话，商量事务。当天的事情当天完成，这已经成了他的工作习惯。中高层没有休息时间，事情不能等，这也是他定下来的规矩。你看他办公室，文件、资料、材料，罗列整齐、有条不紊，桌子上从不堆积如山。笔记本上清清楚楚地记着一件件事情。有时，你会觉得某件事他好像忘了，实际上，他还是记在本子上，随时会询问你。

贷款水平保持在 2000 万左右

我们与银行的关系是亲密的。

2000 年转制以后，贷款从 1 亿元压缩为 2000 多万元。实际上，我们要将这2000 万元还了也是轻而易举的事情，但是，拟上市企业有一个负债标准，不能没有负债，所以，银行的 2000 万元贷款，我们还是要欠着的。

如今，董事会把资金使用的签字权交给我。我是公司的"一支笔"。在借款、报销、特支、预算、各种项目开支等资金的使用上，我们都有各种规章制度。我们还将按照上市公司的要求，做到规范再规范。

2014 年，我们缴纳的税收是 4393 万元，同比增长 15%。2015 年将达到 5600万元。2015 年，我们的销售额将突破 4 亿元，利润将达到 8700 万元，同比增长 57%。

江苏诚意药业有限公司 2011 年、2012 年两年是盈利的。我们的计划是 2015 年亏得少一点。2016 年力争做到持平，2017 年扭亏为盈。

颜董事长的性格是不服输。一般企业亏损了十年，早就把它放弃了。他不肯。所以，我们有理由相信，江苏诚意一定会走出困境，走向彻底的盈利。

有一次，他给每位中层以上的干部发了《亮剑》的光盘。他毫不隐瞒自己喜欢这部片子。大家都会心地笑了。

他的预见性很好。一些还没有研发成功的产品，他敢于承担下来。这样，我们就能很好地把握住发展的机会。作为一个好的药企老板，应该有这个胆量，应该有"亮剑精神"。

5. 洪建振看诚意：环保设备不是摆摆样子的

讲述人姓名	洪建振
讲述时间	2015 年 2 月 1 日
讲述地点	公司专家楼
受访时职务	诚意药业股份有限公司安环部副经理

洪建振

"我是 2006 年 5 月进入公司的。我进公司时在工程部工作，后来调到了安环部。"2015 年 2 月 1 日，诚意药业股份有限公司年轻的安环部副经理洪建振与如意君对话时,做了如上自我介绍。

不能总是听高管怎么说,应该听一听一线工人、一线主管是怎么认识、理解公司文化与公司制度的。

为此,这一回如意君准备来个对话。

关于诚意药业的安全生产和环境保护方面举措的落实,如意君与诚意药业股份有限公司普通员工洪建振有了如下对话——

如意君:任何一家制药企业都有大量的危化品。说起危化品,社会上的人们总是谈虎色变。你们在危化品的保管上有什么举措,确保平安无事?

洪建振:我举一个例子,就是我们公司的危化品仓库。首先,要求必须建在远离居民住宅的偏僻山边。其次,仓库的门上设有两把大铁锁,分别由两个同志保管。仓库日常管理是由物流部主管,而巡查则是我们安环部的事情。两把锁,实行"双人双管"。

每周末,我们安环部会有两个人同时过来,打开大门,进仓库一一巡查。重点查看温湿度情况。特别是在夏天,天气炎热,温湿度变化会比较大。所以,就要细心查看危险品的包装袋是否有膨胀、是否有破裂情况的发生。

如意君:医药企业以及化工企业,要出事的话,都在夜间。夜间你们有人值班主管安全吗?

洪建振:我们设有"夜间总值班人员巡查"制度,公司每天会安排一名高级主管从夜晚7点值班到第二天上午7点,值班中途不能睡觉。他要做好整个程序的巡查。这个巡查会和我们部门有交接。

如意君:在环保举措的落实上,有没有奖励和惩罚?

洪建振:在节能减排、杜绝浪费方面,我们也有自己的独到之处。

比如,设备的清洗,我们公司有严格的方法。前几天,一个新进的员工在清洗一个设备时,用皮管套在水龙头里直接冲洗,而不是用水桶盛水,第一遍先擦洗,然后再依次冲洗。这个情况被反映到了董事长那里。第二天,董事长把这个车间的主管叫过去,认真地批评道:"那位新同志这样做,一是浪费了水,二是让脏东西四处流溢。这说明你没有培训好。你要接受处罚。"

如意君:这样的事件很大吗?

洪建振:说大不大,说小不小。安全无小事,落实环保也无小事。这是我们每个安环人员都会说的道理。

看起来都是小事,实际上安全生产没有小事,环境保护也没有小事。很多大事故都是由一件件小事累积而成的。所以,我在安环部工作,深感责任重大,每天如履薄冰,经常夜不能寐。

如意君:你那么年轻,竟看不出那么有责任心。你受过处罚吗?

洪建振：至今还没有。对了，每年年终奖中安全生产的奖励，我和我的部门的同志们，都能足额领取，这是十分欣慰的事情。

如意君：社会上很多人都会说，企业的环保设施是摆摆样子，是给上面来检查的时候看看的。

洪建振：十年的工作经历，我体会到：一家企业，因为环保责任事故而受到的惩罚是很轻的。一些企业情愿给罚款也不愿意在设施和设备上投入必要的成本。这太不正常了。

比如，臭氧发生器，一台要10万元。我们企业一买就是两台。一台工作，一台备用。用于三废方面的治理，一年估计要投入一千多万元。

如意君：你在公司上班快十年了，有没有机会接触过你们的老大？

洪建振：我和老大接触不多，但是有一件事印象很深。我到公司上班的第一天，那时还是一个小孩，不懂事，一冲就冲到了董事长办公室。一看，吓一跳：一个董事长，他的办公室这么狭小、简朴。这一看，让我明白了一个道理：企业做得再大，艰苦创业的精神不能丢。

6. 林子勇看诚意：遵守操作规范才不会吃亏

讲述人姓名	林子勇
讲述时间	2015 年 1 月 25 日
讲述地点	公司专家楼
受访时职务	诚意药业股份有限公司安环部高级主管、专职安全员

"我入厂是1995年1月5日，元旦过后没几天。第一个月，工资领到了五百多元。我原先在乡镇机关工作，月薪只有三百多元。第一个月领到这么多工资，高兴得不得了，感觉在这个企业很有奔头。"林子勇这样开始他的讲述。

武警出身的林子勇到公司之后，第一个岗位在保卫科，也算名正言顺。不过，现在的保卫科已经升级为"安环部"——安全和环保两块一起抓。他的责任更加重大。

我来说说我们公司的"三废处理"吧。

公司建有"废水处理中心"，24小时处理各种废水。固体的废物，我们与浙江衢州的一家专业公司有协议，他们公司会定时派专业车辆来运走固体废物，在指定地方进行专项处理。

我们公司的废物分为一般废物和危险废物。

一般废物包括锅炉的煤渣、生活垃圾等，煤渣可以回收加工成砖头，生活垃圾

林子勇

由环卫所直接回收。

危险废物又分为四五种,一年要处理的有上百吨。废盐、活性炭等危险废物,交由有资质的单位回收。听说,接下来温州要在洞头小门岛建立一个危险品填埋中心,也算是好消息。

你问处理一次要多少线?这个价格嘛,是一年一定、年年提价,总之,是他们说了算,他们说要多少钱,我们只好给多少钱,这也是"垄断生意"。

温州有成千上万家工业企业,一些固体废物到底怎么处理,我们还真不知道。听说温州地区至今没有一家专业的固体废物处理中心。还好,诚意药业一直重视这一块,不惜代价要把固体废物处理好,所以,我们才能获得"绿色企业"这个牌子。这是环保方面最高等级的牌子。

我来公司上班后不久发生过一起安全事件,至今仍然作为经典案例,用在新进员工的培训教案中。

2001 年 5 月 23 日,公司优秀的机修工张某在一次对公司综合楼化验室空调室外制冷液管道进行包扎时,在包扎好第一个管道之后,没有从门窗爬进来,再从另一个门出去,而是手扶门窗,直接从这个空调外机跳到另外一个空调外机上。不幸的是,另外一台空调外机的一个螺丝已经松了。他在踩着雨棚跳到另外一只空调外机时,整个人连同雨棚从二楼跌落到了地面,身负重伤,送到医院经抢救无效死亡。

这一事件给我们的教训是深刻的:任何人、任何时候,都不能怀有侥幸心理。

在安全生产面前，只有老老实实地遵守规章制度、遵守操作规范。

7. 茆利平看诚意：大胆投入，必有厚回报

你问我诚意药业这几年为何能够走上快车道，我认为主要有两大原因：

一是大胆地投入、不断地投入、持续地投入。比如，我们董事长颜贻意，他对两项投入是很舍得花钱的：第一是新产品开发，第二是设备更新。其他的，他抠得很。就说我们现在的办公楼，连小企业都不如。

制药行业的投入，不是马上能够见效的，不是今年投入明年就能产出的，有时候需要相当长的周期。制药还是要靠新产品，国内外的竞争太激烈了，投入是必需的途径，也是必要的手段。

二是洞头县委、县政府对诚意还是很重视、很支持的。比如，像我们这样从外地来到洞头工作的人才，每个月能够领到七八百元的海岛补贴和人才奖励金，这是很不容易的。我们能深切地感受到洞头县求才若渴的积极态度。

当然，我们诚意药业马上就会上市。上市后对诚意的发展，将是翻天覆地的。我们将会更有实力，进行科技投入和新产品开发。有了充沛的资金，我们可以直接在杭州、上海等人才济济的地方，开设研究机构，再也不受洞头地域的限制。现在我们的设备是国内一流的，以后可以买国际一流的；可以在新产品开发上更有作为；可以去外地兼并药厂，扩大产能，提高效益。

过去我们花了 50 年，才做到今天这样的业绩；上市之后，我们可能付出 5 年、10 年，就能实现过去几十年才能实现的飞跃。这就是科技的力量，人才的力量，资本的力量。

我们需要这种力量。

我们也在集聚这种力量。

第十八章
诚意，为什么会赢（下）

本章导读 <<

这一章是专家点评。

他们都是几十年看着诚意长大的专家或者是相关部门的领导。

本书故事一开始，就写到赵博文；现在，再以赵博文结语，似乎是一种冥冥之中的安排。

赵博文先生的总结堪称全面而到位。他从 1966 年前后开始关注诚意，到今天，50 年过去了，多少云卷云舒、刀光剑影，都化为那一缕轻烟……

1. 童建新点评颜贻意：老板的个人魅力很要紧

讲述人姓名	童建新
讲述时间	2015 年 8 月 28 日
讲述地点	杭州某宾馆
原单位及职务	浙江省医药工业公司技改处处长

改革开放之前，国内的医药系统有"三驾马车"来统领，分别是：医疗器械公司、医药工业公司和医药商业公司。医疗器械公司归属卫生厅，医药工业公司归属石化厅，医药商业公司归属商业厅。改革开放之后有了一些变化，我在浙江省医药工业公司的时候，开始和铜山制药厂接触。那是 80 年代初了。

诚意药业能够发展到今天，我认为有几大因素：

童建新

一是几次技术改造发挥了关键作用，帮助企业实现了技术进步。

在企业的初始阶段，条件是很差的。但是，它的地位又很特殊。洞头本来就是一个欠发达县，所以，需要有工业企业，需要有这样的企业。我们可以想象到的是，同样生产一种产品，在海岛洞头，需要运进来运出去，成本是高的，地理优势是没有的。何况，它生产的都是一些低附加值的产品。如果没有及时、到位的技术改造，这个企业早就被淘汰了。

我陪同省计经委副主任周振武去过洞头。小颜也是用他的诚意感动了我们。

所以，我们是全力以赴地帮助他们完成技术改造，建设现在的 201 车间。我听小颜说过，这次改造对他们企业增添后劲，作用很大。

我一直认为，我们的"三大公司"，省医药局机关里的干部，对颜贻意和他的药厂，一直是很热心、很热情的。大家都想帮他，没有任何的私心，这是真心话。

二是从国际化的情况看，诚意药业在国内药企中，是做得比较早的。

诚意药业生产利巴韦林，先后通过了澳大利亚、欧盟、美国的认证；不仅通过认证，而且还在业内很出名。

我在美国的几个朋友都知道诚意药业。诚意药业在国内可能影响不大，但在国外，它的影响力还是很大的，主要是他们出口的产品多、做得好，产生了广泛的影响。

三是从体制改革上来说，实行"公有民营"也是腾飞的一个因素。

四是企业在洞头县具有一定的地位。

我很看好这个企业。它在洞头县的地位是不低的，这也是有利于企业能够得到较好的发展环境和政策环境的。县里历任领导都能关注到这家企业，就是一种优势。

我们曾经和小颜开过玩笑："你什么时候买直升机呀？坐飞机办事更快捷，符合你这个人的性格。"

现在，洞头海岛变成半岛了，这对企业的发展，更加有利、更加有力了。

五是颜贻意本人是决定因素。老板的个人魅力很要紧。

我和小颜的接触将近三十年了。他待人诚恳、直爽，很讲情义。比如说，他和人家握手，力气特别大、特别真诚。

有一个好的带头人，企业才会好。企业文化，说白了就是老板文化。老板是坚持的、勤奋的，企业也就会具有向上的、充满正能量的劲头。

要做大，上市是必经之路

诚意要上市，最早的时候也是我们一大批省医药局的老同志、新专家给颜贻意提出建议的。

制药企业，资产的总量需要很大的支撑。如果不走资本市场，想让企业扩大，是很难的。

当然，上市之后，还要做什么，这是一种动力，也是一种压力。

这一点，诚意药业的领导班子还是要清醒的。

2. 姚其正点评颜贻意：要抓就抓最先进

讲述人姓名	姚其正
讲述时间	2015 年 3 月 8 日
讲述地点	公司专家楼
受访时情况	德国康斯坦茨大学(University of Konstanz)自然科学博士，中国药科大学教授，博士生导师；南京理工大学兼职教授，温州医学院客座教授。

谢旭一(左)与姚其正(右)

我的老家在江苏泰州。我和胡锦涛同志是小学的校友，泰州市大浦小学，今天学校还保持着胡锦涛同志当年坐过的书桌。

1997年，我从德国留学回来后，从事核苷方面的研究。年底，国内有一家企业邀请我去做技术指导，我去那看了几次，同意做他们的技术顾问。可是，这家企业的生产条件差，管理混乱，不久就垮了。这使我感觉到：单有好的项目，没有好的管理、好的规章制度，药企要想办下去是很难的。

1998年，我第一次来到洞头岛。我一看，喜出望外：周围都是海岛，与外界的接触很少，我来做他们的技术顾问，应该是很有意思的。我们做研发的，最怕的就是技术流失。你看，我对封闭的海岛的看法，与众不同吧？

其实，我们所谓的研发成果，对于这些常年从事药物生产的老行家来说，那是"点一下就通的"，上手是很容易的。

来洞头之后，我想要先了解一些颜贻意的办厂思路。颜贻意同志和我是同龄人，同龄人有同龄人相同的价值观。

颜贻意成功奥秘之一：要抓就抓"最先进"

同样的人生际遇使我们仅仅见了一面，就成了好朋友。

我了解到，颜贻意他们生产的第一种原料药是利巴韦林，这种药是很难合成的，而且，他们又通过了澳大利亚、欧盟和美国认证，要通过这些认证更是很难。他们是浙江省第一批通过这些认证的药企，不简单就体现于此。他们一直在抓最先进的理念、最先进的技术、最先进的人才，这是他最突出的地方，也是他最聪明的地方。

利巴韦林的成功救活了整个企业。加上颜贻意不断地吸引人才，使企业很快就从海岛走出去，走向世界。

颜贻意成功奥秘之二：四海为家是他的指导思想

在我看来，海岛有海岛的好处，这个好处就是四周都是海水，给了你无边无际的遐想空间。

海岛比山区好，他的视野是开阔的。周围没有什么阻挡。海洋给了他一个放开的大舞台。

颜贻意这个人，思维很敏捷，视野很开阔，我走遍世界，很难遇到一个像他这样思路开阔又很实干的企业家。

和他认识10年后，我高兴地看到，他们企业又在转型：扩大针剂、胶囊的产量，将原料药占利润的70%，不断调整到40%、30%，这是很不容易的。而且，目前诚意药业的两大主打产品——氨基葡萄糖和托拉塞米针剂，都是很环保的产品线。

颜贻意成功奥秘之三：他的学习和消化能力是很强的

诚意药业的一大特色就是发展得很精炼、很精当，就是一个字，叫：精。

要达到这个精字，颜贻意是一个很好的带头人。实际上，几十年来，他也确确实实善于学习，善于同各类专家、科研人员打交道，善于从最先进的产品中找到最适合洞头这个地方和诚意这个企业发展的"土壤"，把种子放到这样的土壤里，才能培育出根深叶茂的东西。这就是一种学习的本领。

目前，从生产能力来说，加上淮安这一块，诚意药业还仅是国内中型制药厂的规模，还很小，还不够大。一般来说，国内大型药企的产值，要在30亿元以上。这就需要诚意的领导班子不断学习、不断吸收、不断消化。

诚意还不能停步。

未来的接班人要有远大胸怀

关于接班人，我的想法是两点：第一，老板的后代看能力再决定是否接班。有时候不接班，仅仅以股东的身份出现，也很不错。第二，财务要公开、要透明。

诚意药业准备上市，我认为这是大好事。一是在资金上有保证，药企要干大事，还要有充裕的资金。二是在制度上更加规范、更加透明、更加面向国际和未来。三是能够建立起一支有着强大战斗力的销售队伍。

国外一些药企在进攻中国市场上，很大程度上靠的是财大气粗。他们可以出资为医院建立一家研究所；他们和国内企业合资承建花园式厂房，所有设备都是世界一流，是从国外引进的；他们承办最高级别的科研会议，所以，他们的产品在国内的销售额是几百亿而不是几亿元。目前国内药企，基本上做不到。

医药产业是朝阳产业，能够给药企的发展空间还是很大的。我们相信，随着诚意上市脚步的到来，今后一定会实现快速发展、爆发式发展。

3. 姚福汉点评颜贻意：理念好坏决定企业成败

讲述人姓名	姚福汉
讲述时间	2015 年 6 月 21 日
讲述地点	苏州市某宾馆
原单位及职务	苏州市医药工业局副局长
现状	退休

我退休已经20年了。这20年，我有时间、有机会到世界各地走走看看，看到了很多，也感触很深。

30年前，苏州决意要打造中国最大的抗生素基地。市领导找我谈话，要我表态支持，我说，苏州没有粮食，没有煤，夏天气温很高无法冷冻，劳动力又很贵，怎

姚福汉

么搞抗生素基地？结果，还是花了几千万，最后也是打水漂了。

我讲这个例子，想说明一个问题：办企业也好、管理一个地区甚至是一个国家也好，"理念"太要紧了。

再说到颜贻意这个人，我认为，他的理念确实是很好的。他能够清醒地看到洞头的短处。他拿到手的那些制药产品，就是适合在洞头搞、适合在洞头这样的条件发展，所以，他才会成功。

洞头医药发展的前途，要从海藻开始，在海藻上下功夫。比如，氨基葡萄糖就是海洋类医药产品，也是洞头的一大特色：人家没有的，你有。像氨基葡萄糖这种复方，在国外就很普遍，超市里都能买到。所以，接下来要下大力气搞复方，搞深度开发。这就要再次考验颜贻意他们的"观念"了。

办药企的人，观念要新，要多变。在变化中求得生存与发展之道，在变化中找到自己能够战胜别人的特色和规律，我相信，就这一点而言，颜贻意他们应该会做得更好。

4．赵博文点评颜贻意：成功得益于"四个坚持"

讲述人姓名	赵博文
讲述时间	2015 年 8 月 28 日
讲述地点	杭州市区赵家
工作单位及职务	原浙江省医药管理局局长（1983 年—1997 年）
受访时状况	现任浙江省医药行业协会名誉会长

赵博文

　　本书第一章就介绍了1966年前后，到洞头县看望刚刚建成的铜山制药厂的赵博文。当时的赵博文还是一个小伙子。50年后，他已退休在家，颐养天年。

　　从铜山制药厂到诚意药业，赵博文坦言自己"一直是一个关注者"，"是眼看着它长大的"。对于这家诞生在海岛、成长在海岛的药企，他说，"一开始并不看好"，没想到"它会走得那么远"。

　　8月28日下午，初秋的杭城，到处透露出柔和的阳光。在赵家，赵先生向我们分析了诚意药业的成长史，一件件、一桩桩，娓娓道来，形象生动——

　　在颜贻意主持工作的35年里，从1980年至2014年，有三组数据足以说明诚意药业发展的速度、高度和力度。

　　一是产值上的变化：从1980年的31.52万元增加到2014年的3.08亿元，净增976倍，比全国医药行业平均增幅326倍高出603倍。

　　二是利润和税收上的变化：从1990年开始，企业进入超高速增长，2014年比1990年产值增长23倍，销售收入增长35倍，利税增长266倍。其中利润增长345倍。利润从连年亏损到盈利6930万元。

　　三是与全国同行比一比增长速度：2014年，在全国医药行业发展趋缓的背景下，诚意药业依然保持强劲的发展势头，主营业务收入2.93亿元，比上年增长29.85%，比全国医药行业平均增幅13.05%高出16.8个百分点，税利1.09亿元，比上年增长46.53%。比全国医药行业平均增幅11.96%高出34.57个百分点，其中利润 7967 万元,比上年增长 62%,比全国医药行业平均增幅 12.26% 高出 49.74 个百分点。

四是在药品出口贸易方面也有建树:出口交货值 7062 万元,比上年增长 65%,比全国医药行业平均增幅 6.63% 高出 58.37 个百分点。

五是所有者权益上的变化:更为可喜的是,2014 年所有者权益 3.07 亿元,比上年增长 20.74 个百分点。

诚意为什么会赢?

我认为得益于"四个坚持":

一是坚持超前的思维、创新的理念和与时俱进的使命感。

颜贻意根据企业地处海岛和基础差的劣势,提出"大公司模式,海岛型特色,资本式运作,全球性贸易"的战略目标与"让诚意成为一条出海的大船,走向世界"的口号,勾画了与国内、国际接轨的发展蓝图。

二是坚持国内和国外市场"双轮驱动"的发展战略。

市场既是企业发展的起点,更是企业发展的最终归宿。诚意药业自 90 年代以来,在注重开发国内市场的同时,积极参与国际市场大循环,组织企业高管人员到美国、欧洲、加拿大、东南亚等国家和地区考察,始终把市场开发的目标,紧紧盯住国际市场。

他们根据国际市场的需求,适时调整产品结构,凭借企业的产品、技术、成本优势,与欧盟、澳大利亚、加拿大等国家或地区建立双赢贸易关系,为企业发展创造广阔的市场空间。

2014 年,在国际市场需求疲软,价格大幅下滑的大背景下,依然保持强劲的发展势头。出口交货值高达 7062 万元,同比增长 65%,比全国增幅高出 58.37 个百分点,比全省增幅高出 58.87 个百分点,增幅位居我省榜首。

三是坚持把"人才强企""科技为本"作为企业发展的原动力。

在企业最为危难、甚至濒临倒闭的时刻,颜贻意出任厂长,可以说是"一无人才、二无技术、三无拳头产品",而颜贻意面对"三无企业"并没有灰心丧气,而是坚持高标准、高起点,制定了与众不同的战略,依靠先进的技术,创出自己的特色,推进企业跨越式发展。

颜贻意通过"请进来""走出去""出政策"等多元化举措,始终把引进、培养高素质人才作为企业发展的第一要务。

在开发新产品的定位上,他根据企业地处海岛的特点,确定了产品开发的"四不行"原则,即"产品不新不行,技术含量不高不行,生产成本不低不行,发展前景不好不行";在企业人才奇缺的情况下,诚意药业采取"借脑袋、借船出海"的发展战略,积极与国内科研院校建立伙伴联盟和合作同盟,研制、开发市场前景好,技术含量高的产品,取得了很好的效果。

近二十年来,企业先后开发了利巴韦林、阿昔洛韦、硫嘌呤、克林霉素等三十多个品种,为企业跨越式发展奠定了扎实的基础。

四是坚持高标准、高起点、争创一流的创业精神。

诚意药业在"后来居上,智者为王"的年代,始终把企业的现代化建设和产品质量、品牌建设视为企业制胜的金钥匙。把"争创一流生产设施,一流生产工艺,一流企业管理,一流产品质量"作为提高企业核心竞争力的主要支柱。

因此,在生产、科研基地建设和厂区布置上,坚持高标准,高起点,一步到位的原则,不惜投入大量的财力、物力、人力对旧厂区进行脱胎换骨的改造,不仅顺利通过 SFDA 认证,全面提升企业的管理水平和核心竞争力,同时,利巴韦林原料药还先后通过了澳大利亚、欧盟、加拿大等国家的认证,不仅保证了药品质量,也是走向国际市场的通行证。

优秀企业家的素质、人格魅力和诚意人的团队精神,也让诚意走得更远。

我既是诚意药业的见证人,也是颜贻意最早相识、相知的同路人之一。

颜贻意在近四十年的职业生涯中,敢于创新、求真务实、追求卓越、自强不息的精神风貌,为诚意药业的崛起和发展做出了重要贡献。他们的成功经验,值得好好总结。

第六部分

尾声

第十九章
往事如烟精神在

本章导读 <<

在这一章里,如意君开始总结了——回顾 22 年前温州 85 家"重点工业企业"的生存轨迹,试图揭示"企业家精神"的要义,以此映照"诚意药业"的明天依然要靠实业、要靠"工匠精神",去赢得更加远大的未来。

1. "重点企业"的生与死

这些消失的企业,难道不是因为"工匠精神"的缺失,而很快就"昙花一现"了吗?

1993 年 3 月 20 日,温州市经委以(1993)87 号文件的方式,公布了市委、市政府将着力扶持的 85 家"重点工业企业",这些承载着温州工业化和现代化重任的骨干企业,挟持着政府和人民的厚望,历经 22 年的沧桑,如今还好吗?

对照文件,我们看到了政府部门着力扶工的殷殷之心。

这是温州历史上第一次由政府职能部门出面,厘清家底、排出大小,以兹鼓励的一次工业企业大检阅,由此也刻录下了温州工业史上的一段印记。

对照文件,我们看到:22 年前的 85 家重点工业企业,到 2015 年仍然能够在市场上"活蹦乱跳"的,尚有三分之一以上。

那么,这 85 家工业企业,究竟沿着怎样的轨迹,驶向未知的领域?

如意君对这段历史很感兴趣。由此萌发了要对他们进行梳理的欲念。

通过梳理,如意君发现了他们前行的轨迹:

一是单个企业经过多次改制、重组之后,改头换面,"重新做人"。这些企业在温州的工业化进程中，仍在"发挥着重要作用"。

比如温州制药厂和温州第二制药厂，已经分别改制为温州康乐药业股份有限公司和瑞邦药业有限公司。温州啤酒厂已演变为由国资控股并有外资背景的双鹿英博啤酒集团有限公司。乐清县求精开关厂分离出了正泰集团和德力西集团两大民营企业。温州市第三制药厂已经改制为股份制企业——浙江诚意药业股份有限公司。

完成此类改制的 85 家名录上的企业还有：永嘉的浙江保一阀门厂升级为中国保一阀门集团，仍然做阀门；乐清新华开关厂升级为新华集团，主业还是工业电器。温州空调器总厂改制为温州月兔电器集团有限公司，专做月兔空调，因资金链断裂，2014 年，企业负责人逃亡海外，被通缉；而月兔空调尚在正常生产中。

二是企业在市场化的滚滚洪流中，无法保全自己，为了抗拒风浪，自觉或者不自觉地与其他企业组成"航空母舰"，以抵御大风大浪。这一类企业往往都是国营（集体）企业，他们在政府主导的兼并、重组中找到了新的"归宿"。

比如温州锅炉厂、温州毛纺厂、温州棉纺厂、温州钒矿、温州木材集团公司等企业，相继并入新组建的温州工业投资集团有限公司；雁荡山啤酒厂并入双鹿英博啤酒集团。

三是部分县级"重点工业企业"无法在竞争中赢得主动，最终倒下。

比如瑞安工具厂、文成县农用车总厂、瑞安市健美胶鞋厂、泰顺县西洋陶瓷总厂、永嘉县防爆机电厂、乐清罐头厂、平阳氮肥厂等企业，竞争力低下终至败亡。

四是个别风云一时的知名企业的消失，显示着"花无百日红"的自然法则。

例如瑞安百好乳品厂、温州市矛牌剪刀厂、温州西山面砖厂，曾经在浙南地区家喻户晓，到上世纪末，这些知名企业由于"带头人能力有问题""企业内部缺乏凝聚力""市场营销策略出现重大失误"等问题，"名花"竟然凋亡。

我们将探究的脚步再追溯到 1992 年 4 月。

4 月 22 日，温州市政府隆重表彰了 10 家"重点工业企业"，这"十佳企业"是：温州制药厂、温州橡胶工业集团公司、温州钻石工业企业集团、温州燃料化工总厂、温州东方工业企业集团公司、温州电化厂、温州化工总厂、温州味精总厂、永嘉化工厂、瑞安百好乳品厂。

市政府圈定他们为"浙江省重点工业企业"，是希望他们能够在工业化的进程中，发挥标杆作用，引导工业经济做大做强。

可以看到的结局是：温州制药厂依然健在；温州橡胶工业集团公司、温州钻石工业企业集团、温州燃料化工总厂、温州电化厂、温州化工总厂几大企业已经改制，在改制过程中，有的并入工业投资集团，有的被改头换面、不知所终；温州味精厂已升级为快鹿集团公司；成立于 1953 年的永嘉化工厂，还在苦苦支撑中；新中国成立前就已名扬海内外的瑞安百好乳品厂,因决策上的失误也最终陨落。

企业的生生死死,实属正常。政府发文给他们以"名分",只能说明用心良苦。然而,良苦用心,又怎能包打天下?

最好的方式是:企业的事情,让企业按照经济规律去处理,把企业的生产经营统统归位给企业,归位给企业家,"让企业家有用武之地",这才是正常的思维。

2. 往事如烟:温州经济强人的 2016

经历市场的一次次疾风骤雨、大浪淘沙之后,才真正形成"企业家阶层"。

如意君喜欢查档案、看文件,喜欢在政府的公文中找到"往事如烟",体味经济、社会脉动带来的种种"快感"。

如果以温州为蓝本,探寻一番中国企业家阶层的形成以及他们对工业经济的影响,以这样的视角来写一部《温州工业史》,何尝不是一种"创意"?

1978 年 2 月 14 日,一位叫陈洪进的企业领导人受到了温州地委的隆重表彰。这位"二十多年如一日勤勤恳恳搞好企业"的党支部书记、革委会主任在去世之后,他的事迹被一一重现,进而进入党委、政府的红头文件中,以典型人物的典型形象出现在公众眼前。

陈洪进所在的企业叫温州农药厂。

这也是改革开放之后,第一位受到表彰的企业领导人。

尽管此时,"企业家"这个牌子还没有亮出来。

当年的 9 月 20 日,"革委会"这块招牌被丢弃。诸如"革委会主任陈洪进"过了半年,我们该叫他"经理陈洪进",或者是"厂长陈洪进"。名头一变,身份也跟着巨变。

温州也一样:摆脱了精神上的一些枷锁之后,整个社会的改革进程似乎越来越快。

当年的 12 月 9 日,关于真理问题的讨论在温州地区(县、市)宣传系统和直属党委系统进行。1979 年 2 月初,温州地委、市委常委会扩大会议再议解放思想。"实践是检验真理的唯一标准"在浙南大地上得以落户。温州这块饱经二十多年派性不断、内乱不停的经济沃土上,将要绽放美丽的"市场之花"。

1981 年 9 月,温州地市合并。次年元旦这一天,地市合并后的温州迎来工业经济的第一喜:苍南钱库李家车 40 位农民集资合股,创办了苍南毛纺厂,这家毛纺厂被认定为"温州首家股份合作企业"。只是,40 位默默无闻的农民中,还是没有冒出闯将,以致企业也在平平淡淡中,淡出了人们的视线。

1983 年 11 月 29 日,时任国务院副总理万里的温州之行,被认为是一次"拨云见日"的思想解放之旅。万里、郝建秀一行到温州市场经济萌芽和雀跃的先发地区——柳市、龙港、塘下三大集镇考察调研,对当地各级干部思想解放以极大的勉励和鼓舞。

万里问那些富裕起来的万元户:"你们还有什么顾虑?"

瑞安县塘下镇的万元户戴光省说:"就怕政策变了,我们被抓起来,关到监牢里"。

万里哈哈大笑,说:"不要怕。你们中间要是有人真被抓了,就找万里,让万里把你们领出来。"遗憾的是,被万里接见的这些万元户终究没有做大,也没有演变为后来的"企业家"。他们还是摸不清政策的方向。(参见吴逢旭、朱跃:《中国第一代个体户》,中国民族摄影艺术出版社 2006 年版)

一直到 1987 年 12 月(1987 年 4 月 15 日,瑞安撤县设市),温州市委、市政府才敢光明正大地召开企业负责人座谈会。这次座谈会被界定为"企业家座谈会",而且还是温州"首次",有着"破天荒的意义"。参加会议的有 137 人,他们中间不少人早已越过"万元户"的边缘,腰缠十万元甚至百万元的个人财富。最要紧的是,他们是温州也是中国改革开放之后,第一批真正意义上的"企业家"。这批企业家有:

温州电焊设备厂的黄国华,早就是浙江省劳模;温州西山日用陶瓷厂厂长叶其昌,还被评为浙江省优秀厂长;红透温州二十年的滕增寿,此时还在一家叫做温州玻璃钢建材厂当厂长;温州渔业机械厂厂长蒋中杰;温州木材厂厂长施正源;温州东风家具厂厂长苏方中;温州空调器总厂厂长谢铁澜;鹿城城市信用社经理杨加兴;温州机电设备总厂厂长陈柏林;乐清求精开关厂厂长和法人代表胡成中、南存辉;乐清新华开关厂厂长郑元孟;永嘉桥下教具厂厂长林呈夫;洞头铜山制药厂厂长颜贻意。这些优秀的企业经营管理者脱颖而出,成为当时温州工业战线"最可爱的人",并显赫地成为"温州经济强人"。他们的事迹,都收进了 1988 年 8 月《浙江日报》社编辑、出版的《温州经济强人》一书。因此说来,"经济强人"这个说法,还是带有半官方色彩,是当时社会认可的新名词。

有意思的是,如果站在 2016 年这个节点上回望四周,这些"经济强人"中,有的已去世,有的被通缉,有的在牢房里苦苦修行,更多的则是退隐江湖。到 2015 年年龄不超过 70 岁,还在一线奔波,还能"呼风唤雨"的经济强人还有谁?南存辉、胡成中、颜贻意。

仅三人而已。

温州工业经济的走向或者说市场经济的走向并不像外界所说的那样,党委政府一直是"无为而治"。相反,如意君认为,在引导工业经济向何处去这个问题上,温州的党委、政府还是积极有为的。当然,有时候积极主动,并不见得带来正面的效应。

时针拨到 1989 年,温州市委、市政府为了明确表态支持工业经济继续"迅猛发展",9 月 28 日隆重表彰了 8 位获得全国劳模称号的温州企业家和企业工人。其中,企业家有 5 位,分别是:章光毛发再生精厂厂长赵章光;温州制伞总厂厂长邵奇星;瑞安永久机电厂厂长温邦彦,以及乐清柳市的种田大户南土木、瓯海的养鸡大户朱明春。

在全国,到 1990 年,"全国优秀企业家"已经评了四届。到第四届的时候,温州玻璃钢建材厂厂长滕增寿被评为这一届的优秀企业家。温州市委、市政府欢欣鼓舞,于 1 月 18 日,向全市发出号召:《关于向全国优秀企业家滕增寿同志学习的决定》。

至此,从上到下,或者说由下及上,一个叫做"企业家"的社会阶层,在中国大地上正式"出现"。

之后,大批"企业家"成为各个层次的人大代表和政协委员,有的走上了市县级领导岗位,有的连续多年作为先进典型,成为经济战线上的标兵,让各界"敬仰",让企业"赶超"。

1991 年 10 月,温州市连续两次召开"工业企业工作会议"。两次会议的议题原先是一致的。戏剧性的转化出现在一位大人物的到来:

前一次会议号召"千方百计把国营和集体企业搞上去"。一周后会议移师瑞安,又提出"个体私营企业也很重要"。当时,江泽民总书记亲临温州,于 10 月 23 日刚刚结束在温州的视察和指导。

1991 年的"工业企业工作会议",还是结下了应有的硕果:这一年,温州橡胶工业集团公司的年产值突破亿元,成为温州第一家产值破亿的大企业。显然,它的成功得益于温州遍地开花的鞋革工业需要橡胶。遗憾的是,破亿之后的温州橡胶工业集团再无建树:一个个精明能干的"强人"纷纷自立山头,分掉了温州鞋革工业对橡胶这种原材料如饥似渴需求的那一杯杯"羹"。

1993 年 1 月 6 日,温州市委、市政府发出《关于全方位扩大开放的意见》。如意君认为,正是在这个《意见》的指导下,温州的大批国营和集体企业加速"沦陷"——所谓"沦陷",就是企业里的那些能人,再也不愿意拿一点点"死工资",纷纷下海倒腾。企业的竞争力就是能人的竞争力。能人会升级为"企业家"。没有了"企业家"的企业意味着什么,谁都清楚。

为了顺应历史潮流和企业家对于利润索取的正当需求,1993 年 7 月 22 日,温州市在温州第二制药厂推行一种叫做"国有民营"的机制"改造"。

随后,温州工业企业普遍进行这样的"改造"。这场"改造"的实质就是将国有资产折成实价,企业放权给经营者,由经营者组建团队;在确保国有资产保值增值的过程中，经营者通过承包，也得到了丰厚的回报。

风险当然是有的。

可喜的是，又有一批"经济强人"脱身为"企业家"。

"国有民营"（或叫"公有民营"）的推行，进一步地促进"企业家阶层"的形成、固定。温州的民营企业或者说民营经济也在 21 世纪末再续辉煌，将"温州模式"引向高潮：

1996 年 1 月，乐清的天正集团老总高天乐荣获当年"全国十佳民营企业家"称号。从国有企业老总滕增寿被评为"全国优秀企业家"到民营企业老板高天乐荣获"十佳民营企业家"称号，中国的工业化爬坡过坎已 6 年。他们中间，一个代表公有制，一个代表私有制，但"企业家"这顶帽子恰如其分地戴在了共产党员滕增寿和"资本家"高天乐的头上——到了 2015 年，公有制也好，私有制也好，都不"时髦"了；政府倡导的是"混合所有制"。

到 2007 年，温州有了第五家上市公司：浙江报喜鸟服饰股份有限公司在深交所上市，这也是温州本土第一家以传统行业为主业的上市公司，温州本土"企业家"开始走上资本市场。

至此，温州被确定为"中国最具活力"的十大城市之一；有"中国鞋都"和"中国电器之都"等 32 个全国生产性基地，有 104 个"中国驰名商标"和"中国名牌"。这些庞大的产业集群的背后，是一个等量齐观的"企业家阶层"在支撑着。

至此，"温州企业家版块"终于在传统行业和资本市场中都有了自己明确的位置和显赫的身份。

3. 什么是"企业家精神"？

市场活力来自于人，特别是来自于企业家，来自于企业家精神。让企业家有用武之地，也就是要让全社会再次激活"企业家精神"。

时下，正是实体经济昂首挺胸之时，正是"互联网＋"跃跃欲试之时，"企业家精神缺乏症"又被郑重提出，这是一种怎样的社会氛围？

所谓"企业家精神"应该是一种创业的激情和精神，是一种不知疲倦的奋斗精神，是一种永不停步的创新精神。没有这些精神，一个企业要想做好，一个社会要想进步，谈何容易。

这是一个浮躁的时代。各种投机生意爆发，炒房的获得胜过办实业的所得，还有谁愿意做一个苦行僧，心甘情愿去做实业？而一部分功成名就的企业家安于现状，不思进取，追求个人享受，更是将企业家原先拥有的那份创造的激情、创新的激情，打入冷宫。

这也是一个利益多元化、价值观多元化的时代。

有人说，今天的企业界，"创业的动力减弱了，创新的欲望不强了，创造的意识淡漠了"，这与政府的强势兴起、社会尊崇安逸享受、国企强力扩张、民企成长空间萎缩等因素有关。

当政府强势兴起，必然会对经济活动多加干预；国企挟政策、资源之优势，不断扩张，挤压了民企的生存空间；大批优秀青年以涌向公务员队伍为荣耀，以获得利益再分配的资格而荣耀，而不是以参与企业、进入企业而荣耀；社会上总是有部分人频频煽动"仇富意识"，替代了对财富应有的尊重。凡此种种，都是"企业家精神缺乏症"产生的土壤。

市场经济的主角是企业。

企业的灵魂是企业家。

真正的企业家承担常人难以承受的工作压力和各种风险，企业家的创造给社会带来的是收益，全社会应当给予企业家以回报和感谢，这样才能造就公平与合理的社会制度。

试问，今天还有谁愿意花 50 年的时间和精力，去做一件事，去把一个工业企业做大？

颜贻意做到了。

2015 年 6 月 20 日，在苏州干休所，颜贻意（左）与褚福德（右）在一起

如意君看到的是，近年来，中央政府坚决反腐，推动政府改革，不断下放审批权，鼓励发展"混合所有制经济"。当依法治国的号声越来越响亮，权力的运行将更加趋于规范，市场环境必然日益公平，企业家的创造活力和创新激情必然趋于活跃。

2014 年 11 月 9 日,习近平主席在北京出席 2014 年亚太经合组织(APEC)工商领导人峰会时发表讲话指出:

"我们全面深化改革就是要激发市场蕴藏的活力。市场活力来自于人,特别是来自于企业家,来自于企业家精神。激发市场活力就是把该放的权放到位,该营造的环境营造好,该制定的规则制定好,让企业家有用武之地。"

"让企业家有用武之地",也就是让企业家精神"取之不尽用之不竭",习主席的讲话,已经为我们一锤定音。2003 年 5 月 9 日,时任浙江省委书记习近平同志来到了诚意药业的厂区,亲切看望了颜贻意和他的团队。

其时,全国上下齐心抗击"非典",药厂三班生产抗"非典"药物利巴韦林原料药、针剂、胶囊药物。习近平从公司办公楼到生产车间,一直与颜贻意交流基层情况,并深入车间,看望生产一线的员工。他在企业足足呆了近三十分钟。

最后要离开时,习近平握着颜贻意的手说:"祝你不断发展,在抗非典斗争中做出贡献。"

"不断发展""再做贡献"是习近平对诚意药业的亲切勉励。看着如今悬挂在厂区大院习近平同志视察诚意药业的巨幅照片,颜贻意的心是暖洋洋的。

4. 颜贻意精神的时代意义

如意君的话就要讲完了,按照老规矩,是否要归纳一下颜贻意精神?

何谓颜贻意精神?

或者说,颜贻意的成功之道、诚意药业的成功之道,如意君是怎么看的? 既然洋洋洒洒写了二十多万字,如意君还是要用几句话,来一个完美的收官——

颜贻意精神:

一是四海为家的开拓精神;

二是专注执着的工匠精神;

三是艰苦奋斗的创业精神;

四是诚实守信的人文精神。

这四句当然还可以展开去,再论述一番。

不了,这四句话就留给各位看官去品头论足、说三道四吧。

正是"千里水流归大海,一叶扁舟听涛声"——如意君该歇歇手了,到了该交卷的时候了。

附录
诚意药业创业史略（1966—2016）

一、四个阶段，马不停蹄

铜山制药厂阶段——

1966年10月，人民解放军6415部队一声令下，药厂上马了。

温州市第三制药厂阶段——

1991年7月16日，浙江省医药管理局、省卫生厅联合发文，同意药厂改名为标志。

浙江诚意药业有限公司阶段——

2001年5月22日，浙江省药监局发文，同意药厂更名为标志。

浙江诚意药业股份有限公司阶段——

2013年5月7日开始股份制改造，至今。

二、四轮改制，完美转型

第一轮改制：1983年前后，在浙江省内企业首次打破"八级工资制"。（详见本书第四章第三节）

第二轮改制：1994年3月至2000年3月，实行"公有民营"。（详见本书第五章第一节）

第三轮改制：2001年3月，实行"工人买断工龄"，"企业开始转制"。（详见本书第五章第二节）

第四轮改制：2013年3月24日，根据上市公司的要求，企业实行股份制改造。（详见本书第五章第二节）

三、四次技改，步步高升

（详见本书第六、七、八、九章）

第一次技改——

建设针剂车间。

带头人颜贻意先生通过抵押，向银行贷款，渡过"难关"。1988年4月，新厂开始破土动工，1989年10月顺利竣工。1990年，企业搬入新厂房后，药品生产车间已"鸟枪换炮"，针剂产品年产量由原来的1000万支猛增到近亿支。职工们无不欢呼雀跃。第一次技改完美收兵。

第二次技改——

"找到"利巴韦林原料药取代了汞溴红；当年投产，当年实现盈利。

第三次技改——

1991年，企业研发新一代合成类高效低毒核苷类抗病毒药——阿昔洛韦，投资840万元，建造该产品的生产车间和配套设施。

第四次技改——

2005年，开始投资3000万元建设环保公共工程"三废治理中心"，公司真正实现综合性改造。

四、七陷困境，化险为夷

第一次身陷困境——

1972年，中央发文：部队团以下不得办药厂。药厂经过整改，终于渡过第一次危机。

第二次身陷困境——

1976年至1979年，由于厂领导班子不团结、产品单一等原因，企业资不抵债，濒临倒闭。（详见本书第四章）

第三次身陷困境——

1981年10月，企业第一次接受省市政府部门联合验收和考评。如果这次考评未能通过，企业就拿不到证照。

时任县委书记汪月霞亲自出面，为极其薄弱的海岛工业做"感情公关"。（详见本书第七章第一节）

第四次身陷困境——

1982年9月4日，卫生部发文（【82】卫药字第21号），淘汰127种药品，药厂第一个主要产品黄连素注射液、第二个主要产品穿心莲注射液都在淘汰和建议淘汰之列。两只产品创造的利润均在75％以上。药厂面临生死大考验。

第五次身陷困境——

1990年，企业从小朴搬迁到后垄村，负债严重。这次搬迁和移地技改一旦失败，那就意味着企业的所有投入都等于零，此次技改只能成功。（详见本书第七章第四节）

第六次身陷困境——

企业搬迁、投建、技改等一系列动作集中投入之后,出现了资金严重短缺的局面。1991 年 5 月 20 日,在中国人民银行温州分行的支持下,企业对外发行"短期融资债券壹百万元",稍稍喘了一口气。到 1993 年 6 月,时任浙江常务副省长柴松岳到洞头视察,送来 500 万低息贷款,企业才算完全走出资金短缺局面。(详见本书第八章)

第七次身陷困境——

企业进入"公有民营"阶段,在安徽省蚌埠市开办了一家经营部,经营主管苏某华兄弟实行低价倾销药品,最后私吞 200 多万元药品销售资金未归还公司,差一点"淹死"企业。

1994 年,公司实现的年利润仅有 120.5 万元。(详见本书第五章)

五、爬坡越槛,越走越稳

第一次扭亏为盈——

1980 年,药厂创利 1000 元人民币,扭转连续三年亏损局面。

第一次利润过十万——

1984 年,药厂利润第一次超过十万,达 10.77 万元。

第一次利润过百万——

1991 年,创利润 102.6 万。

第一次利润过千万——

1998 年,创利润 1018.4 万元。

第一次利润过五千万元——

2014 年,实现纯利润 6930 万元。

第一次税金过百万——

1997 年,创利税 290.2 万元。

第一次税金过千万——

1999 年,创利税 2477.5 万元。利税从百万挺进千万,仅仅用了两年。

海风掠过头顶（后记）

（一）

2014 年 12 月的一个下午，阵阵海风掠过头顶，甚至有难得一见的海鸥为我们指路。从温州市区驱车前往洞头县，接受颜贻意董事长的邀请，去参观他的制药厂。在 2002 年 5 月之前，温州大陆到洞头只有水路一条。如今，康庄大道通向洞头的各个村居，77 省道即将在洞头展开它宽大的胸怀。条条道路已经通向这个东海之角。

偶然查阅资料发现，早在 1998 年 6 月，吴逢旭先生在《浙江日报》任职时就与他的两位记者同事王晓东、胡迈东三人一同前往药厂采访。《浙江日报》6 月 15 日发表的《从海岛走向世界》报道了这家"名气不小"的制药企业。文章写道——

论地理位置，温州市第三制药厂位于茫茫东海之中的洞头岛上，可谓偏僻；论企业规模，全厂职工仅三百来人，可谓小矣。然而，在国际市场上，"温三药"的名气却不小。仅去年（1997 年）就先后有 11 批来自美国、欧洲、东南亚的客商不远万里前来洽谈业务。赫赫有名的美国制药企业先灵葆雅公司甚至愿意预先支付一大笔资金，帮助他们搞技改，以通过 FDA（美国食品与药品管理局）认证，以便大批量的将"三药"产品引入美国市场。去年，这家药厂的销售收入达 4564 万元，其中，外销占了 54.5%，成为全省医药行业中外向度较高的企业。

这是药厂在省报的第一次亮相。没想到，再次以文字的方式与药厂结缘是 2014 年的冬天，此时，"诚意药业"是公众对这家药企的统一称呼。

在原洞头县领导邱国鹰、苏文龙等同志的推荐下，我们接手了"诚意药业"50 年创业发展史的采写工作。从一开始，我们就决定用"口述实录"来反映这家企业的 50 年变迁，"记录历史还原真相"，是我们三年来不变的追求。

与"诚意药业"亲密接触两年多之后，我们终于领会到了这家制药企业"为什么会赢"。我们聚精会神,不断梳理思路,将这家企业的成功之道,锁定在"独具匠心"之上:50 年来,胡志群、颜贻意等人含辛茹苦、独具匠心,敢想敢干、勇攀高峰的事迹和风范,时时在激励着我们把这种精神风貌写出来,传递原汁原味的创业传奇、财经故事、时代风云,"追索工匠之魂,打造传记精品"——如果你能够给我们一点掌声,我们将感到欣慰。

从温州到洞头,到杭州,到上海,到苏州,我们的访问马不停蹄。所幸的是,时常有海风掠过头顶,时常有海鸥、白鹭与我们结伴而行,时常有受访者的亲切勉励与热情鼓励,让我们倍感振奋与温暖。

我们深信,我们把住了创业者跳动的脉搏。

我们深信,我们在"口述实录"的道路上每走出一步,都会留下坚实的脚印。

(二)

本书所记录的主要人物,他们的活动轨迹基本上都在洞头。

关于洞头的开发史,官修地方志几乎是"忽略不计"。人们只能联想到,公元422 年的某个春日,永嘉太守谢灵运登上温州华盖山极目四望,写下了《郡东山望溟海》一诗。此"溟海"乃今天的"瓯江口"——海上洞头的一部分。

人们还能联想到的是,公元 426 年的一个春日,谢灵运的继任者颜延之巡海到了青岙(今洞头大门岛),登高而望,就有了"望海亭"。近年重修的"望海楼"移到了洞头本岛,山下正是"小朴"古村,有颜氏一脉早年从大陆迁来定居,据说他们与颜真卿也颇有渊源。

回望洞头近千年来的移民史、开发史,有助于我们认识洞头人的张扬个性;有助于我们理解一家诞生在洞头的企业,何以能够"胸怀中国,放眼世界"。

大约是在唐天宝年间(公元 743 年),随着台风海溢、火灾瘟疫、改朝换代等灾祸频发,福建饥民大量涌入浙江。讲闽南话和讲乐清话两大群落的百姓,最终融合成了"洞头人"。

海的无边延伸给了洞头人民以开放和通透的思维。一首用闽南语唱诵的歌谣,流传至今——

乞鸟乞溜溜,因昂(丈夫)去泉州,泉州好所在,爱去不爱来。娘阿娘,不要哭,十日八日就会到。头帆拔起索索响,二帆拔起到宫口(洞头港)……

歌中的泉州,唐宋时就是最大的商都:北至宁波、南通,南达广州,泉州是枢纽。这一条通向天边的商路就是"海上丝绸之路",洞头的商人奔波其间,赴台湾、下南洋,斩获颇丰。

气候无常，海浪滔天，明清两代严酷的海禁政策，使得洞头与大陆长久地处于分离状态。主流文化总是忽视海洋文明的存在。那位在乐清雁荡山盘桓许久的探险家徐霞客就不敢贸然东渡洞头。没有了陶渊明、孟浩然、李白、白居易、苏东坡、陆游等伟大诗人垂钓洞头、泛舟三盘的记载，洞头是委屈的。他们都留下了关于大海的篇章，却都是望洋兴叹，无不感伤。

大海的重重围困，注定洞头人将"大碗喝酒，大口吃鱼"，并以此享誉中国。一次次沉船之后又一次次战胜惊涛骇浪，这样的历练使得一代代洞头人血管中流动着滚烫的大无畏精神。造堤坝、围滩涂，敬妈祖、放鱼灯，抵倭寇、抗台风，建大船、出远洋，这一系列壮举遗憾的是没有史官"实录口述"。"世间万物，唯有鱼最好。"没有人能够理解洞头人对海、对鱼有着怎样的感情。

1952年1月11日，中国人民解放军最后一次登岛赶走了海匪，洞头人民安居乐业。此后二十多年，解放军在岛上开路、种树、造房、建码头、办卫生院、放电影、组织文艺演出，直到驻岛部队响应中央号召裁军离岛，"军民团结如一人"随处可见。洞头一些基本设施的雏形，是部队留下的。由此，你可以理解，洞头群众对解放军有着怎样的感情。当然，部队还留下了铜山制药厂，经过颜贻意及其伙伴50年的"匠心独运"，今天即将成为洞头区第一家上市公司。

有海风相伴，

明月当头，

鱼跃鸟飞，

海岛洞头真的是人世间难得的"桃花源"。

（三）

在回溯洞头历史的日日夜夜，我们对这家企业的生存背景和创业背景有了深刻认识。本书的主人公——颜贻意及其团队孜孜不倦埋头于制药事业的"工匠精神"，是否还可以有另外一个名字——"颜贻意精神"。"颜贻意精神"由此成为本书的"指南针"，指向各个篇章、各个关节。

我们要告诉你的是，这一轮吹向洞头的海风，已然转变。

当2002年5月来到的时候，洞头五岛连桥通车了；当2006年4月来到的时候，温州半岛工程完工，洞头与温州大陆相连了；"诚意药业"一举解决了多年来无法解决的缺水缺电、交通不便等老大难问题，并与国内先进制药企业迅速拉近了距离。

2015年8月，国务院同意洞头县"撤县设区"。至此，中国的版图上少了一个县，多了一个区。此时，"诚意药业"正在积极谋划上市，迈入资本市场，开启下一个 50 年的"长青之梦"。

从孤岛到半岛,洞头第一次华丽转身,走出大海重围,加入全国交通与经济大循环。从设县到设区,洞头第二次华丽转身,凭借"海上花园"的区域影响,将在"海上丝绸之路"沿线全面崛起。

这一轮吹向洞头的海风,专注而祥和。

2010 年最寒冷的 1 月,台湾诗人余光中来洞头观光。先生问起洞头县名的由来时,有人慨叹洞头县名没有书卷气。先生不以为然,脱口而出:"洞头、洞头,洞天福地,从此开头,还有比这更好的名字么?"

点石成金。

四座皆惊之余,可叹的是,优秀文人的思考总是带着思想家的高度与深度。"诚意药业"也好,温州未来的发展也好,都需要高瞻远瞩的思想前来领航。

(四)

2016 年 8 月 13 日,为了征集照片,我们又一次来到诚意药业。这一天的海风,清新宜人。涨潮了,瓯江口激流涌荡,灵霓大堤两旁白浪滔滔。

回顾三年多的采写历程,我们与这家企业做到了"一同呼吸"。2015 年以来,作者经历的生活变故并没有打断采写计划如期推进。吴逢旭先生离开原单位之后,被迫终结有 30 年工龄的事业编制身份,成为体制外的一名自由文人。吴文汇小姐从海外学成归来之后,顾不得实习单位的忙碌,一如既往地协助资料收集、文稿修改、与出版社通联等繁杂事项。如果没有大无畏精神在推动着我们前行,也许我们会在某些问题上纠结很久,这本书的采写,也会遇到障碍。

历经两个寒来暑往,到 2016 年 6 月初稿拿出,几家出版社初审后都表示愿意出版该书。最后,在北京大学出版社王业龙先生的支持下,该书有幸与北大社结缘。

感谢原洞头县有关领导苏文龙、邱国鹰、杨志林、张韵来等同志的悉心指导。"诚意药业"的陈婷婷、南海萍、苏丽萍、庄小萍、颜丽玲、林宝贵等同志为本书的采写提供了各种帮助。"诚意药业"接受访问的各位高管与员工,放弃节假日休息,配合作者完成访谈任务,其责任心令人感动。"诚意药业"向作者开放了 50 年来的全部档案,董事长颜贻意先生甚至把自己多年来的工作笔记全部交到作者手上,由作者任意翻看。苏州褚兆洪先生献出了大量由他父亲与胡志群当年拍摄的珍贵照片。庞素念同志从医生用药的角度,为作者解疑释惑。洞头、温州的两级档案馆和上海图书馆为我们查阅资料,提供了方便。三年多来,没有大家的热心支持与鼎力帮助,要完成此书,是难以想象的。

我们多么希望能够长久地沉醉在洞头湛蓝的南风中,感受四面来风的酣畅淋漓。

是的,海上日出每天都会喷涌而出。

那是新一轮的太阳,那是永不枯竭的"工匠精神",那是"诚意药业"下一个50年的"长青之梦",那是你和我深情对视的一抹笑靥。

吴逢旭　吴文汇

2016 年 8 月 18 日　于上海

(作者联系方式为:Leader2000@126.com)

参考书目

1. 杨志林主编:《洞头县志》,浙江人民出版社 2010 年版。

2.《浙江省洞头县组织史资料》。

3.《浙江省医药工业志》。

4.《温州市医药工业志》。

5.《温州市医药商业志》。

6.《温州交通史》。

7.《温州军事史》。

8.《浙江省温州市组织史》,中共党史出版社。

9. 潘云鹤、史晋川等:《浙江省十五至 2015 年经济社会发展前瞻》,浙江大学出版社 2001 年版。

10. 老亨:《深商的精神》,海天出版社 2007 年版。

11. 吴清功等编:《医药商道:中国医药企业实战案例与观察》,机械工业出版社 2014 年版。

12. 孙权编著:《药物制剂工程》,人民卫生出版社 2014 年版。

13. 何建勇主编:《制药工艺学》,人民卫生出版社 2007 年版。

14. 余华文等:《中国民营企业管理(温州)教学案例》,浙江大学出版社 2003 年版。